Alois Uhl
Das Sterben der Päpste

Bibliografische Information der deutschen Nationalbibliothek
Die Deutsche Nationalbibliothek verzeichnet diese Publikation in der Deutschen
Nationalbibliografie; detaillierte bibliographische Daten sind im Internet
unter http://dnb.d-nb.de abrufbar.

Alois Uhl

# Das Sterben der Päpste

Patmos

# Inhalt

Einleitung 9

### Erster Teil
### *Das Sterben der Päpste im Mittelalter*

Erstes Kapitel
*Von der Zeit der Christenverfolgungen bis ins
»dunkle Jahrhundert«* 17

Zweites Kapitel
*Berühmte Päpste – wie sie starben* 26

Drittes Kapitel
*Sorge um Gesundheit und ein langes Leben –
die Päpste und ihre Leibärzte* 50

Viertes Kapitel
*Todesahnungen, Totenzeremoniell und
die papstlose Zeit* 60

### Zweiter Teil
### *Das Sterben der Päpste in Renaissance
und Barockzeitalter*

Fünftes Kapitel
*Gefährdetes Papstleben* 71

Sechstes Kapitel
*Krankheit, Alter und die Angst vor dem Tod* 82

Siebtes Kapitel
*Das nahende Ende – Auf der Schwelle
zur Ewigkeit*    105

Achtes Kapitel
*Der Papst ist tot – die Totenzeremonien*    121

Neuntes Kapitel
*Tumulte und Trauer – die Römer und ihr
toter Papst*    135

**Dritter Teil**
***Die Grablege der Päpste von Petrus
bis Johannes Paul II.***

Zehntes Kapitel
*Papstgräber – vom Erdgrab zum Prunkmonument*  149

Elftes Kapitel
*In Deutschland und anderswo – Papstgräber
außerhalb von Rom*    159

Zwölftes Kapitel
*Papstgräber erzählen ihre Geschichte*    168

Dreizehntes Kapitel
*Die päpstlichen Grabmonumente und ihre
Botschaft*    177

## Vierter Teil
### Das Sterben der Päpste vom 19. Jahrhundert bis zur Gegenwart

Vierzehntes Kapitel
*Von Pius VI. bis Pius IX.*     187

Fünfzehntes Kapitel
*Von Leo XIII. zu Paul VI.*     196

Sechzehntes Kapitel
*Von Johannes Paul I. zu Johannes Paul II.*     209

## Fünfter Teil
### Der Papst und das Jenseits

Siebzehntes Kapitel
*Santo Subito – Heiligkeit für die »Heiligen Väter«*   228

Achtzehntes Kapitel
*Aus dem Himmel verbannt? – Die Päpste und das
Jüngste Gericht*     235


Nachwort     243
Ausgewählte Literatur     245
Bildnachweis     249

# Einleitung

Supergau im Vatikan, die Katastrophe schlechthin. Albino Luciano, der fromme und liebenswürdige, der lächelnde Papst, ist an diesem frühen Morgen ganz gegen seine Gewohnheit nicht zur Messfeier erschienen, man klopft nach einigem Zögern an die Schlafzimmertür Seiner Heiligkeit, erst zaghaft, dann kräftiger. Schließlich betritt jemand entschlossen den Schlafraum. Der Heilige Vater liegt tot im Bett. Johannes Paul I. ist plötzlich verstorben, ohne erkennbare Zeichen einer Krankheit, wie gefällt von einer höheren Macht. Panik bricht aus an diesem Morgen des 28. Septembers 1978. Johannes Paul I. ist vermutlich einfach »eingeschlafen«, ohne große Dramatik, ein Tod, wie er nicht selten vorkommt und wie ihn sich viele Menschen heute wünschen, ein Tod ohne Siechtum, friedlich und sanft.

Dieser jähe Tod stürzt den Vatikan in heftige Turbulenzen, alles beginnt zu rotieren, der Papst hat keinen Stellvertreter, ein Vakuum entsteht, alle sind aufgeregt wie noch nie. Und wie informiert man die Öffentlichkeit, wie vermeidet man Spekulationen? Aber diese lassen sich eben nicht vermeiden. Und dieses »man« beflügelt die Fantasie, wer hat ihn gefunden und war es am Ende nicht doch ein Verbrechen?

*Pius XII. Bronzestatue von Francesco Massini*

9

Schon einmal war ein Papst Johannes plötzlich zu Tode gekommen, das ist zwar schon über 1000 Jahre her, aber nicht vergessen. Er war aus Rom geflohen, ein lebensfroher junger Mann von siebenundzwanzig Jahren, am 14. Mai 964 wird er tot gefunden, im Bett einer verheirateten Frau, vom Schlag getroffen, wie zeitgenössische Quellen sagen, wobei dieser »Schlag« auch vom Prügel des eifersüchtigen Ehemannes herrühren konnte. Nicht alle Päpste sterben als Heroen, als Sieger oder Glaubenshelden.

Natürlich will mein Buch keine Aufzählung von Sterbeszenen bieten, es ist auch keine umfassende Dokumentation beabsichtigt, wer, wann, wo und wie zu Tode kam. Vielmehr sollen konkrete Beispiele das Phänomen »Papsttod« von verschiedenen Seiten beleuchten, darunter finden sich spektakuläre Todesfälle, ungeklärte Kriminalfälle, tragische und menschlich ergreifende Situationen neben allerlei kuriosen und seltsamen Bräuchen. Sichtbar wird auch ein Netz aus Intrigen, Gerüchten und Lästerungen, wobei die Ehrfurcht vor dem Sterben eines jeden Menschen nicht immer gewahrt blieb. In den letzten 50 Jahren erscheinen sehr gläubige, von ihrem Amt zutiefst geprägte Gestalten auf dem Papstthron. Der Mensch stirbt nach Karl Rahner nicht immer gleich. Man hat mit einem gewissen Recht von wechselnden Stilen des Sterbens gesprochen. Auch der Papsttod wandelt sich im Lauf der Jahrhunderte entsprechend den Todesvorstellungen der jeweiligen Zeit.

Mein Buch wird vielerlei und unterschiedliche Reaktionen zeigen, schon Petrus wollte (so berichtet die Legende) aus Rom fliehen, erfüllt von Angst vor dem Tod, den er als Bekenner des Glaubens vom grausamen Kaiser Nero zu erwarten hatte. Die ersten Bischöfe Roms hatten in der Christenverfolgung den Tod ständig vor Augen und lernten, damit zu leben. Im 10. Jahrhundert, dem düstersten der Papstgeschichte, herrschten Mord und Totschlag, zwischen 870 und 1000 wurde das Papsttum von einigen Adelsclans dominiert und in Intrigen und politische Händel verstrickt, oft waren die Oberhirten der Kirche halt- und hilflose Geschöpfe, über fünfzehn Päpste wurden erschlagen, vergiftet, erdrosselt oder man ließ sie hinter Kerkermauern verhungern. Die Engelsburg könnte viele dunkle Geschichten erzählen, menschliche Dramen spielten sich hier ab, die Variation der Todesarten ist erstaunlich. Makabre Episoden ergänzen das Bild – Papst Stefan VI. ließ seinen Vorgänger Formosus aus dem Grab holen und veranstaltete mit dem Leichnam einen Schauprozess übelster

Art, die makabre »Leichensynode«. Und auch dieser Leichenschänder durfte sich Papst nennen.

Im Mittelalter greifen deutsche Könige in die Papstwahlen ein, setzen ungeniert Päpste ab und neue ein, von denen sie dann zum Kaiser gekrönt werden. Derartiges geschieht natürlich offiziell immer nur, um die Heilige Kirche von unwürdigen Päpsten zu »reinigen«. Hony soit, qui mal y pense! Ab 1059 übernimmt das Kardinalskollegium die Wahl eines neuen Pontifex nach einigermaßen klaren Regeln, die Gewählten definieren ihr Amt neu und steigern sich in überhöhte Ansprüche hinein, fordern die höchste Würde über dem Inhaber der irdischen Macht. Zu nennen ist Innozenz III., der wohl mächtigste Papst des Mittelalters, der Kaisern und Königen seinen Willen aufzwang, das Kirchenrecht und die Glaubenslehre neu befestigte und den Ungläubigen und Ketzern ein Schrecken war. Am Morgen nach seinem Tod lag Innozenz III. ausgeraubt und nackt auf einer Bahre im Dom von Perugia.

Die lebensfrohen Renaissancepäpste hatten Freude an ihrem Amt, wollten gerne leben und beileibe nicht so schnell sterben, sie dachten eher an irdischen Ruhm als an die ewige Seligkeit. Einige dieser Heiligen Väter hatten das Gefühl, dass sie zu früh abtreten müssen von der glanzvollen Bühne der päpstlichen Welt.

Wir denken an Julius II., den Mäzen Michelangelos, der sich maßlos über seine Krankheit ärgerte, nicht einsehen wollte, dass seine Kräfte schwanden und der doch hilflos ein langes Krankenlager erdulden musste, von acht Leibärzten betreut, ein ewig ungeduldiger und nörgelnder Patient. Auch andere Päpste hatten sehr lange Krankheiten durchzustehen, waren über viele Jahre kaum fähig, das hohe Amt auszuüben. Die Rolle der päpstlichen Leibärzte übrigens soll nicht vergessen werden; sie spielen bereits in der Zeit des Schwarzen Todes (1348–49) eine wichtige Rolle, war doch der päpstliche Leibarzt Guy de Chauliac in Avignon in der Lage, seinen Patienten, den Papst, vor der Pest, jenem unentrinnbaren Übel, wirksam zu schützen.

Der barocke Repräsentationsdrang ließ die Päpste des 17. Jahrhunderts als Bauherren glänzen, politisch gerieten sie in arge Bedrängnis. Spannung zwischen barocker Lebenslust und melancholischen Todesgedanken beherrschte die Szene: Alexander VII. hatte einen Totenkopf auf seinem Schreibtisch, sein prunkvolles Grabmal ist beeindruckend. Ein Platz in der

Geschichte war wichtig, am himmlischen Thron wohl auch, schon zu Lebzeiten waren die Kirchenfürsten besorgt um eindrucksvolle Grabmäler. Zu Stein gewordene Eitelkeit, imposante Grabmonumente entstanden zur Selbstglorifizierung von Päpsten, die längst vergessen sind. Napoleon zeigte den Päpsten ihre Grenzen, Pius VI. stirbt in französischer Gefangenschaft, und immer mehr empfinden die Männer auf dem Papstthron die Last des Amtes und manche sehen im Tod die Erlösung von der schweren Bürde.

Auch wenn in meinem Buch ein erzählender Ton vorherrscht, so basiert die Darstellung auf gesicherten historischen Erkenntnissen, Legenden werden als solche benannt. Natürlich ranken sich seit dem Mittelalter vielerlei Sagen und Anekdoten um den Papsttod, den nicht selten Gerüchte und Verdächtigungen begleiten, z. B. wird bei plötzlichem Tod fast immer ein Giftmord vermutet, bei Johannes XXI. soll der Teufel im Spiel gewesen sein. Volksglaube, Aberglaube umrankt das Leben und Sterben im Papstpalast reichlich. Legenden halten sich hartnäckig, etwa die Erzählung, wenn ein Klappern im Silvestergrab zu hören ist oder wenn Flüssigkeit ausläuft, so kündigt sich der baldige Tod des amtierenden Papstes an.

Der Papsttod war in der westlichen Christenheit viele Jahrhunderte ein dramatisches Ereignis und erschütterte die Grundfesten der Kirche und des weltlichen Lebens. Nicht selten brach in Rom Chaos aus. Das Volk erhob sich, es kam zu Plünderungen und Straßenschlachten, Mord und Totschlag herrschten, schlagartig war ein Machtvakuum entstanden, die Römer hatten oft mehr Angst vor dem Tod des Papstes als dieser selber. Das Moment der Unsicherheit ist kennzeichnend für das Papststerben, das nicht selten tiefgehende Krisen auslöste. Der Tod eines Papstes traf vor allem die Neffen, *Nepoten*, die dank der Gunst des Verstorbenen Reichtümer angehäuft hatten und nun den Zorn des Nachfolgers zu fürchten hatten.

In den weltlichen Dynastien stand in der Regel ein Nachfolger bereit: »Der König ist tot, es lebe der König«, was natürlich Erbstreitigkeiten keineswegs völlig ausschloss. Beim Heiligen Stuhl existierte keine Kontinuität durch Abstammung, beim Papst spielte es keine Rolle, welches Blut in seinen Adern floss. Es ist ein Tod ohne Thronfolger. Der noch lebende Papst konnte keinen Nachfolger bestimmen, konnte keinen Erben einsetzen, die Papstgewalt ruhte, es musste gewählt werden, und das konnte dauern, und viele versuchten, Einfluss zu nehmen.

Sehr unterschiedliche Reaktionen auf das Sterben von Päpsten werden z. B. aus der Renaissancezeit berichtet, und nicht immer ging es pietätvoll zu. Alexander VI., der Borgiapapst mit seiner reichen Kinderschar, von Zeitgenossen und Spöttern der Raffgier und der ungebremsten Sexualität beschuldigt, starb als frommer Christ, doch seine würdelose Beerdigung war eine Schande für die Hinterbliebenen, damit sind Kurie und Kardinäle gemeint.

Ähnliches gilt für einen anderen großen Renaissancepapst, Julius II. Während Felice, die Papsttochter, tief erschüttert an der Bahre ihres verstorbenen Vaters kniete, ließ eine andere Papsttochter, nämlich Lucrezia Borgia, im fernen Ferrara Freudengesänge anstimmen über das Hinscheiden von Julius, der Lucrezias Fürstentum Ferrara vergeblich hatte belagern lassen.

Ein Papst stirbt wie wir, nicht mit der Tiara auf dem Kopf, bei seinen letzten Atemzügen ist er ein Mensch ohne Glanz und Macht. In seinem Amt hat er nach katholischer Auffassung zwar die Schlüssel des Himmelreiches in Händen, aber sich selber kann er die Pforten des Paradieses nicht öffnen. Gerade im Tod wird hinter dem sonstigen feierlichen Auftreten der Mensch, der Christ erkennbar, der in Krankheit und Tod geprüft wird wie jeder andere auch und der auf einen gnädigen Gott hofft. Einige wenige Päpste zeigten sich auch als reuige Sünder auf ihrem Sterbelager.

Aber wie steht ein Pontifex an der Schwelle des Todes? Wie sind seine letzten Worte, können wir ahnen, was ihn bewegt? Verhielt er sich menschlich oder theatralisch? Waren die Päpste Meister in der »Kunst des Sterbens«? Wurde im Papstpalast die »ars moriendi«, das im späten Mittelalter entwickelte Regelwerk für das fromme und gottgefällige Sterben, eingeübt für den dramatischen letzten Augenblick?

Die Papstliste zählt 264 Sterbefälle und immer war es ein historisches Ereignis, wenn ein Pius oder Leo friedlich im 3. Stock des Vatikanpalastes entschlief oder wenn einen Urban in Avignon der Tod ereilte, wie es ihm Birgitta von Schweden als Strafe angekündigt hatte.

»Santo Subito« – Transparente mit dem Ruf nach sofortiger Heiligsprechung waren deutlich zu sehen bei der Totenmesse für Johannes Paul II. Bisher waren die Petrusnachfolger in diesem Punkt erstaunlich zurückhaltend, sie haben in ihren Vorgängern wenig vorbildliche Heiligkeit gesehen. In den letzten 650 Jahren sind nur zwei Päpste zu Heiligen erklärt worden, das ist eine magere Ausbeute, aber zu Recht betreiben sie keine augenfällige Selbstverherrlichung. Franz von Assisi wurde dagegen nur zwei Jahre nach seinem Tod heiliggesprochen, keine Frage, er war sichtbar anders als der leitende Amtsträger der Kirche, er hatte keinen kirchlichen Posten, war nicht einmal Priester, er konnte sich ganz seiner Spiritualität hingeben. Wer wie der Papst Macht ausübt, früher auch Steuereintreiber und Landesfürst war, kann kaum das Evangelium verwirklichen. Zu viel Heiligkeitsstreben auf dem Papstthron konnte nicht gut gehen, Papst sein bedeutete auch, die wahre Lehre vehement zu verteidigen und die Ketzer scharf zu bekämpfen, echte und vermeintliche Abweichler unnachsichtig zu bestrafen und sie gegebenenfalls der weltlichen Justiz zu überantworten, eigentlich auch kein Akt wahrer Heiligkeit.

Der berühmte Erasmus von Rotterdam hat in seiner Schrift »Julius exclusus« den verhassten Julius II. gar vom Himmelreich ausgeschlossen, Petrus ließ ihn nicht ein. »Ich bin der Papst«, das endet an der Himmelstür.

Waren es früher fast ausschließlich die Römer, die mehr oder weniger Anteil am Tod des Papstes nahmen – und sie konnten dabei auch mit beißender Kritik reagieren –, hat im April 2005 die ganze Welt teilgenommen am Sterben eines Papstes in einer Weise, wie sie bisher noch nie erfahren wurde. Johannes Paul II. ist der Papst mit dem zweitlängsten Pontifikat der Kirchengeschichte, und die Entscheidungen und Initiativen, die er in seiner Amtszeit traf und unternahm, machen ihn sicher zu einer der wichtigen Persönlichkeiten auf dem Papstthron. Darüber war er in einer Mediengesellschaft – keineswegs ohne sein Zutun – selber zum Medienstar avanciert, und Bilder seines körperlichen Verfalls wurden schonungslos in aller Welt verbreitet. Die Öffentlichkeit verfolgte den Heimgang dieses Papstes aber nicht nur mit Neugierde, sondern mit Anteilnahme und Bewunderung. Seine Beerdigung steigerte sich zu einem Mega-Event, bei dem Millionen nicht nur einen Papst, sondern auch einen Menschen feierten, der ihnen viel bedeutete.

# Erster Teil

## *Das Sterben der Päpste im Mittelalter*

*Grabmal des Papstes Calixt III. in den Grotten von St. Peter*

Erstes Kapitel

# Von der Zeit der Christenverfolgungen bis ins »dunkle Jahrhundert«

*Die frühen Päpste – von verfolgten Bischöfen zu Herren Roms*
Die Bischöfe Roms waren in den frühen Jahrhunderten in besonderer Weise mit dem Tod konfrontiert, denn nicht wenige von ihnen erlitten während der furchtbaren Christenverfolgungen den Märtyrertod. Die Heiligenlegenden berichten darüber in ihrer blumigen Sprache, die historische Datenlage ist allerdings in vielen Fällen recht dünn, sodass wir längst nicht immer mit Gewissheit sagen können, ob das Leben eines Papstes dieser Epoche auf natürliche oder gewaltsame Weise sein Ende fand. Die Zeit nach dem Toleranzedikt Konstantins des Großen (313) war dagegen für jene, die sich zu Christus bekannten, nicht mehr lebensbedrohlich, denn das Christentum sicherte sich zunehmend die Gunst der Kaiser und setzte sich gegen die »heidnischen« Kulte schrittweise als neue »Staatsreligion« durch. Damit wurden die Päpste zu Beschützern der ihnen anvertrauten

*Die Engelsburg*

Stadt, zugleich gewannen sie allmählich Anteil an der weltlichen Herrschaft über Rom, zumal die Kaiser in der unruhigen Spätzeit mit ihren Barbareneinfällen und Palastrevolutionen die alte Hauptstadt geflissentlich mieden und sich lieber hinter den dicken Mauern ihrer neuen Herrschersitze wie Ravenna und Mailand, Lyon und Trier verschanzten. Papst Leo I., † 461, verstand es in besonderem Maße, das in Rom aufgetretene Machtvakuum auszufüllen. Obwohl er kein Kriegsmann war (der Papst hatte keine Divisionen oder Legionen!), konnte er die Vandalen, die Rom erobert hatten, von den schlimmsten Untaten abhalten und den noch gefährlicheren Hunnenkönig Attila sogar von einem Angriff auf Rom abbringen. Leo betonte den Vorrang des bischöflichen Stuhles in Rom und reklamierte eine Sonderstellung, und von nun an kann man erst wirklich von einem Papsttum sprechen.

Die Geschichte gab ihm den Beinamen ›der Große‹, in legendenhaften Erzählungen wird ihm dessen ungeachtet übel mitgespielt. Nach der berühmten »*Legenda Aurea*« aus dem 13. Jahrhundert starb Papst Leo während einer Konzilspause, als er sich zurückzog, um seine Notdurft zu verrichten. Man meint Schadenfreude und Häme herauszuhören, wenn da zu lesen ist:

»Also ging der Papst an einen heimlichen Ort, dass er die Notdurft der Natur verrichte, da fuhr in ihn die rote Ruhr und ging ihm all sein Eingeweide zum Leibe heraus; also starb er eines jähen Todes an einer schmählichen Statt. Danach ward der jämmerliche Tod des Papstes gemeldet.«

In ganz Europa wurde dieses unrühmliche Ende erzählt und fand weite Verbreitung, dabei war die *Goldene Legende* doch ein Erbauungsbuch, an dem sich der Fromme erfreuen sollte.

Von seinen Nachfolgern hat Gregor I. die Linie Leos fortgesetzt, auch er erhielt den Beinamen ›der Große‹. Als herausragende Papstgestalt entsandte er Missionare nach England und förderte so die christliche Kultur der frühmittelalterlichen Angelsachsen mit ihrer Ausstrahlung auf Kontinentaleuropa, begründete damit zugleich die Vorrangstellung des Papsttums in den neu bekehrten, zukunftsträchtigen Ländern, die außerhalb der alten Grenzen des zerfallenen Römischen Reiches lagen. In seinen Schriften hat Gregor ein reiches, geistliches Erbe hinterlassen; auf diesem Gebiet haben sich die Päpste später kaum hervorgetan. Viel Lob erfuhr Gregor von den Zeitgenossen dafür nicht. Nach seinem Tod – er starb 604 – fand vor dem Papstpalast eine öffentliche Verbrennung seiner Bücher statt, erzürnte Römer wollten damit sein Andenken vernichten. Auch ein bedeutender Pontifex konnte Zorn erregen.

Beinahe einem Attentat zum Opfer gefallen wäre Papst Leo III., der bei der Bittprozession am Markustag des Jahres 799 von Verwandten seines Vorgängers überfallen und gefangen genommen wurde. Sie warfen ihm Ehebruch und andere schwere Vergehen vor und wollten ihn in brutaler Manier amtsunfähig machen, indem sie sich anschickten, ihm die Zunge abzuschneiden und die Augen auszustechen. Eine solche Blendung bereitete nicht nur unvorstellbare Schmerzen, sie war auch die (aus Byzanz übernommene) Strafe für ehrlose Verräter und Ehebrecher; wer sie erlitten hatte, durfte es nicht mehr wagen, ein geistliches oder weltliches Amt zu bekleiden. Leo konnte sich dagegen schützen und wurde bald von seinen Anhängern aus der Klosterhaft befreit, anschließend reiste er über die Alpen zu Karl dem Großen, den er im Heerlager von Paderborn aufsuchte, um seinen Schutz zu erbitten. Wie schon sein Vater Pippin sah sich Karl als Schirmherr des Papstes, er erschien mit Heeresmacht in Rom, hielt Gericht und erklärte die Anklagen gegen Leo für ungerechtfertigt. Der in seiner Würde bestätigte Papst krönte am Weihnachtstag 800 den Frankenherrscher zum Kaiser, ein Ereignis, mit dem ein unauflösliches Band zwischen der höchsten kirchlichen und weltlichen Gewalt im christlichen Europa geknüpft worden war. Insgesamt konnte sich Leo III. trotz weiterer Anfechtungen über zwanzig Jahre auf dem Stuhl Petri behaupten, um erst 816 eines natürlichen Todes zu sterben, zwei Jahre nach Karl dem Großen.

### Jahrzehnte des Chaos

Schon über 800 Jahre leiten die Bischöfe von Rom ihre Ortskirche und ihr Amt entwickelte sich immer mehr zu einem universellen Leitungsamt der ganzen Kirche, sie errichteten mit Hilfe reicher Schenkungen der Kaiser und der großen Adligen ein eigenes weltliches Herrschaftsgebiet, waren Machthaber über die Stadt Rom geworden und setzten dem neuen Kaiser die Krone aufs Haupt. Diesem Aufstieg aber folgte ein abrupter Absturz. Rivalisierende, skrupellose und verrohte Adelsfamilien wie die Tuskulaner und Creszentier bemächtigten sich des Papsttums, und etwa ab 900 beginnt eine Zeit, die man heute nur mit großem Staunen und mit Ratlosigkeit Revue passieren lässt. Junge unfähige Päpste wurden als willenlose Kreaturen auf den Papstthron gesetzt, nach einiger Zeit wieder aus ihrem Amt vertrieben und oft brutal umgebracht, das Papsttum erlebte eine verwilderte Zeit. Liest man die Geschichte dieses Zeitalters, so wühlt man gleichsam in einem Sumpf; was in diesem »saeculum obscurum« – finsterem Jahrhundert – ans Tageslicht kommt, lässt einen erschauern. Alles, was an Hass und Grausamkeit zwischen verfeindeten Familienclans möglich war, dahinein wurde das Bischofsamt gezogen, wurde selber Teil eines unwürdigen Systems. Das Amt des Papstes vereinte in sich immer mehr Kompetenzen, aber die Spielregeln, nach denen man auf den Papstthron gelangte, waren unklar. »Klerus und Volk« von Rom hatten ihr kirchliches Oberhaupt zu wählen, das zugleich ihr weltliches sein sollte. Eine solche Wahl mag uns auf den ersten Blick »demokratisch« vorkommen, das »Volk« bestand allerdings aus den mächtigen Adelscliquen und ihren abhängigen Klienten und Nutznießern, es herrschte ausschließlich der Wunsch vor, den eigenen Kandidaten mit allen Mitteln, und sei es mit Waffengewalt, durchzubringen, die Frage, ob der künftige Papst »würdig«, also für das hohe Amt überhaupt geeignet war, blieb dabei fast gänzlich auf der Strecke. Manipulierbare, unklare Regeln führten zu chaotischen Zuständen, am Ende schaltete sich der Kaiser ein und setzte nach Gutdünken Päpste ab und neue ein. Ein friedlicher Tod war kaum einem dieser Päpste gegönnt, Mord und Totschlag waren an der Tagesordnung, und schnell wechselten sich die kurzen Pontifikate ab.

### Fluch auf Johannes

Er zeigte sich auch im Alter noch sehr aktiv. Johannes VIII. ließ Kriegsschiffe bauen und rüstete eine ganze Flotte aus, stieg selber ins Boot, stach in See, der Papst gleichsam als Kapitän der päpstlichen Marine. Er befreite Gefangene aus der Hand der Sarazenen, ein machtvoll und siegreich auftretender Pontifex. Am Ende kam die Gefahr aus den eigenen Reihen, Papst Johannes fiel einer Verschwörung zum Opfer, man versuchte es mit Gift, als das nicht genügend wirkte, wurde er von seinen Verwandten mit Hammerschlägen ermordet. Dies geschah am 16. Dezember 882, ein markantes Datum; denn Johannes VIII. war nach den Christenverfolgungen der erste Papst, der einen gewaltsamen Tod erlitt. Von einem anonymen Chronisten überliefert, sind die Umstände allerdings historisch nicht eindeutig gesichert.

Sein Name war Johannes, der häufigste Papstname, für uns Heutige verbunden mit Güte und Milde eines hochbetagten Heiligen Vaters. Mehr als tausend Jahre zuvor war Johannes ein wahrlich furchterregender Name, mit Fluch beladen, das Signum für Mord und Totschlag; fast alle Träger dieses Namens fanden in dieser Zeit einen unfreiwilligen Tod.

Im Juni 928, das Hochamt ist feierlich, die Gläubigen sind voll Ehrfurcht, Weihrauchduft erfüllt die mächtige Lateranbasilika und vorn am Altar steht der Papst, Johannes X. Als er die Präfation singt, stürmen junge bewaffnete Männer in die Kirche, packen den Papst in seinen liturgischen Gewändern und schleppen ihn fort. Ehe das Kirchenvolk begreift, was geschieht, ist Johannes in der Engelsburg verschwunden, wird dann auf einer Burg außerhalb Roms versteckt, verbringt ein Jahr in Gefangenschaft und wird schließlich in die Engelsburg zurückgebracht, wo ein Gefängniswärter ihn mit einem Kissen erstickt. Niemand will sich die Hände blutig machen, kein Blut soll fließen bei der Beseitigung des Oberhauptes der Kirche, einer geweihten Person. Im Lateran erhält Johannes X. ein ehrenvolles Grabmal, daran wird auch bei einem Ermordeten nicht gespart.

Johannes X. hat, soweit die Quellen Auskunft geben, sein Amt untadelig ausgeübt, hat würdevoll gelebt und das vierzehn Jahre lang, hat sich Ansehen erworben. Hohe Würdenträger Europas holten sich Rat bei ihm, der als ein durchaus ernst zu nehmender Pontifex galt, am Ende zog er sich aber die Feindschaft der gefürchteten *Senatrix* Marozia zu, die an der Spitze des ehrgeizigen Adelsgeschlechts der Tuskulaner stand und die schließlich für seine Beseitigung sorgte.

Im Jahr 931 tritt ein neuer Johannes an die Spitze der Kirche, als junger Mann von zwanzig Jahren zieht er mit flottem Schritt in den Papstpalast ein. Er nennt sich fortan Johannes XI. Seine Mutter Marozia, die in Rom die Fäden der Macht fest in der Hand hält, hat seine Papstwahl durchgesetzt. Was für ein Pontifikat hätte das werden können, vielleicht hätte er sein goldenes Papstjubiläum feiern können. Johannes ließ es sich gut gehen, lebte in Saus und Braus und war auf jeden Fall eine krasse Fehlbesetzung. Und er sollte nicht alt werden. Als sein Bruder Alberich die eigene Mutter Marozia entmachtete, stellte er den Papst unter Hausarrest, und dieser stirbt bereits als Fünfundzwanzigjähriger im Jahre 936 im Gefängnis an einer geheimnisvollen Krankheit. Wenn man dabei an Gift denkt, ist das bestimmt keine abwegige Vermutung.

Johannes XII. war offiziell ehelos, aber im wirklichen Leben ein Freund der Frauen, die sich vielleicht darin gefielen, einem Papst als Geliebte nahe zu sein. Als Enkel Marozias und Sohn des Stadtherren Alberich kam er im Dezember 955 mit ungefähr zwanzig Jahren auf den Papstthron. Trotz seiner Jugend wurde er anfangs sehr wohl respektiert, so vom deutschen König Otto I., der nach Rom kam.

Am 2. Februar 962, einem historischen Datum von Gewicht, war der jugendliche Pontifex der Hauptakteur bei einem dramatischen und feierliches Ereignis, er krönte und salbte Otto den Großen zum Kaiser. Das war die Geburtsstunde des *Heiligen Römischen Reiches*, das die unter Karl dem Großen geschaffene enge Bindung von Kaiser und Papst für die neue Herrscherdynastie der Ottonen wiederbegründete. Dieser Krönungsakt sah für beide nach einer großen Zukunft aus, die für den Papst jäh endete, als er gegen den Kaiser zu intrigieren begann. Otto zog im Herbst 963 mit Heeresmacht erneut nach Rom, ließ Johannes als unwürdig absetzen und zwang ihn zur zeitweiligen Flucht aus Rom. Sein Ende am 14. Mai 964 ist nicht ohne Tragik. »Mit einer verheirateten Frau im Bett liegend soll ihn der Schlag getroffen haben, der seinem Leben ein frühes Ende setzte; nach einer anderen Version erschlug ihn ein gehörnter Ehemann.«

Er war nicht der letzte Johannes, der ein schlimmmes Ende fand: Johannes XIV. lag vier Monate in der Engelsburg gefangen und kam dort durch Hunger oder Gift um. Johannes XV. starb durch einen gewaltsamen Angriff auf sein Leben. Johannes XVI. Philagathos, der meist als Gegenpapst gezählt wird, erfuhr ein grausames Schicksal und das an heiliger Stätte und nach einer glänzenden Laufbahn: Der aus dem byzantinischen Süditalien stammende Kleriker gewann am Ottonenhof das Vertrauen der Kaiserin Theophanu, war Lehrer ihres jungen Sohnes Ottos III. und bekleidete in Reichsitalien hohe geistliche und weltliche Ämter. Als sich der ehrgeizige Gelehrte aber von der aufständischen römischen Adelspartei der Creszentier gegen Gregor V. zum Papst erheben ließ und zudem der Konspiration mit dem byzantinischen Hof verdächtigt wurde, verlor er mit einem Schlag die kaiserliche Gunst. Er wurde gefangen genommen und zu Rom im Jahre 998 einer Synode vorgeführt, die ihn absetzte und zur »Devestitur« verurteilte. Man riss Johannes XVI. die Papstgewänder vom Leib, jagte ihn zur Kirche hinaus. Anschließend musste er verkehrt auf einem Esel sitzend, den Schwanz als Zügel in der Hand durch die Stadt reiten. Das hätte eigentlich als Demütigung genügt. Nun wurde er aber noch an Nase, Zunge, Lippen und Hand verstümmelt und geblendet und in diesem furchtbaren Zustand in ein Kloster gesteckt, wo er noch einige Zeit lebte. Schlimmer kann man einem Papst nicht mitspielen, aber Strafe in dieser Zeit kannte kein Erbarmen. und alles geschah mit dem Einverständnis seines früheren Zöglings Kaiser Ottos III.

Diese Serie grausamer Gewalttaten kann man mit den anderen Papstnamen ergänzen. Päpste waren aber nicht nur Opfer, sondern auch Täter, wir hören von einigen Mörderpäpsten wie von Sergius III., der seine beiden Vorgänger Leo V. und Christophorus im Kerker töten ließ, ohne triftigen Rechtsgrund, eigentlich nur, um sie aus dem Weg zu räumen, angeblich, weil er nicht mit ansehen konnte, wie sie im Kerker litten. Benedikt VI. wurde in der Engelsburg auf Befehl von Bonifaz VII. erdrosselt, der selber im Jahr 985 Opfer einer Palastrevolution wurde. Noch nach seinem Tod wurde an ihm Rache genommen. Sein Leichnam wurde in einer Schandprozession nackt durch die Straßen geschleift, die Menschen trampelten auf ihm herum, und an verschiedenen Plätzen wurde er für einige Zeit aufgehängt. *Malefatius* nannten ihn seine Zeitgenossen.

Bei einigen Päpsten ist die Todesursache unklar, aber ein schöner friedlicher Tod war wohl keinem beschieden. Wollte man penibel die Papstreihe jener Epoche durchleuchten, müsste man ein Geflecht von Todesarten entwirren, vielleicht ist bei einigen der gewaltsame Tod historisch nicht ganz sicher, aber am Gesamteindruck besteht kein Zweifel: Papstleben in dieser Zeit war hoch riskant, der Stuhl Petri ein Schleudersitz, fast ein Hinrichtungsstuhl.

## Leichensynode

Formosus (er regierte als Papst von 891 bis 896) war ein eifriger und untadeliger Pontifex, bei seiner Wahl zum Papst wurde allerdings das Kirchenrecht nicht buchstäblich beachtet, denn er war vorher Kardinalbischof von Porto gewesen, und es herrschte damals der Grundsatz, dass man eine Diözese nicht wechseln darf, was später allerdings zur Regel wurde. Formosus übte sein Amt im Übrigen unangefochten aus, aber kaum lag sein Leichnam im Grab, entzündeten sich die Anklagen gegen ihn, sein Nachfolger und Gegner Stephan VI. schäumte über vor Rachedurst, und mit der Grabesruhe des Formosus war es vorbei. Wie aber kann man einen Toten bestrafen?

Wenn ich das Folgende in einem Film sähe, würde mir vielleicht schlecht werden, ich würde mich in einem schauerlichen Horrorfilm sehen, der das Prinzip Rache und Bestrafung in einer gespenstischen Szene auf die Spitze getrieben hat.

Wir sind in einer Basilika in Rom, also einem heiligen Raum. Eine Synode, eine Kirchenversammlung findet statt, es ist Januar 897, viele Bischöfe sind zugegen, die geistliche Prominenz der Stadt; Papst Stephan VI. ist soeben feierlich eingezogen. Nicht Weihrauchduft, sondern ein fürchterlicher Gestank erfüllt den Raum. Auf einem Thron sitzt eine schrecklich aussehende Gestalt, ein verfallener Leichnam, in die kostbaren päpstlichen Gewänder gehüllt. Über acht Monate lag Formosus im Grab, jetzt hat man seine sterblichen Überreste hervorgezerrt und hier vor Gericht gestellt. Der Papst vertritt die Anklage, ein Diakon antwortet für den Toten, es sieht aus wie ein Spiel, aber es geht um fürchterliche Rache und unbarmherzige Bestrafung. Formosus wird als Usurpator der Cathedra von Rom angeklagt, er wird des Eidbruchs für schuldig befunden und seine Absetzung wird erklärt. Dem Leichnam werden die Gewänder heruntergerissen, drei Finger der rechten Hand werden ihm abgehauen, seine Segenshand wird also verstümmelt, der Tote wird in einer Schmähprozession aus der Kirche geschleift und auf einem Friedhof für Fremde verscharrt. Einige Tage später lässt Papst Stephan den Leichnam abermals ausgraben, durch die Stadt schleifen und in den Tiber werfen.

Damit soll das ganze Pontifikat ausgelöscht werden, die Degradierung, die Entpäpstlichung der Leiche soll sämtliche Amtshandlungen des Verstorbenen zunichte machen, alle Weihen, die Formosus vollzogen hat, sind ungültig. Indem der Leichnam geschändet und in den Fluss geworfen wird, ist Formosus auch als Verstorbener wirksam aus der Rechts- und Glaubensgemeinschaft ausgestoßen, seine Überreste sollen nicht in geweihter Erde ruhen. Und wer kein Grab hat, der hat auch keine Legitimation, er ist restlos getilgt, die bereits aus der Antike bekannte »damnatio memoriae« ist über ihn ausgesprochen. Die Symbolik soll aber ebenso andere, noch Lebende treffen, vor allem die Empfänger von Weihehandlungen des Verstorbenen. Die Leichensynode ist gewiss einmalig in ihrer extremen Scheußlichkeit, orientiert sich aber zweifellos an bestimmten, im Mittelalter verbreiteten magischen Vorstellungen, die es unter bestimmten Voraussetzungen ermöglichten, einen Toten vor Gericht zu

stellen. Ein Verstorbener konnte – selbstverständlich nur durch das besondere Einwirken Gottes – in bestimmten Fällen ja auch als Ankläger oder
Zeuge auftreten. Das mittelalterliche Recht kannte insofern den »lebenden
Leichnam«, die »Klage mit dem toten Mann« etwa, wenn beim Prozess-
ritual der Bahrprobe ein Mordverdächtiger dreimal den Erschlagenen zu
umschreiten hatte. Wehe wenn der Tote dann das Blut aus seinen Wunden
zum Fließen brachte und so die Schuld des Verdächtigten bezeugte.

Was den Leichnam des Formosus betraf, so wird erzählt, Fischer oder
ein Mönch hätten ihn aus dem Tiber gezogen und bestattet. Der nachfolgende Papst Theodor II. ließ angeblich die Gebeine des verurteilten Papstes
erneut ausgraben und nun in festlichem Zug mit Hymnen und Weihrauch
wieder in der Peterskirche bestattet.

Im gleichen Jahr stürzte krachend die altehrwürdige Basilika San Giovanni in Laterano ein, ein deutliches und erschütterndes Gotteszeichen, so
wenigstens sahen es die Menschen dieser Zeit.

Der Leichenschänder, der rachelüsterne Stephan VI., erlebte nur ein
Pontifikat von 14 Monaten, fand sich in der Engelsburg wieder, wo er im
August 897 erwürgt wurde. Jetzt hatten die Formosianer wieder Ober-
wasser.

# Zweites Kapitel

# *Berühmte Päpste – wie sie starben*

Papstleben im Mittelalter – schön, erhaben, würdevoll, und entsprechend stellen wir uns den Papsttod vor – sanft, friedlich, mit gefalteten Händen, ein letztes Gebet auf den Lippen, undramatisch, erbaulich. So mag es einige Male auch gewesen sein, aber die Zeit war erfüllt von Streit und Hader, von Machtkämpfen und Kriegsgeschrei, und auch Rom war nicht immer eine friedliche Stadt der Kirchen und Paläste. Die Beliebtheit des jeweiligen Pontifex hielt sich in Grenzen, einige Päpste betraten Rom überhaupt nicht, andere zogen sich die offene Feindschaft der Stadtbürger zu, und es erging ihnen schlecht, wie z. B. Papst Lucius II.

Sein kurzes Pontifikat von elf Monaten sollte am 15. Februar 1145 ein jähes Ende finden. Römische Adlige und Bürger wollten schon lange die Herrschaft des Papstes abschütteln, sie verlangten, sich als *popolo romano* selbst zu regieren, und hatten eine freie Kommune proklamiert, die sich unter der stolzen antiken Devise SPQR (Senatus Populus Que Romanus)

*Grabmal Bonifaz' VIII.*

durch einen Treueid zusammenschloss. Warum sollte nicht auch das aufstrebende Rom wie so viele andere Städte – Mailand und Como, Siena und Orvieto – seine eigene republikanische Stadtregierung haben? Gerade Rom, einst das Haupt der Welt, konnte mit Recht den Anspruch auf städtische Freiheit erheben! Papst Lucius wollte sich diese Anmaßung – als solche sah er die neue Kommune – aber nicht gefallen lassen, er sammelte Truppen und begann höchst persönlich einen Angriff auf das Kapitol. Das Ganze endete mit einer Niederlage der päpstlichen Streitmacht, offensichtlich wurde Lucius von seinen Mannen nicht wirksam geschützt, denn bei den gewalttätigen Auseinadersetzungen flog ihm ein Stein an den Kopf, sodass er leblos zu Boden sank. Von den Römern erschlagen, vermutlich nicht gezielt, vielleicht mehr zufällig, wie das bei einer Straßenschlacht so gehen kann. Von Gottfried von Viterbo stammt diese sonst nicht weiter verbürgte Nachricht.

Insgesamt aber war das Mittelalter die große Zeit der Päpste. Sie haben ihre Macht, ihr Ansehen und ihren Reichtum gemehrt, Kirchen und Paläste errichtet, Ordensprivilegien erlassen, Missionare und Kreuzzugsprediger ausgeschickt, die Streitigkeiten der größten Herrscher geschlichtet, dabei keine Kämpfe gescheut, sich aber ihr Amt oft selber zur Last gemacht. Trotzdem wollten sie lange leben und klagten, wenn sie schmerzhafte Krankheiten oder düstere Todesahnungen befielen. Papstleben und Papststerben soll im Folgenden an einigen herausragenden Papstgestalten deutlich werden.

## Gregor VII. – Tod im Exil

Es ist nicht jedermanns Sache, in einen Sarkophag zu schauen, aber alle Beteiligten empfanden es als einen spannenden und aufregenden Augenblick, als der schwere Steindeckel gehoben wurde, so geschehen im Jahr 1578 im Dom zu Salerno. Fast 500 Jahre hatten hier ungestört die Gebeine des Papstes Gregor VII. (1073 – 1085) geruht. Folgender Bericht ist auf uns gekommen:

»Der Leib des Papstes war vollständig erhalten, mit Nase, Zähnen und den anderen Körperteilen. Er trug eine Bischofsmitra, auf deren Bändern Kreuze angebracht waren. Auf die golddurchwirkte Seidenstola waren die Worte »Pax Nostra« gestickt worden. An den Händen trug der Papst schöne mit Gold und Perlen verzierte Seidenhandschuhe, auf die ein Kreuz gestickt war. Am Ringfinger trug er einen goldenen Ring ohne Stein. Die rote Kasel war mit Goldfäden durchwirkt. Die Tunika war aus Seide. Die bis zu den Knien reichenden Schuhe waren aus Goldseide und trugen Kreuze. Der Gürtel war aus Goldstoff. Das Gesicht war mit einem Schleier bedeckt. Nichts fehlte, was zu den Gewändern eines Papstes gehörte«.

Schon der erste Blick auf das viele Gold deutete auf den hohen Rang des Bestatteten. Die kostbaren Gewänder gehörten zu einem Pontifex, den es nach einer stürmischen Amtszeit in das süditalienische Salerno verschlagen hatte. Zum Papst war Gregor am 22. April 1073 gewählt worden und schon dies geschah auf seltsame, ziemlich überstürzte Weise.

Alexander II. war plötzlich verstorben und wurde gerade in der Lateranbasilika zu Grabe getragen. Schon während des Leichenbegängnisses dachten alle an einen Nachfolger und ließen ihren Gefühlen freien Lauf. Kaum war der eine Papst unter der Erde, erscholl schon der Ruf nach dem nächsten. Mitten in die Totengebete hinein platzten immer lautere Sprechchöre. Unüberhörbar verlangten sie nach dem Archidiakon Hildebrand, »der soll unser Papst sein«. Volkes Stimme also entschied die Wahl, tumultartig, per Akklamation, unter den Rufern waren natürlich auch Priester, Bischöfe und Kardinäle, alle votierten für Hildebrand, und so wurde er denn zum Pontifex erhoben. Es war eine Wahl, wie man sie von früher her kannte. Im Jahre 1073 war ein solches Verfahren allerdings nicht mehr korrekt, denn das Dekret von 1059 behielt die Papstwahl allein den Kardinälen vor. Dennoch, das Volk hatte sich durchgesetzt, wohl noch am gleichen Tag wurde Hildebrand als Gregor VII. inthronisiert. Von Anfang an war er von Anfeindungen bedroht.

Gregors hartnäckigster Gegner Cencius, der Sohn des Stadtpräfekten Stephanus, überfiel den Papst am Weihnachtstage 1075, mitten in der Mitternachtsmesse am Altar von Santa Maria Maggiore. Gregor wurde grob gepackt, am Bart vom Altar weggezogen und gefangen gesetzt. Am folgenden Morgen befreiten die Römer ihren eingesperrten Pontifex. »Unter dem Jubel der Bevölkerung und mit der Papstkrone angetan ritt Gregor dann zu Santa Maria Maggiore und setzte die in der Vornacht unterbrochene Messe in aller Ruhe fort.« Cencius musste kurze Zeit darauf die Stadt verlassen und suchte Zuflucht bei Heinrich IV. in dessen Pfalz zu Pavia – für viele Römer ein klarer Beweis, dass Gregors Feinde mit dem Kaiser unter einer Decke steckten.

Als Eiferer hat er begonnen, als Mönch Hildebrand lernte er die Reformideen der Klöster kennen, machte sie zur päpstlichen Chefsache und wollte die schlimmsten Übel abstellen, die er genau registrierte, wenn er schrieb »Wir leiden jeden Augenblick die Schmerzen und Ängste einer Gebärenden, wenn wir an das Schiff der Kirche denken.«

Wenn zwei starke Charaktere feste Position beziehen, dann kann es heftig krachen. Papst und Kaiser pochten wechselseitig auf ihre Rechte, die so klar nicht waren. Es ging zunächst, wenn auch keineswegs ausschließlich, um die Bischöfe der Reichskirche. Gregor wollte ihr Amt reinigen, sie vom Makel der Käuflichkeit (»Simonie«) und von der »Laieninvestitur«, der Einsetzung und Kontrolle durch die weltliche Gewalt, befreien, um so der von ihm ersehnten »libertas ecclesiae« näherzukommen. Das allerdings musste Ärger mit dem deutschen König geben. Die Bischöfe waren die wichtigste Stütze seiner Herrschaftsgewalt, verstanden sich selbst vorrangig als Fürsten des Reiches und wollten das auch bleiben. Das Bestreben Gregors, aus ihnen primär dem Papsttum unterstellte Seelsorger und Hirten zu machen, missfiel ihnen und dem König aufs Äußerste. Die Weichen für einen heftigen Konflikt waren damit gestellt, der Streit verschärfte sich rasch, da keine der beiden Seiten zum Nachgeben bereit war und der Papst am Ende nicht davor zurückschreckte, den König mit dem Bann zu belegen und einen Gegenkönig zu unterstützen. Durch seinen kühnen Bußgang nach Canossa (Januar 1077) meisterte Heinrich die für ihn äußerst bedrohliche Situation. Einmal vom Bann gelöst, ging er gemeinsam mit den loyal gebliebenen Bischöfen und Reichsfürsten entschlossen zum Gegenangriff über. Im März 1080 versammelten sich in Brixen ungefähr 30 deutsche und italienische Bischöfe, sie beschuldigten den Papst der Irrlehre und Zauberei, beschlossen seine Absetzung und wählten den Gegenpapst Clemens III. Dieser zog 1084 mit Heinrich IV. in Rom ein, nahm an ihm die Kaiserkrönung vor; der bedrängte Gregor musste sich derweil in die Engelsburg zurückziehen.

Auch Klerus und Volk von Rom fielen nun von ihrem einstigen Idol ab, erklärten Gregor für abgesetzt, und von ferne konnte er die Fanfaren hören, unter deren Klang der neue Papst feierlich in die Peterskirche einzog. Gregors einzige Hoffnung waren die Normannen, die er als seine Vasallen zum Schutz herbeirief. Der süditalienische Normannenfürst Robert Guiscard und seine Barone folgten dem Hilferuf nur allzu gern, nicht zuletzt in Erwartung reicher Kriegsbeute. Wie es so geht, verselbständigte sich die Soldateska und geriet beim Kampf um Rom aus allen Fugen. Die Normannen hausten fürchterlich in der Ewigen Stadt, und als sie abzogen, ging der frustrierte Papst mit ihnen, in Rom konnte er sich nicht mehr halten, und nahm Residenz in Salerno.

Hier blickt im Mai 1085 ein müder und abgekämpfter Mann auf sein Lebenswerk zurück. Gregor denkt an bewegende Momente seines Lebens, damals in der verschneiten Burg Canossa, als er den deutschen König Heinrich IV. in die Knie zwang, der mit ausgestreckten Armen vor ihm auf dem eiskalten Boden lag, ein König als Büßer vor dem mächtigen Oberhaupt der Kirche. In tiefer Demut, gewiss, doch zugleich in kluger Berechnung. Als Sieger von Canossa kann sich Gregor nicht fühlen. Er hatte das höchste Amt inne, das die damalige Zeit bereit hielt, so hat er es wenigstens gesehen. Über Kaiser und Könige hat er sich gestellt und nun verbringt er armselig seine letzten Tage in Salerno, dem Endpunkt seiner erzwungenen Abreise aus Rom. Vor seinen eigenen Leuten musste er fliehen, vor den Römern, die ihn nicht mehr wollten und aus der Stadt jagten.

Schmachvoll empfindet er in Salerno sein Schicksal; seine Tatkraft und sein Lebensmut haben ihn verlassen und so gibt er sich hinein in den Tod, der ihm Erlösung wird.

Erschöpft, gedemütigt, ausgelaugt liegt er danieder, bis ihn der Tod erlöst. Seine letzten Worte sind nicht ohne Bitterkeit:

»Ich habe die Gerechtigkeit geliebt und das Unrecht gehasst, deshalb sterbe ich in der Verbannung.«

Am 25. Mai 1085 stirbt Gregor VII. in Salerno. Mit Recht wird er als einer der bedeutendsten Päpste angesehen, der die dringend notwendige Kirchenreform tatkräftig in Angriff nahm, was allerdings nicht ohne Anfeindungen und erbitterte Kämpfe vonstatten ging. Am 25. Mai 1583 hat Gregor XIII. den siebten Gregor in das Verzeichnis der Heiligen aufgenommen.

Und es gab auch Reliquien des päpstlichen Heiligen: Der rechte Oberarm und einige Skelett-Teile kamen nach Siena und Sovana und befinden sich heute in der Kathedrale von Pitigliano. Anfang des 18. Jahrhunderts wurde der Kult auf die ganze Kirche ausgedehnt, fand aber wenig Resonanz. Gregors Gebeine wurden nicht nach Rom geholt, wie die von Innozenz III., wohl aber die Gebeine seiner Beschützerin und begeisterten

Anhängerin Mathilde von Tuszien, die sogar ein Grabmal in der Peterskirche erhielt.

1984 wurde Gregors Grab erneut geöffnet für eine wissenschaftliche Untersuchung durch Gino Fornaciari, der in seinem Befund feststellte: »Es handelt sich um das Skelett eines sehr kräftigen und muskulösen Mannes von etwa 157–163 cm Größe, der im Leben ständig aktiv war und alle Anzeichen der für die damalige Oberschicht typischen, ausgezeichneten Ernährung zeigt.« Ein entbehrungsreiches Leben hat Papst Gregor also nicht geführt.

*Innozenz III. – der geplünderte Leichnam*
Schreie des Entsetzens zerreißen die Stille des Doms, einige junge Priester sind frühmorgens als erste zur Messe gekommen und sehen mit Schrecken ein Bild, das bald ganz Perugia wach rüttelt und in den Dom treibt: Ein fast nackter Mann liegt tot auf einer Bahre vorne im Chor, umgeben von Kerzenleuchtern, feierlich aufgebahrt, aber aller seiner Gewänder beraubt – und jeder weiß sofort, um wen es sich handelt. Der Blick auf dieses skandalöse Bild – ein gefledderter Nackter im Dom – lässt erschauern, es ist nicht irgendein Toter, es ist der Leichnam des Papstes Innozenz III. (1198 – 1216), des mächtigsten Mannes der damaligen Welt. Gestorben ist er am Samstag, 16. Juli 1216 um die neunte Stunde. Seine kostbaren Gewänder, er war angezogen wie für einen Gottesdienst, wurden geraubt, eine kriminelle Tat ohne Beispiel. Man hatte die Leiche nicht bewacht, und deshalb konnte das Unfassbare geschehen, dass sich Räuber an der geheiligten Person des großen Innozenz vergriffen, der die Würde seines Amtes in ungeahnte Höhen erhoben hat und der dann so würdelos im Dom lag.

Gefasst wurden die Täter nie. Der Leichenraub blieb unaufgeklärt, ein William von Baskerville hat sich anders als in Umberto Ecos »Name der Rose« in Perugia nicht gefunden. Die Tat kann aber auch einen anderen Hintergrund haben. Nicht selten wurden nach dem Sterben eines Papstes seine Privatzimmer leer geräumt, es herrschten richtige Plünderungsrituale, wenn man so will, ein gewohnheitsrechtlicher Auswuchs des Spolienrechts, nach dem der Nachlass eines verstorbenen Klerikers ganz oder teilweise vom weltlichen oder kirchlichen Oberherrn (hier dem *popolo*) beansprucht werden konnte. Hatten sich am Ende Diener die Papstgewänder als Entschädigung für entgangenen Lohn oder als »Andenken« angeeignet?

Und hat sich die Szene wirklich so zugetragen oder handelt es sich um eine mehr oder weniger erfundene Anekdote? Ein solcher Verdacht mag nahe liegen, da die Beraubung oder Vertauschung von reich bekleideten Leichen ein beliebtes Sagen- und Novellenmotiv antiker und orientalischer Herkunft ist (am eindrucksvollsten ist hier sicher eine Boccaccio-Novelle aus dem »Decameron«, II, 5, in der ein junger Mann dem aufgebahrten Leichnam eines Bischofs einen Finger mit dem kostbaren Ring abschneidet). Es gibt aber wohl keinen Zweifel: Das Ereignis hat sich wirklich so zugetragen, der durchaus glaubwürdige Geschichtsschreiber und Prediger Jakob von Vitry hat den geplünderten Leichnam mit eigenen Augen gesehen, das Erlebnis beschrieben und dabei erfahren, wie eitel und vergänglich der verführerische Glanz dieser Welt ist. Hatte der mit den pontifikalen Gewändern aufgebahrte Leichnam am Abend vorher noch die majestätische Würde des hohen Amtes ausgestrahlt, so wird der Papstleib, von allem entkleidet, zum Bild der Hinfälligkeit, der irdischen *vanitas*.

Im Übrigen wurde der Papstleichnam, eiligst neu eingekleidet, noch am gleichen Tag, es war der 17. Juli 1216, im Dom zu Perugia beigesetzt und zwar in einem Marmorgrab nahe beim Fenster des Herkulanusaltares. Das Totenamt wurde in Gegenwart von siebzehn Kardinalbischöfen und einer großen Volksmenge gehalten.

Die Trauer um Innozenz III. war groß, und sie war echt. Alle hatten das Gefühl, er sei zu früh gestorben, sein Vorgänger Coelestin III. hatte ein Alter von 92 Jahren erreicht und er, Lothar von Segni, war schon als 37-jähriger Kardinaldiakon auf den Papstthron gekommen, ein relativ junger Pontifex, dem man die Perspektive für eine lange Zukunft zuschreiben konnte. Ein euphorischer Optimist war er allerdings nicht, hatte er doch selber einen Traktat über »das Elend des Menschenlebens« verfasst. Darin beschreibt er ausführlich allerlei Altersbeschwerden und klagt über die Kürze des Menschenlebens und mit Wehmut stellt er fest: »Die Wenigkeit meiner Tage wird in Kürze ein Ende nehmen; nur wenige erreichen heute sechzig, die wenigsten gar siebzig Jahre.« Innozenz sollte sich darin nicht täuschen, er wurde nicht einmal 60 Jahre alt, lag mit seinen 56 Lebensjahren aber immer noch weit über der durchschnittlichen Lebenserwartung seines Zeitalters.

Lothar von Segni hatte in Paris studiert und zeigte ein auffälliges Interesse an der Medizin, die auch in seinen Predigten vorkam. Er kannte sich in der antiken Literatur gut aus, liebte Musik und Dichtung und machte gerne Ausflüge.

Innozenz verkörperte ein Papsttum, das sich über alles erhoben hatte. In seinen Predigten steht der Pontifex zwischen Gott und den Menschen, gewiss geringer als Gott, aber an Ehre und Würde über jedem Menschen. Es fehlte ihm eigentlich nur noch die Sicherheit, ein hohes Alter zu erreichen, und deshalb war die Hinfälligkeit des Papstleibes ein ständiges Ärgernis.

Der Papst war überraschend gestorben ohne längere Krankheit, allerdings hatte er schon bei einer Predigt auf dem großen Laterankonzil von 1215 Todesahnungen geäußert. Dennoch hatte niemand mit seinem so baldigen Tod gerechnet, der ihn gleichsam in der Sommerfrische ereilte. Jedes Jahr pflegte der päpstliche Hof im Sommer das klimatisch unangenehme, drückende Rom zu verlassen, meistens zog man in die Berge, dieses Mal reiste die Kurie in das luftige Perugia im grünen Hügelland Umbriens, aber natürlich konnte man auch hier nicht dem Tod entfliehen.

Auch wenn es nur eine Legende ist, so ist der päpstliche Traum doch bis heute unvergessen. Wann erfährt man sonst schon, was ein Papst träumt. Innozenz kann sich am Morgen an den Traum noch genau erinnern, er hat ein Kirchengebäude nahe dem Einsturz gesehen, und ein Mann stemmte sich dagegen, stützte die Mauern und rettete so die Kirche. In diesem Mann erkannte der Papst jenen Bettelmönch aus Assisi, der am Vortag bei ihm gewesen war. Francesco wollte seine Ordensregel genehmigt bekommen. Innozenz war unschlüssig, er misstraute allem Neuen, zu viel Ketzerei hatte sich eingeschlichen. Die Katharer, die Albigenser – alle diese »Irrgläubigen« bekämpfte er unerbittlich. Sollte sich hier eine neue Protestbewegung zusammenbrauen? Man musste auf der Hut sein. Der Traum, so heißt es, habe den Papst gnädig gestimmt und er habe das Vorhaben des Franz von Assisi gebilligt, vielleicht die größte Tat seines Pontifikates. Die Armutsbewegung war ungemein wichtig und notwendig für eine Kirche, die sich vor allem mit den Reichen arrangiert hatte und die selber größten Wert auf Geld, Vermögen und Macht legte. Der *poverello* von Assisi hat auch das Image von Innozenz gerettet, der für heutige Historiker neben Gregor VII. als der bedeutendste Papst des Mittelalters gilt. Zur Ehre der Altäre gelangte er allerdings nicht, er war zu wenig Asket und Büßer und somit fehlten ihm die Zeichen eines typischen Heiligen. Die Weichen für eine innerkirchliche Armutsbewegung hat er gestellt, heilig geworden ist natürlich der, der selber arm lebte und einen Posten in der kirchlichen Hierarchie verschmähte, nämlich Francesco, der Mann aus Assisi.

## Johannes XXI. der Medizinerpapst – Tod in der Bibliothek

Am Anfang war es ein Knistern und Ächzen, dann ein machtvolles Krachen und ein donnernder Schlag, in dem der Schrei des Papstes unterging. Die herbeigeeilten Diener fanden ihren Herrn in seiner Privatbibliothek, von der herabfallenden Decke schwer getroffen, unter Balken und Mauerbrocken begraben, fast ohne Lebenszeichen. Ein paar Tage später verstarb Papst Johannes XXI. (1276–1277) im Papstpalast von Viterbo. Pfusch am Bau würde man heute sagen. Damals gab dieser plötzliche Papsttod viele Rätsel auf, man vermutete ein Attentat, es konnte auch ein Fingerzeig Gottes sein, dämonische Kräfte waren vielleicht am Werk, wir sind im Mittelalter, es ist der 20. Mai 1277. Es hieß auch, der Tod habe ihn getroffen, weil er an einem häretischen Buch arbeitete. Schon zu Lebzeiten war dieser Pontifex dem einfachen Volk ein wenig unheimlich, er wusste viel, war ein Intellektueller, ein Philosoph und zugleich ein Mediziner, folglich auch mit Alchemie und Astrologie vertraut, ein geheimnisvoller Mann auf dem Papstthron.

Ursprünglich hieß er Petrus Juliani, wurde später Petrus Hispanus genannt, stammte aus einer wohlhabenden Familie in Lissabon, sein Vater Julianus war Arzt und Apotheker. Petrus dürfte um das Jahr 1215 das Licht der Welt erblickt haben. Er erhielt eine glänzende Ausbildung, zunächst in seiner Heimat, dann in Paris, wo er auch den hoch angesehenen Albertus Magnus hörte und 1245 den Magistergrad in Philosophie und Medizin erlangte. Dann begab er sich auf Reisen, kam in die bedeutendsten Stätten der Heilkunde, nach Montpellier und Salerno. Zwei Jahre später finden wir ihn in Siena, wo er als »Physicus« (städtischer Arzt) lehrte und unermüdlich Schriften verfasste, die rasche Verbreitung fanden. Bald war er ein berühmter Professor, der ein bahnbrechendes Werk über Logik und Dialektik schrieb, die »Summulae logicales«. In seinem medizinischen Standardwerk »Thesaurus pauperum« (Schatz der Armen) hatte er speziell die Behandlung wenig begüterter Patienten im Auge. Zum Vorbild nahm er sich die Heilmethoden der arabischen und byzantinischen Ärzte, damals die modernste Medizin.

Von Papst Gregor X. wird Petrus Hispanus zum Leibarzt berufen und begleitet den Pontifex in dieser Funktion zum Konzil von Lyon. Gregor zieht den Gelehrten auch als Berater heran, ernennt er ihn 1273 zum Erzbischof von Braga und noch im gleichen Jahr zum Kardinalbischof von Tusculum, fürwahr eine rasante Karriere für einen Nicht-Theologen.

Auch bei Hadrian V. bleibt Hispanus Leibarzt, an seinen Künsten wird es nicht gelegen haben, dass dieser Papst nicht einmal seine Krönung erlebte, bereits 38 Tage nach seiner Wahl starb er am 18. August 1276 in Viterbo.

Dort versammelten sich am folgenden Tage die Kardinäle zum Konklave, es waren zehn an der Zahl. Sie wurden von der Außenwelt abgeriegelt, einige Tage später verstarb Kardinal Visconti, neun Wähler suchten nun eine Einigung und fanden sie in Petrus Hispanus, der sich den Namen Johannes gab. Er wird als Johannes XXI. gezählt, tatsächlich ist hier die Papstliste etwas durcheinander, denn einen Johannes XX. gab es nicht (was nebenbei die Mutmaßungen über eine angeblich von der späteren Kirchengeschichte unterschlagene Päpstin Johanna beflügelt hat).

Am 8. September 1276 zeigte sich der neue Papst in der Kathedrale von Viterbo dem Volk und bezog den dortigen Papstpalast, nach Rom wollte er nicht. Acht Monate Pontifikat waren ihm beschieden, und in dieser kurzen Zeit konnte er nicht viel bewegen. Gerühmt wird seine Sorge um die Armen, Audienzen gab er für Reiche *und* Arme, nachhaltig unterstützte er die Universitäten, machte sich verdient um die Bildung und plante eine Studienförderung für arme Studenten. Seine letzten Worte sind überliefert: »Quid fit de libello meo? Quis complebit libellum meum?« (Was wird aus meinem Buch? Wer wird mein Buch vollenden?). Der einzige Mediziner auf dem Stuhl Petri war ein Mann der Bücher, und noch als Kardinal und Papst schrieb er medizinische Lehrbücher, in denen es immer wieder um die aus dem islamischen Kulturkreis übernommenen Kenntnisse ging, auch um die Frage, in welchem Maße astronomische und astrologische Praktiken (die so genannte Iatromathematike) der Heilkunst dienlich sein können.

Der Medizinerpapst zählt ohne Zweifel zu den bedeutendsten Gelehrten des hohen Mittelalters. Er hat sich ausgiebig mit dem Thema einer richtigen Lebensweise, der *Lebenskunst*, befasst. In seinem Werk »Summe über die Bewahrung der Gesundheit« wendet er sich dem möglichen Einfluss der Gestirne auf die Verlängerung des Menschenlebens zu. Als Spezialist für Augenheilkunde erteilt er Ratschläge, wie man seine Sehkraft verjüngen könne. Ohne Zweifel hat er persönlich daran geglaubt, durch die Anwendung der Lebenskunst sein Dasein verlängern zu können. Sein plötzliches Ende ist deshalb von einer besonderen Tragik. Johannes XXI. wurde aufrichtig betrauert als ein Papst, der in der Leitung der Kirche zwar keine Spuren hinterließ, dem man aber ein längeres Wirken gewünscht hätte. Er fand sein Grab in der Kathedrale S. Lorenzo zu Viterbo.

*Coelestin V. der Engelspapst – Tod in der Gefängniszelle*

Wir schreiben den 13. Dezember 1294. Die Kardinäle, die sich im Castelnuovo von Neapel zum Konsistorium versammelt haben, diskutieren lebhaft; schlagartig wird es still, als der greise Coelestin mit ernstem Gesicht den Saal betritt, in den festlichen Papstgewändern trotz des hohen Alters eine ehrwürdige Erscheinung. Er steigt die Stufen empor und nimmt auf seinem Thron Platz. Von hier oben hat er alle Macht in Händen, alle müssen ihm gehorchen, aber alle horchen auf, als er das Pergament in die Hand nimmt und zu lesen beginnt »Ich, Coelestin V., trete aus freiem Willen vom Pontifikat zurück und verzichte ausdrücklich auf den Thron, die Würde und das Amt,« und er nennt seine Argumente: Aus Gewissensgründen, aus der Schwäche des Körpers, wegen der Unfähigkeit zum Lehramt, und um wieder Frieden zu finden, lege er sein Amt nieder.

Und er vollzieht seine Abdankung, eindrucksvoll sichtbar für alle. Gemessen steigt der Papst von seinem Thron herab, zieht den Ring vom Finger, legt die Tiara ab und den prächtigen Mantel; die Insignien seiner Macht gibt er zurück, dann geht er in einen Nebenraum und zieht wieder die raue graue Kutte des Einsiedlers an, kehrt in den Saal zurück und setzt sich auf der untersten Stufe des Thrones auf den Boden. Und ohne pathetisch zu werden, darf man sagen, in diesem Moment hält die Geschichte ihren Atem an, das Ereignis war ungeheuerlich und einmalig, das einzige Mal, dass ein Pontifex freiwillig sein Amt aufgegeben hat, es war der Tag der heiligen Lucia. Fünf Monate und neun Tage, vom 5. Juli bis zum 13. Dezember 1294, hatte der Papst-Mönch die Kirche geleitet. Die ergreifende Szene, so heißt es, ließ auch hart gesottene Kardinäle in Tränen ausbrechen und bis heute wird immer wieder daran erinnert, z. B. auch in den letzten Lebensjahren von Johannes Paul II. Der Tod bringt das Pontifikatsende, aber es muss nicht der Tod sein.

Den Frieden wollte der Abgedankte finden, frei wollte er sein, wieder als Pietro del Morrone leben, aber ein einfacher Mönch war er eben auch nicht mehr. An dieser Stelle drängt sich die Frage auf: Wieso haben die Kardinäle überhaupt einen Einsiedler auf den päpstlichen Thron erhoben? Am 4. April 1292 war Papst Nikolaus IV. gestorben. Da die verfeindeten Parteien der Colonna und der Orsini alle Entscheidungen blockierten, hatten sich die Kardinäle Anfang Juli 1294 noch immer nicht auf einen Kandidaten einigen können. Zweieinviertel Jahre bereits war die Christenheit ohne Oberhaupt, man könnte boshaft sagen, es ging also auch ohne Pontifex.

Ein plötzlicher Todesfall machte die Papstwähler nachdenklich. Der Bruder des Kardinals Napoleon Orsini, ein junger Mann, war jäh verstorben, und dieser rätselhafte Tod – so glaubten zumindest einige der Kardinäle – konnte als Strafgericht Gottes für das säumige Kardinalskollegium ausgelegt werden. Am 5. Juli waren sie wieder in Perugia vereint, diskutierten hin und her, mehr beiläufig kam man auch auf den heiligmäßigen Einsiedler und Abt Peter von Murrone zu sprechen, und da im Kollegium der Wähler wenig Heiligkeit auszumachen war, kam man fast mit einem Schuss Ironie auf die Idee, diesen frommen Eremiten auf den Thron Petri zu erheben und damit etwas ganze Neues und Ungewöhnliches zu wagen. Zudem war der Kandidat schon über 86 Jahre alt, sie hatten also sehr bald wieder die Chance, einen der Ihren an die Spitze zu setzen. Als die Stimmenmehrheit für den Eremiten tatsächlich zustande kam, erschraken die Kardinäle über sich selber und schickten eine Abordnung zu Peters Klause im rauen Bergland der Abruzzen.

In der Sommerhitze des 18. Juli keuchten der Kardinal Peter Colonna und sein Gefolge den schmalen Pfad zur Einsiedelei von S. Onofrio hinauf und erschraken, als sie den Greis sahen, abgemagert vom vielen Fasten, mit bleichem Gesicht und struppigem Bart in einer groben Kutte. Was hatten sie angestellt! Der Einsiedler sah in der Tat nach einem Heiligen aus, nicht aber nach einem Herrscher der Kirche. Peter aber konnte sich nicht verweigern und stieg mit ihnen ins Tal. Nach seiner Krönung in L'Aquila zog der neue Papst mit König Karl II. von Anjou nach Neapel, der seine Gutmütigkeit ausnutzte und ihn für seine Interessen einspannte.

Coelestin V. war bei alledem kein naiver Tölpel. Mit über siebzig Jahren hatte er noch eine Reise nach Lyon unternommen, sein Ruhm hatte sich weithin verbreitet, und zahlreiche Eremiten hatten sich ihm angeschlossen. Anfangs hauste er allein, umgeben von Bären und Wölfen, in einer Grotte als Einsiedler, 1233 erhielt er in Rom die Priesterweihe, er konnte nur wenig Latein, wusste nicht allzuviel von Theologie, kannte aber möglicherweise die eschatologischen Weissagungen des Joachim von Fiore. Als Mönch verstand er etwas von medizinischen Dingen, seine Kenntnisse als Heiler waren gefragt, in seiner Gegend gab es berühmte Heilquellen. Er gründete seinen eigenen Orden, die »Fratelli dello Spirito Sancto« (Brüder des Heiligen Geistes), er konnte sehr wohl etwas organisieren.

Der zum Papst gekrönte Einsiedler gab sich den schönen Namen Coelestin, der Himmlische, und nahm damit Bezug auf eine Grundströmung im Mittelalter, die Sehnsucht nach einem *Papa angelicus*; ein Engelspapst sollte die Kirche regieren, ein Mann von tiefer, persönlicher Spiritualität. Als Papst war Coelestin V. somit eine grandiose Fehlbesetzung, nicht Heiligkeit war gefragt beim Heiligen Vater, sondern die Qualitäten eines Herrschers und Politikers. Und so trat Coelestin denn nach kaum halbjähriger Amtszeit und reiflicher Erwägung vom höchsten Amt der Christenheit zurück.

Sein Nachfolger Bonifaz VIII., gewählt am 24. Dezember 1294, ließ den Abgedankten total abschirmen, jedes Wort des von vielen Gläubigen verehrten Eremiten konnte ihm gefährlich werden.

Ursprünglich wollte Coelestin dem neuen Papst nach Rom folgen, beschloss dann aber überraschend auf halbem Weg, in seine alte Zelle in S. Onofrio zurückzukehren, wo er wohl Mitte Januar 1295 eintraf, im bitterkalten Bergwinter der Abruzzen. Wieder überraschend wollte Coelestin aus dem Machtbereich des Papstes fliehen, vermutlich nach Griechenland. Im apulischen Vieste versuchte er, sich einzuschiffen. Sein Aufenthalt allerdings wurde entdeckt; der Kapitän der Hafenstadt nahm ihn gefangen und meldete den Vorfall dem Papst. Dieser stellte nun den Eremiten für zwei Monate in seiner Residenz Anagni unter Hausarrest, bis Mitte August 1295. In Castel Fumone südöstlich von Anagni ließ er eine Zelle einrichten, ca. 4 qm groß. Ein Eremit war nicht an prunkvolle Säle gewöhnt, aber dieses kümmerliche Loch war doch entwürdigend. Tag und Nacht sorgten Wachen dafür, dass Peter von der Außenwelt hermetisch abgeschirmt war, einige Brüder durften ihm bei der Messfeier helfen; eingesperrt in die Burg verbrachte er die letzten neun Monate seines Lebens.

Niemand wurde eingelassen, um den abgedankten Papst zu sprechen oder auch nur zu sehen.

Um Pfingsten wurde er krank, ein herbeigerufener Arzt sah keine Heilung mehr, ein Geschwür brachte ihm schlimme Schmerzen, er bat um die Letzte Ölung, da lag er nun auf einem Tisch, in eine Decke gehüllt und wartete auf seinen Tod. Am 19. Mai 1296, an einem Sonntagabend, verschied Coelestin im Alter von 87 Jahren. Sofort wurde Bonifaz benachrichtigt; er sandte den Kardinal Thomas nach Fumone, der den Leichnam in einer Holzkiste vorfand .

In Rom zelebrierte der Papst persönlich ein feierliches Requiem für seinen Vorgänger. Als er die Totengebete sprach, empfand er vermutlich mehr dankbare Erleichterung als Trauer. Es hieß, er konnte nach dem Sterben seines Vorgängers nur mühselig seine Freude verbergen.

Niemand kam auf die Idee, den Leichnam nach Rom zu bringen, der Verstorbene wurde unter großer Anteilnahme des Volkes ins Tal getragen, in Ferentino beigesetzt, dort von einer Kirche in eine andere überführt. Seine Klosterbrüder standen eines Tages vor einem leeren Sarkophag, die Gebeine waren heimlich entfernt worden und landeten am Ende in S. Maria di Collemaggio zu L'Aquila, wo ein prunkvolles Grabmal errichtet wurde, keineswegs passend für einen strengen Eremiten. Jahrhundertelang hatten die Gebeine des frommen Papstes nun Ruhe, bis sie am 18. April 1988 noch einmal entwendet wurden. Einige Tage später fand die Polizei die sterblichen Überreste des *Papa angelicus* auf dem Friedhof von Amatrice, so berichtete damals der italienische Rundfunk. Ob dies den unbekannten Dieben zum Fluch oder Segen gereichte, sei dem heiligen Einsiedler überlassen.

Um den schlichten Tod des hoch verehrten Engelspapstes rankten sich bald Gerüchte und Legenden. Bei seinem Tod war angeblich ein rundes, rotes Feuerzeichen in der Luft zu sehen, das wie ein goldenes Kreuz aussah und über dem Kastell schwebte. Schon bald erzählte man sich, der Eremit sei von seinen Wachen erschlagen worden, oder Bonifaz habe ihn vergiften oder erdrosseln lassen. Aber das alles gehört wirklich ins Reich der Legende; wenn jemand mit 87 Jahren stirbt, muss man nicht unbedingt einen Mordanschlag vermuten.

Im Mai 1313 wurde Coelestin V. in Avignon seliggesprochen, 1328 erfolgte die Heiligsprechung. Die Frage aber, ob ein Papst zurücktreten darf, wurde noch lange diskutiert. Allein der Tod beendet ein Pontifikat, und gibt es Gründe, dem Tod gleichsam vorzugreifen? Der große Theologe Aegidius Romanus freilich verteidigte schon 1297 in einer scharfsinnigen Streitschrift die Rechtsgültigkeit des Amtsverzichts Papst Coelestins. Soviel aber ist sicher: Die Kardinäle hätten den Engelspapst nicht absetzen können, aber waren sie vor einem halben Jahr nicht von allen guten Geistern verlassen, als sie einen erkennbar »Ungeeigneten« in das höchste und schwierigste Amt der Christenheit beriefen?

## Bonifaz VIII. – der Faustschlag von Anagni

Festungsartig ragt der romanische Dom empor, oben am höchsten Punkt des Städtchens Anagni, südöstlich von Rom im Hügelland von Latium gelegen. In der Domkrypta ist heute noch ein berühmter Freskenzyklus zu bewundern, der auch die beiden antiken Ärzte Galen und Hippokrates zeigt. Etwas unterhalb des Domes liegt der Papstpalast, in dessen Obergeschoss sich einige ausgemalte Säle erhalten haben. Anagni spielte in der Papstgeschichte gleichsam die Rolle einer Ausweichresidenz. Wenn in Rom die Stimmung umschlug und es antipäpstlich wurde, sollte der Palast von Anagni Sicherheit und Schutz bieten. Diese Erwartung erfüllte sich in den meisten Fällen, aber nicht immer, denn hier oben spielte sich im Jahr 1303 eine dramatische Szene ab, die keineswegs erfunden ist.

Er hätte fliehen können, aber ein Benedetto Caetani flieht nicht. Er will seinen Gegnern ins Auge sehen, lässt sich mit seinen Pontifikalgewändern bekleiden, er will ihnen mit den Zeichen seiner Würde entgegentreten und wartet hier oben im großen Saal des Palastes, es ist der 7. September 1303.

Zwei fanatische Gegner des Papstes haben sich zusammengetan und sind im Anmarsch auf Anagni. Der eine heißt Giacomo Sciarra Colonna, ist ein rabiater Haudegen aus der mächtigen Adelssippe der Colonna, der andere nennt sich Guillaume de Nogaret, er ist der Ratgeber und *spiritus rector* des französischen Königs, Advokat, Diplomat und Intrigant in einer Person. Das Duo steht an der Spitze einer kleinen wohlgerüsteten Söldnertruppe, mit von der Partie sind einige Adlige aus der römischen Campagna, die ihre persönlichen Rachegelüste befriedigen wollen. Die Angreifer haben alles gut geplant, stoßen am Stadttor von Anagni auf keinerlei Widerstand, denn die Wachen sind bestochen, und so kommen sie mühelos in die Stadt hinein und stürmen mit ihren Bewaffneten den

Papstpalast, drängen hinauf ins *piano nobile.* Provozierend sicher steht er da, Papst Bonifaz VIII. in seinem Ornat, der hasserfüllte Colonna kann nicht mehr an sich halten und versetzt dem Pontifex einen heftigen Schlag ins Gesicht. Will er seinen Feind auf der Stelle erschlagen? Der Franzose tritt dazwischen und hält den Colonna vor dem Äußersten zurück. »Hier ist mein Nacken, hier mein Haupt«, soll der Papst gerufen haben, lieber wolle er den Tod erleiden als sich von seinen Feinden in die Knie zwingen lassen. »Schiaffo di Anagni«, die »Ohrfeige von Anagni«, wird man das später nennen, ein ungeheuerlicher Vorgang, ein Colonna vergreift sich am Heiligen Vater, an einer geheiligten Person, die eine ganze andere Qualität hat als er selber.

Viel Zorn hatte sich aufgestaut, Bonifaz hatte die berühmte altrömische Familie Colonna planmäßig unterdrückt, sie ihrer Güter und Rechte beraubt, und deshalb musste er ihre Rache fürchten. Die Angreifer nehmen den Papst gefangen und werfen ihn ins Verlies. Nahrung erhält er nicht, vielleicht wollen sie seinen Widerstand durch Hunger brechen. Und er soll nach Frankreich verschleppt werden, auf jeden Fall will man ihn zur Abdankung zwingen. Aber schon nach zwei Tagen wird Bonifaz von den Bewohnern Anagnis befreit, er ist hier geboren und seine Familie, die Caetani, sind das beherrschende Adelsgeschlecht in dieser Gegend. Auf dem Marktplatz sehen die Leute nun ihren Papst aus der Nähe, den stattlichen, schwergewichtigen Mann, deutlich gezeichnet von den Spuren der Misshandlungen. Ohne Zweifel ist das Attentat eine kriminelle Tat, wobei auch der päpstliche Schatz geplündert wird. Nogaret will die Veröffentlichung der neuesten päpstlichen Bulle verhindern, die über seinen König, Philipp den Schönen, die Exkommunikation verhängt.

Von dieser Demütigung erholt sich der Papst nicht mehr, zu tief sitzt der Schock über die Misshandlung in ihm. Ängstlich und psychisch aufs Schwerste angeschlagen kehrt er nach Rom zurück und stirbt dort schon nach einem Monat, am 11. Oktober. 1303. Sein früher und überraschender Tod ist wohl eine Folge des Attentats von Anagni.

Benedetto Caetani war gerne Papst geworden, den Rücktritt seines frommen Vorgängers Coelestin V. hatte er stark beeinflusst, hatte ihm als studierter Jurist die Rechtmäßigkeit eines solchen Schritts schmackhaft gemacht. Am Heiligen Abend 1294 stimmten im Castelnuovo zu Neapel alle Kardinäle für Caetani, der sich nun Bonifaz VIII. nannte. Er war ein energischer Mann, schroff und hochfahrend und machte sich dadurch viele Feinde. Mit dem französischen König Philipp dem Schönen stand er in einer Dauerfehde, seitdem er den Wünschen des Königs, seine Finanzen durch Besteuerung des französischen Klerus aufzubessern, erbitterten Widerstand entgegensetzte und seinen Vorrang gegenüber der weltlichen Obrigkeit durch energische Bannsprüche betonte. Viele Franzosen sahen in diesem Machtanspruch des Papstes einen Angriff auf ihre Ehre, dem die stolze Nation nicht nur durch königliche Protestschreiben, sondern auch auf großen (vom Königtum gelenkten) Versammlungen entgegentrat.

Aber auch Bonifaz verstand es, das neue Phänomen derartiger Massenbewegungen für sich auszunutzen: Er ist der Erfinder des Heiligen Jahres, das zum ersten Mal im Jahr 1300 ausgerufen wurde und bis heute eine überwältigende Erfolgsstory geblieben ist. Scharen von Pilgern und wohl auch Abenteurern strömten nach Rom, viel Geld floss dabei in die Ewige Stadt und der Ablass gewann eine hohe Attraktivität. Der Papst stand im Zenit seiner Macht und seines Ansehens. Bescheidenheit war nicht seine Sache, und so wollte er den päpstlichen Überlegenheitsanspruch fest zementieren und erließ dafür eine Bulle mit dem bis heute berühmten Anfang »Unam sanctam« (1302/1303). Darin betonte er die Überordnung der geistlichen Gewalt über die weltliche: »Es ist zum Heil für jegliches menschliche Wesen unerlässlich, dem römischen Papst unterworfen zu sein.« Ohne die Kirche geht also gar nichts und der Papst verkörpert sie in höchster Weise. Er allein hat die Schlüssel zum Himmelreich, die Exklusiv-Rechte für den Zugang ins ewige Leben. Seinem mittelalterlichen Denken liegt der Gedanke völlig fern, dass Gott auch noch ein paar Türen öffnen kann, die nicht von Bonifaz kontrolliert werden.

Ohne Zweifel war Bonifaz juristisch hoch gebildet und hat sich als kirchlicher Gesetzgeber einen Namen gemacht. Allerdings hat er auch Hass durch seinen hemmungslosen Nepotismus auf sich gezogen, zwei Neffen ernannte er zu Kardinälen. Die schamlose Bereicherung der eigenen Familie hat weltweit Anstoß erregt. Besondere Bedeutung kommt den Bildern Bonifaz' VIII. zu, denn sie erregten beträchtliches Aufsehen und gaben Anlass zu massiver Kritik. Durch die besondere Ausgestaltung der Tiara, des päpstlichen Herrschaftszeichens, hat Bonifaz VIII. die Papstikonografie bis auf den heutigen Tag nachhaltig beeinflusst. Zum ersten Mal erscheint bei ihm die Tiara mit drei Kronreifen.

Bonifaz war sehr auf seinen Nachruhm bedacht und ließ, was damals völlig ungewöhnlich war, sofort nach seiner Wahl für sich ein Grabmal errichten, das in der Werkstatt des großen Bildhauers Arnolfo di Cambio geschaffen wurde. Das aufwändige Monument erhielt seinen Platz mitten in der Peterskirche; es war eine Kapelle mit einem Altar und darüber einem Baldachin, der von vier Säulen getragen wurde. Das zeugte schon von einem strotzenden Selbstbewusstsein und brachte ihm viel Kritik ein. Die Zeitgenossen nahmen daran Anstoß, dass ein Papst seinen Sarkophag mit seinem lebensechten Bildnis selbst anfertigen ließ. Man prophezeite ihm, Gott werde ihn zur Strafe wie eine Säule zu Boden stürzen.

Erzählt wird auch eine kleine Anekdote. Danach soll der Papst einige Bischöfe zu seinem Grabmal geführt haben und stolz gefragt haben, ob noch etwas fehle. Einer von ihnen soll ungeniert geantwortet haben: »Dass Ihr noch nicht drin seid!« In den Altar dieses Monuments ließ Bonifaz die Gebeine eines heiligen Papstes, nämlich von Bonifaz IV., übertragen, er suchte ganz bewusst Kontinuität, Verankerung in der Papstliste, weil seine Papsterhebung doch ungewöhnlich gewesen war. Vor der Wahl von Bonifaz VIII. konnte nur ein toter Papst gleichsam einen neuen ermöglichen, das Ganze war eine gewisse Einheit: Tod, Beisetzung, Neuwahl und Krönung. Bei ihm war alles anders, und so war er immer darauf aus, seine Legitimität zu betonen.

Ohne Zweifel aber war sein Grabmal eindrucksvoll und von hoher künstlerischer Qualität, und wer heute in die Grotten von St. Peter hinabsteigt und nicht sofort zum Grab von Johannes Paul II. hastet, kann auf dem Weg dorthin bei seiner Liegefigur inne halten und sie bewundern. Auffallend ist das Antlitz des über sechzigjährigen Bonifaz, es wirkt gleichsam alterslos und zeigt keineswegs das sorgendurchfurchte Gesicht eines alten Mannes. Man hat darauf hingewiesen, dass sich in den Grabstatuen jener Zeit die Auffassung ausdrückte, die Toten würden in demselben Alter wie Christus auferstehen, nämlich im Alter von rund dreißig Jahren. Das Werk strahlt klassische Ruhe aus; die Zeitgenossen sagten, er habe sich ein Grabmal errichten lassen, »so als lebe er noch«.

Wirklicher Hass kennt keine Schranken und dauert auch über den Tod hinaus. Philipp der Schöne bemühte sich mit fanatischem Eifer, das Andenken an Bonifaz VIII. zu zerstören. Der nach dem kurzen Pontifikat Benedikts XI. (1303–1304) gewählte Clemens V. (1305–1314) war

Franzose und siedelte mit der Kurie nach Avignon über und geriet – wenn auch widerstrebend – immer mehr unter den Einfluss des französischen Königs, der ihm auch die Zustimmung zum Templerprozess und die Mitwirkung von päpstlichen Richtern an diesem Justizmord abnötigte. Ebenso ist es auch nur aus der Abhängigkeit des Papstes von Frankreich verständlich, dass plötzlich gegen einen toten Papst ein Ketzerprozess geführt wurde. Das Verfahren wegen Häresieverdachts wurde am 16. März 1310 in Avignon eröffnet. Es diente der Entehrung des Verstorbenen, es sollte eine »damnatio memoriae« werden, eine Vernichtung seines Andenkens. Weil er zu seinen Lebzeiten eigene Statuen von sich auf Altäre stellen ließ, verklagte man ihn, er habe zum Götzendienst verführt.

Jede Menge Zeugen traten auf und zitierten freigeistige Äußerungen, die Bonifaz als Kardinal gemacht haben soll, wie z. B. er habe erklärt, »dass Dogmen und Gesetze nicht von Gott gegeben, sondern von Menschen erfunden seien zu dem Zweck, dass die Menschen ruhig und sicher leben könnten, sich nicht gegenseitig angriffen, sich aus Furcht vor ewiger Strafe schlimmer Taten enthielten. Nach dem Tod aber gebe es weder Strafe noch Verklärung, also hätten jene Dogmen keine innere Wahrheit. Man brauche sich deshalb nur um irdische Dinge zu bekümmern, da es ein anderes Leben als das hiesige nicht gebe.« (Schmidt, Bonifaz-Prozeß, S. 242)

Ein solcher Prozess über einen Toten diente wohl der Propaganda, hatte ansonsten aber wenig Sinn und wurde bald ohne Ergebnis beendet. Schlagzeilen wie »der Atheist auf dem Papstthron« oder »der Agnostiker« werden immer wieder geäußert, sind aber keineswegs zutreffend. Ein sympathischer Mensch war Bonifaz vermutlich nicht, aber ein bedeutender und gläubiger Papst sehr wohl.

Bonifaz wurde in der Peterskirche beigesetzt, sein Grab überstand die Zeiten, es wurde geöffnet und mit Datum vom 11. Oktober 1605 hat der Chorherr Giacomo Grimaldi darüber ein Protokoll angefertigt, in dem er sehr genau die Bekleidung des Verstorbenen beschreibt. Der Tote lag mit gekreuzten Armen im Sarkophag, trug äußerst kostbare Gewänder, Handschuhe aus weißer Seide mit Perlenstickereien, die Pontifikalschuhe waren aus schwarzer Seide mit kleinen Blumen aus Goldstickerei, über der weißen Albe ein schwarzes Messgewand. Noch dreihundert Jahre nach Bonifaz' Tod wurden in diesem Sarkophag der Glanz und die Würde des Papsttums sichtbar.

Ein Nachsatz noch zu Clemens V., dem zweiten Nachfolger von Bonifaz VIII., der seinem verstorbenen Vorgänger durch den erwähnten postumen Ketzerprozess so übel mitgespielt hatte: Clemens' eigener Tod am 20. April 1314 wurde offenbar schon von Zeitgenossen als Strafe Gottes für die ungerechte Ausübung des Richteramts gedeutet. Dabei stand aber nicht so sehr der Prozess gegen das Andenken von Bonifaz VIII., sondern der viel größeres Aufsehen erregende Templerprozess im Vordergrund. Das »jähe Ende« dieses Papstes wie auch dasjenige König Philipps des Schönen wurden irgendwann mit einer angeblichen »Verwünschung« oder »Prophezeiung« des sterbenden Templer-Großmeisters Jacques de Molay in Verbindung gebracht. Dieser war von einem königlichen *und* päpstlichen Inquisitionsgericht zum Tode verurteilt worden, nachdem er sich standhaft geweigert hatte, die seinem Orden vorgeworfenen Verbrechen einzugestehen; seine wiederholte Bitte an den Papst um Einschaltung in das ungerechte Verfahren blieb ungehört. Molay wurde am 18. März 1314 auf der Pariser Ile-de-la-Cité zusammen mit einem anderen Ordensbruder als »rückfälliger Ketzer« verbrannt. Auf dem Scheiterhaufen soll der Templermeister die beiden an seinem Tode Schuldigen binnen Jahr und Tag vor Gottes Gericht geladen haben. Papst und König starben tatsächlich innerhalb dieser Zeitspanne – Clemens V. einen Monat, Philipp der Schöne acht Monate nach der Hinrichtung Molays. Schon von dem zeitgenössischen Chronisten Ferreto von Vicenza wird eine entsprechende Geschichte erzählt: Hier ist es ein neapolitanischer Templer, der dem schuldigen Papst in Jahresfrist den Tod prophezeit. Historische Beweise für die Wahrheit derartiger Weissagungen gibt es nicht. Der Tod beider Personen war rational erklärbar: Der Papst starb an einer lange bekannten inneren Erkrankung, der König erlag einem Jagdunfall. So ist der »Templerfluch« zweifellos eine Legende, die aber zum festen Bestandteil des Templermythos geworden ist.

## Urban V. – die Todesweissagung

Jedes Mal, wenn sich Urban V. (1362–1370) nicht wohl fühlte, dachte er an Birgitta und ihre schreckliche Prophezeiung, die unvergessen in seinen Ohren klang. Schon seit Jahren waren die Apostelgräber in Rom verwaist, die Stadt war verkommen, manche Kirchen baufällig, die Päpste, allesamt Franzosen, residierten vergnügt im üppigen Avignon, so als würde sie die

Christenheit nichts angehen. Urban, und das spricht sehr für ihn, wagte einen Abstecher nach Rom, aber es gefiel ihm dort nicht, die Sicherheitslage war miserabel, und unter ständigen Gefahren wollte ein Papst auch nicht leben. Er gab also den Gedanken eines ständigen Aufenthalts in Rom rasch wieder auf und zog sich aufs Land zurück, nach Montefisascone. Dort besuchte ihn die mystisch begabte Birgitta von Schweden, die unaufhörlich die Rückkehr der Päpste nach Rom einforderte und mit Kritik am elenden Zustand der Kirche nicht sparte. Die Mahnungen dieser großen spirituellen Frauengestalt waren ernst zu nehmen. Sie mahnte nicht nur, sie konfrontierte den Papst auch mit einer handfesten Drohung. Ein jäher Tod sei ihm gewiss, sollte er wieder nach Avignon zurückkehren. Und sie berief sich dabei auf eine Erscheinung der Jungfrau Maria. Das Wort der Seherin schwebte wie ein Schwert über ihm.

»Gelingt es ihm, in das Land zurückzukehren, wo er zum Papste gewählt ward, so wird er in kurzer Zeit einen Schlag oder Backenstreich erhalten, dass seine Zähne zusammenschlagen und klappern werden, das Gesicht wird finster werden und sich verdunkeln, und am ganzen Leibe werden ihm die Glieder zittern.« So klar äußerte sich Birgitta in ihren Offenbarungen.

Ende Oktober 1370 kehrte Urban dennoch wieder zurück in sein geliebtes Avignon. Schnell spürte er, wie ernst die Todesdrohung einer Prophetin sein kann. Keine zwei Monate Zeit blieben ihm noch. Als er sein Ende nahen fühlte, ließ er sich in das Haus seines Bruders bringen.

»Hier starb er im Benediktinerhabit auf ärmlichem Lager liegend bei geöffneten Türen, so dass alle sehen konnten, wie ein Papst stirbt, am 19. Dezember 1370 im 61. Lebensjahr«.

Als Petrarca die Todesnachricht erhielt, soll er gesagt haben: »Urban wäre unter die ruhmvollsten Menschen gezählt worden, wenn er sterbend sein Bett vor den Altar St. Peters hätte tragen lassen und wenn er dort mit ruhigem Gewissen entschlafen wäre.«

Urban hat auch als Papst an seiner mönchischen Lebensweise festgehalten. Um die Armen soll er sich besonders gekümmert haben. Seinem Wunsch entsprechend wurde er in seiner früheren Abtei Sankt Viktor in Marseille bestattet. Nachfolgende Päpste hatten eine hohe Meinung von Urban V. und haben ihn zum Seligen erklärt. Sein Grabdenkmal allerdings wurde in der Französischen Revolution zerstört.

Urbans Nachfolger hat sich dann nach Rom aufgemacht, angetrieben von Katharina von Siena. Allein diese ohne Zweifel mutige Tag brachte ihm kein Glück. Im Januar 1377 zieht er in Rom ein, wo es ihm überhaupt nicht gefällt, er bleibt ein Fremdling und kann sich nicht eingewöhnen. Bald wird er schwerkrank und bereut auf dem Sterbebett seine Entscheidung und klagt, er werde nie mehr einer weiblichen Prophetin Glauben schenken. Im März 1378 ereilt ihn der Tod, viel zu früh, Gregor XI. wurde nur achtundvierzig Jahre alt.

## Urban VI. – das ersehnte Ende

Schon seine Wahl war ein tumultartiger Vorgang, eine aufgebrachte Volksmenge randalierte in den Straßen Roms, als sich die sechzehn Kardinäle am 6. April 1378 zur Papstwahl versammelten. Demonstranten drangen in den Vatikan ein und forderten lautstark die Wahl eines Römers oder zumindest eines Italieners. Die verschreckten Wähler votierten sofort für Bartolomeo Prignano, Erzbischof von Bari. Aber den konnte man dem Volk noch nicht vorzeigen, und als wieder Römer den Wahlraum stürmten, präsentierten die verdutzten und auch feigen Kardinäle einen schon sehr betagten römischen Kardinal, einen Tag später votierten alle aber wieder für Prignano. Eine ungewöhnliche Wahl, über deren Gültigkeit war man sich aber einig.

Der 60jährige Bartolomeo wurde am 18. April inthronisiert, er nannte sich fortan Urban VI. (1378–1389). Was seiner Krönung folgte, war mehr als ein Eklat. Kaum saß der neue Pontifex auf dem Papstthron, da legte er los, dass seinen Wählern Hören und Sehen verging. In unbeherrschter Manier beschimpfte er sie, den Kardinal Orsini nannte er einen Dummkopf, mit Beleidigungen und Vorwürfen drosch der neue Pontifex auf sie ein, in einer Sprache, die eines Kirchenmannes unwürdig war. Er hatte zwar in der Sache nicht ganz unrecht, aber er vergriff sich im Ton. Natürlich waren die Kardinäle ein ziemlich verlotterter Haufen, geldgierig, manche besaßen zehn Bistümer auf einmal. Schlagartig wurde den Kardinälen bewusst, dass sie sich mit diesem Urban verwählt hatten, aber die Reue kam zu spät. Elf Jahre wird sich Urban auf dem Papstthron halten.

Eine Gruppe von Kardinälen, aufgebracht durch die maßlosen Zornesausbrüche und radikalen Reformideen des Papstes, fiel von ihm ab und wählte im süditalienischen Fondi einen Gegenpapst, den Kardinal Robert von Genf, der sich Clemens VII. (1378–1394) nannte. Katharina von Siena bezeichnete diese abgefallenen Kardinäle als »Teufel in Menschengestalt«. Clemens VII. konnte in der Tat nicht als musterhafter Amtsinhaber gelten. Seine Brutalität erlangte traurige Berühmtheit – kurze Zeit vor seiner Papstwahl hatte Robert von Genf an der Spitze einer Söldnertruppe zahlreiche Bürger der Stadt Cesena umgebracht – auch sein verschwenderischer Lebensstil trug nicht zu seinem Ansehen bei. Nach einem misslungenen Versuch, sich in Italien zu halten, ließ sich Clemens VII. mit seinem Hofstaat im Papstpalast von Avignon nieder. Das Große Abendländische Schisma, das Europa in zwei gegnerische Lager spaltete, hatte begonnen. Es sollte bis 1417 fortbestehen.

Das Ende von Urban VI. wurde unterdessen von vielen herbeigesehnt. Vor allem in seinen letzten Lebensjahren gebärdete sich der Pontifex immer unberechenbarer, und man geht wahrscheinlich nicht fehl, wenn man bei ihm eine fortschreitende Geisteskrankheit vermutet. Ein Verrückter auf dem Papstthron, so hart muss man das nicht formulieren, aber er war trotz seiner hohen Begabung ein psychisch labiler Mensch. Zwar traf er mitunter auch weitsichtige Entscheidungen – die ältesten deutschen Universitätsgründungen Heidelberg, Köln und Erfurt wurden von ihm bestätigt –, dennoch war er der hohen Aufgabe des Papstamtes nicht gewachsen. Es gab daher Versuche, Urban für geisteskrank zu erklären und ihm damit seine Papstwürde abzusprechen. Gegen solche Bestrebungen ging er mit brutaler Härte vor, sechs seiner Kardinäle ließ er verhaften und foltern, fünf von ihnen sogar hinrichten. Schwere militärische Rückschläge gegen Neapel zwangen ihn – nach vorübergehender Gefangennahme – zur Flucht nach Genua; die Rückkehr nach Rom gelang ihm nur, indem er das revoltierende Volk durch Bann und Interdikt zum Schweigen brachte.

Als er in Nocera bei Salerno von neapolitanischen Truppen belagert wurde, verfluchte er seine Widersacher in geradezu lächerlicher Weise. Bis zu viermal am Tag trat er ans Fenster, und bei Glockengeläute und brennenden Kerzen sprach er die Exkommunikation über das ihn belagernde Heer.

Als er am 15. Oktober 1389 starb, dachten viele an Gift, eine Erlösung für die Kirche war sein Tod allemal. Sein Grab befindet sich in der Krypta von St. Peter und zwar wurde er in einem altchristlichen Marmorsarkophag bestattet, auf dessen Frontseite sieht man Urban VI. kniend vor Petrus, der ihm die Schlüssel übergibt. Da Urbans Legitimation immer bezweifelt wurde, sollte nach dem Tod ein eindeutiges Zeichen gesetzt werden. Insofern verkündet der Marmorsarg auch eine Botschaft und ist nicht nur Ruheort eines Toten.

Drittes Kapitel

# Sorge um Gesundheit und ein langes Leben – die Päpste und ihre Leibärzte

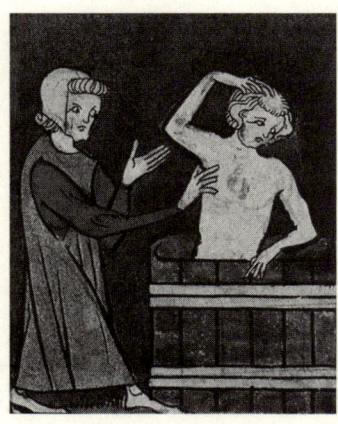

Wer geht nicht gern in die Sommerfrische oder reist zur Kur in einen Badeort mit heißen Quellen? Auf jeden Fall: hinaus aus dem Dunstkreis der heißen und stickigen Stadt, weg von einem malariaverseuchten Fluss namens Tiber! Schon vor 700 Jahren dachten viele Päpste ähnlich, sie fürchteten die dumpfe Sommerhitze Roms und zogen sich zurück in luftige Bergstädte wie Anagni, Viterbo oder Perugia; später wurde Castel Gandolfo zum offiziellen Sommersitz der Päpste. Ohne Zweifel, sie wollten gesund bleiben. Der Kampf gegen die Beschwerden des Alters wird zum Alltag im Papstpalast. Da die Päpste im Allgemeinen in vorgerücktem Alter ihr Amt antraten, war das Thema Gesundheit für sie von besonderer Bedeutung. Auch Päpste wollen leben und zwar möglichst lange. Das lag ja auch im Interesse der gesamten Christenheit, die ständigen Pontifikatswechsel brachten Unruhe und Unberechenbarkeit. Das Jahr 1276 beispiels-

*Mittelalterliche Heilkunst. Aus einer chirurgischen Handschrift*

weise brachte den Männern auf dem Papstthron kein Glück, drei Päpste starben in diesem Jahr.

Schon Mitte des 11. Jahrhunderts beschäftigte sich der Theologe Petrus Damiani mit dem damals aktuellen Thema »Warum lebt das Haupt der Kirche nicht länger? Warum stirbt der Papst bereits nach kurzer Zeit?«

Die fast durchgängige Kürze der Pontifikate machte nachdenklich. Was hatte es zu bedeuten, dass die höchste Würde auf Erden sich als derart instabil erwies? Die Päpste selber machten sich Gedanken, warum bisher keiner von ihnen »die Jahre des Petrus« erreicht hatte, wobei als sicher angenommen wurde, dass Petrus 25 Jahre in Rom gewirkt hat. Es sollte allerdings noch lange dauern, bis ein Pontifex mit Petrus gleichziehen konnte, dass passierte erst im Jahr 1871, als Pius IX. die ersten 25 Jahre seines Pontifikates begehen konnte und zwar mit vielen Jubelfeiern und Gedenktafeln. Ab 1800 kommt es häufiger zu einer langen Pontifikatsdauer, unangefochtener Spitzenreiter ist bis heute Pius IX. mit 31 Jahren, 7 Monaten und 21 Tagen, gefolgt von Johannes Paul II. mit 26 Jahren und 5 Monaten, Leo XIII. mit 25 Jahren und 5 Monaten, Pius VI. mit 24 Jahren und 6 Monaten, Pius VII. mit 23 Jahren und 5 Monaten, als mittelalterliche Päpste kommen Hadrian I. (†795) und Alexander III. (†1181) auf 23 Jahre.

Manchen hoffnungsvollen Petrusnachfolgern waren nur ein paar Tage vergönnt wie Urban VII. mit 12 Tagen, Pius III. mit 26 Tagen, Leo XI. mit 26 Tagen, Johannes Paus I. mit 33 Tagen, Hadrian V. mit 37 Tagen und Cölestin IV., der nach seiner Wahl am 25. Oktober 1241 erkrankte und bereits am 11. November verstarb. Verständlich, dass sein Tod die Menschen erschreckte und nachdenklich werden ließ.

### Die Rolle der Leibärzte

Für die Gesundheit des hohen Patienten waren die Leibärzte zuständig. Schon seit dem 11. Jahrhundert sind sie am Papsthof urkundlich erwähnt. Ihre Stellung veränderte sich im Lauf der Jahrhunderte, die Institution ist bis heute geblieben. Wenn Dr. Buzzonetti Papst Benedikt XVI. gegen Grippe impft, was er sicher getan hat, dann ist er als persönlicher Leibarzt tätig geworden. Den Papst vor Ansteckung zu schützen, ist eine wichtige Aufgabe.

Ab Innozenz III. wird der Leibarzt, »*archiatra*« oder »*physicus*« genannt, eine feste Einrichtung am Papsthof. An sich gehört er zu den Kammerherren, hat aber, was Besoldung und Rang angeht, eine herausgehobene Stellung. In den Testamenten von Kardinälen werden regelmäßig Ärzte mit hohen Summen bedacht. Seit dem 13. Jahrhundert sind auch schon Namen überliefert, einer heißt Johannes Castellomata, der aus der Schule von Salerno stammte und in hohem Ansehen stand. Ein anderer, Campanus von Novara (1210–1296), kam vor 1266 an die Kurie und wurde hier ein reicher Mann; dreißig Jahre lebte er am Papsthof, war Astronom, Astrologe und Arzt und fand an der Kurie zahlungskräftige Leute, die um ihre Gesundheit besorgt waren. Die astronomischen und mathematischen Schriften des Campanus waren bis in die Renaissancezeit weit verbreitet (wurden sogar gedruckt), und kein Geringerer als Roger Bacon zählte den päpstlichen Leibarzt zu den besten Mathematikern seiner Zeit.

Der Papsthof war eine wichtige Stelle für die Verbreitung medizinischer Schriften, Leibärzte schufen Fachbücher, allgemein herrschte ein lebhaftes Interesse an der Medizin. Die Krankheit des Papstes ist eine Gefahr für die Ausübung der geistlichen und weltlichen Aufgaben, man muss sie wirksam bekämpfen und ist deshalb bemüht, die neueste medizinische Literatur zu kennen. Daher wurden viele medizinische Werke übersetzt, vor allem aus dem Arabischen die Schrift über die Kräfte der Speisen. Manchmal bestand auch ein herzliches Einvernehmen zwischen Papst und Arzt, so schenkte Gregor IX. auf dem Sterbebett seinem Leibarzt Richard von Wendover ein kostbares Kreuz.

Im Lauf der Jahrhunderte werden viele Leibärzte namentlich genannt, anlässlich von Gehaltszahlungen, der Erteilung von Pfründen und bei allerlei Dienstleistungen. Sie traten auch in der Öffentlichkeit auf und begleiteten den Pontifex auf Reisen und bei Umzügen. Wenn man einige Namen liest, wie z. B. Elia di Sabbato oder Samuel Sarfadi, dann vermutet man zu Recht, dass es sich um jüdische Ärzte handelt, die bis ins 16. Jahrhundert im Vatikan als Leibärzte Dienst taten. Sie standen in höchstem Ansehen und spielten auch eine wichtige Rolle für die Verbreitung medizinischer Kenntnisse aus dem arabischen und byzantinischen Raum. Der Besuch von Universitäten war ungetauften Juden zwar verwehrt, dafür hatten sie Zugang zu den arabischen Hochschulen, und sie eigneten sich ihre Kenntnisse als Schüler und Gehilfen erfahrener jüdischer Ärzte an:

Praxisnähe war ihr großes Kapital. Bei der durchgängig schlechten Behandlung der Juden im Allgemeinen wundert man sich doch, wie hautnah jüdischen Ärzte mit dem Papst verkehren durften. Wenn es um die eigene Gesundheit ging, gab es keine Aversionen, und manchmal war auch ein Hauch der päpstlichen Gnade bis nach Trastevere zu spüren.

Päpstlicher Leibarzt, über Jahrhunderte ein schöner Ehrentitel, der später von der Kurie geregelt wurde wie so vieles; nur wer eine offizielle Ernennung durch ein päpstliches Breve hatte, durfte sich so nennen. Der Leibarzt trug den Titel »Monsignore«. Er sollte grundsätzlich immer in der Nähe des Papstes sein. Sein Amt endete erst nach dem Tod des Papstes, wenn der Leichnam einbalsamiert war. Seit Leo XII. (1823–1829) gehörte der jeweilige Leibarzt zum Lehrkörper der Universität Rom. Papst Leo XIII. zeigte auch offene Sympathie für den Wasserdoktor Sebastian Kneipp. Um den bescheidenen Pfarrer vor den heftigen Angriffen der Schulmediziner in Schutz zu nehmen, verlieh er ihm 1893 den Ehrentitel »Monsignore« und empfing Kneipp in einer Privataudienz.

Auch an den großen Fürstenhöfen wurden die Leibärzte seit dem Spätmittelalter zu einer festen Institution, der Papsthof war hier keine Ausnahme, nur war hier das Thema Gesundheit wichtiger, angesichts des meist hohen Alters der Patienten. Der Papst ist alt, das war die normale Herausforderung für die Leibärzte. In dem Werk des Mandosio von 1784 »Degli archiatri pontifici« sind die Papstärzte namentlich aufgelistet, und wir erfahren auch einiges über ihr Leben und ihre Besoldung. Meistens erhielten sie noch zusätzliche Posten an der Kurie und vor allem kirchliche Pfründen, waren Kanoniker in Orvieto oder Barcelona, manche waren auch Bischöfe wie Gaspare Torrella oder Bernardo Buongiovanni, die in den Diensten des Borgiapapstes standen.

Die Zahl der päpstlichen Leibärzte hielt sich in Grenzen, ein Blick nach Frankreich zeigt, wie aufwändig dort die Medizinversorgung gesehen wurde. Im Jahr 1572 wurde der französische König Karl IX. bei seinen Reisen von seinem ersten Arzt und sechzehn weiteren begleitet. Sie hatten auch ständig Dienst zu tun. Die Leibärzte mussten im königlichen Schlafzimmer übernachten, beim Morgenempfang und bei allen Mahlzeiten anwesend sein, den König zu Bett geleiten. Ein umfangreicher Service wurde von ihnen erwartet. Es gab auch noch die Chirurgen, die Einrenker, die Apotheker und die Zahnärzte. Auch ein Stab von Spezialisten stand zur

Verfügung. Im Übrigen suchten auch hochgestellte Persönlichkeiten, besonders wenn die universitär gebildeten Schulmediziner keinen Rat mehr wussten, die Hilfe von Heilern und Heilerinnen, die mit »volksmedizinischen« Therapien und z. T. mit magischen Ritualen arbeiteten. Das konnte offen oder auch heimlich geschehen.

### Der berühmteste Arzt der Welt

Wer ist der berühmteste Arzt der Welt? Heute würde diese Frage ein großes Rätselraten auslösen. Ein Chronist von 1349 schrieb dagegen völlig unbefangen: »Es verstarb an der päpstlichen Kurie in Avignon Johann von Göttingen, Bischof von Freising, der berühmteste Arzt der Welt.«

Eigentlich hieß er Johann Hake, nannte sich auch nach seiner Geburtsstadt Johann von Göttingen. Als er 1348 in Avignon starb, hatte Hake ein ungewöhnliches Leben hinter sich. Schon mit dreißig Jahren war er Mitglied der berühmten Medizinischen Fakultät in Montpellier, später diente er dem deutschen König Ludwig dem Bayern, zwei Kardinälen und Papst Benedikt XII. als Leibarzt. Er erhielt die Bistümer Cammin, Verden und Freising. Die meiste Zeit verbrachte er jedoch nicht in seinen Bischofsstädten, sondern als Arzt am Papsthof in Avignon. Sein Leben ist ein Beispiel für erstaunliche Mobilität.

Eines Tages macht sich dieser Johann Hake, der weder reicher noch adliger Herkunft war, auf den Weg nach Paris, beginnt an dieser berühmten Universität das Medizinstudium, und im Jahr 1305 ist er dort als Magister bezeugt. Dieses prestigeträchtige Studium fördert die weitere Karriere. Johann freundet sich mit Peter von Aspelt an. Der war ebenfalls ein Bürgerlicher, hatte Medizin studiert, diente Rudolf von Habsburg als Leibarzt und Hofkaplan, wurde zum Erzbischof von Mainz ernannt und hielt als mächtigster Kirchenfürst des Heiligen Römischen Reiches die Fäden der Politik in seiner Hand. Sein Freund Hake kommt 1318 nach Avignon, wird als Familiar in das Haus des Kardinals Jacob Gaetano Stefaneschi aufgenommen und macht bald die Bekanntschaft des Papstes. Für seine Dienste, die nicht näher beschrieben sind, erhält er Pfründen, einige Kanonikate, z. B. im Mainzer Domkapitel. Hake wird zum Bischof von Cammin (Pommern) gewählt, verzichtet auf dieses Amt und wird vom Papst im März 1331 zum Bischof von Verden (Niedersachsen) ernannt. Erst zwei Jahre später begibt er sich in sein Bistum, das er im

Februar 1334 wieder verlässt, um nach Avignon zurückzukehren, nachdem er einen Generalvikar eingesetzt hat. Ab Dezember 1334 heißt der neue Papst Benedikt XII., und Hake wird als einer seiner Leibärzte ein einflussreicher Mann an der Kurie. Später wird er dann noch Bischof von Freising (Bayern), das er aber nie betreten hat. Nach seinem Tod im Oktober 1348 wird er in Avignon begraben.

## Heilmethoden am Papsthof

Den Sommer haben die Päpste gerne und häufig außerhalb Roms verbracht. Das war vielleicht die wichtigste Gesundheitsmaßnahme. Schon Innozenz III. zog regelmäßig mit seinem Hof in höher gelegene Regionen, dreizehnmal tat er dies in den achtzehn Jahren seines Pontifikates, im 13. Jahrhundert war der Papsthof ca. 60 Jahre abwesend von Rom. Das Wort Erholung, »recreatio«, gehörte zum festen Wortschatz des Pontifex: »Ihr müsst wissen, Geliebte im Herrn, dass der vergängliche Leib ununterbrochene Mühsal nicht ertragen kann, wenn man ihm nicht dann und wann Erholung gewährt.« Im Jahr 1202 lebte Innozenz mit seinen Kurialen in Subiaco, wo eine Reihe von Zelten aufgeschlagen wurde. Im Süden war das Zelt des Kochs, im Osten stand das Zelt der Apotheker, die bereits bei Sonnenaufgang den Urin prüfen konnten. Man mied Rom, weil die ungesunde Luft immer mit sommerlichen Krankheiten drohte, gefürchtet war die Malaria. Viterbo war die an Heilquellen reichste Stadt des Kirchenstaates und wurde deshalb ein beliebter Sommeraufenthalt.

Der Zisterzienser und Kardinal Johannes von Toledo, *cardinalis albus,* der »weiße Kardinal« genannt, genoss als Astrologe und Alchimist am päpstlichen Hof großes Ansehen und war zugleich als Arzt tätig, von ihm sind medizinische Rezepte erhalten. Die häufigste Behandlungsmethode war auch für ihn der Aderlass, in manchen Fällen schwächte das den Kranken und führte zu seinem vorzeitigen Tod. Heilmittel boten auch Astronomie, Optik und Alchimie. »Die Optik kann die heilkräftigen Sterne und Sonnenstrahlen bündeln und auf Edelsteine, Heilkräuter richten.« Die Strahlen von Sonne und Sternen gelten als besonders förderlich. Eng damit verbunden war der Glaube, dass Gold vor Krankheiten schütze; als äußerst wirksame Arznei galt das trinkbare Gold (*aurum potabile*). Es handelte sich in der Regel um Blattgold, das einer mit Kräuteressenzen angereicherten Flüssigkeit in kleinen Dosen beigemischt wurde, so wie das noch heute beim *Danziger Goldwasser,* einem ursprünglich von Apothekern zu Heilzwecken hergestellten Likör, der Fall ist. Von Papst Clemens V. (1305–1314) ist überliefert, dass er Goldstaub unter seine Speisen mischen ließ. Der berühmte Arnald von Villanova, auf den wir gleich zu sprechen kommen, schrieb über die Anwendung von Gold in seinem Traktat »über Weine« (de vinis):

»Viele Adlige der heutigen Zeit und vor allem Prälaten lassen kleine Stücke Goldes zusammen mit den Speisen kochen. Andere essen es mit den Speisen, trinken es mit Elixieren oder nehmen es gefeilt zu sich, so wie das *diacameron* genannte Puder, das sich aus gefeiltem Gold und Silber zusammensetzt. Andere halten kleine Goldstücke im Mund und schlucken dann den Speichel hinunter. Einige wandeln das Gold um in Trinkwasser; es genügt, einmal im Jahr eine kleine Menge davon zu trinken, um die Gesundheit zu erhalten und – mag es auch unglaublich erscheinen – das Leben zu verlängern, und dies ist die allerbeste Methode … Die, welche das Gold in ihrem Munde halten, tun das nicht ohne Grund, denn es ist erwiesen, dass Silber im Mund den Durst löscht.«

Er zählte zu den berühmtesten Ärzten des späten Mittelalters, Arnald von Villanova (†1311), der auch theologische Schriften über das Nahen des Antichrist verfasste und als Vermittler in politischen und kirchlichen Fragen tätig war. Man hat Arnald eine übermäßige Neigung zu Alchimie und Magie zugeschrieben. Der katalanische Gelehrte war Medizinprofessor in Montpellier, diente mehreren Königen von Aragón als Leibarzt und kurierte Papst Bonifaz VIII. von den heftigen Schmerzen seines Steinleidens. Als einer der ersten erkannte Arnald, welche Heilwirkung bei Nierensteinen den mineralischen Heilwässern zukam. Im Sommer 1301 beauftragte Bonifaz seinen Leibarzt, einen Traktat über gesunde Lebensweise, ein »regimen sanitatis«, zu schreiben. Der Papst war von Arnalds Gesundheitsvorschriften begeistert, ob er sich daran gehalten hat, ist nicht bekannt. Arnald verfasste auch einen Traktat über die Bewahrung der Jugend und das Hinauszögern des Alters. Sein Auftraggeber Bonifaz war ein Gesundheitsfanatiker, der wenig Vertrauen auf die schützende Hand Gottes setzte, sondern mehr auf weltliche Hilfe hoffte. Als die Sonne im Zeichen des Löwen stand, gab Arnald dem Papst ein Goldsiegel, um ihn gegen die Steinkrankheit zu schützen. Dass der Papst so sehr auf Amulette vertraute, sahen die Kardinäle nicht ohne Misstrauen. Natürlich sollten

Amulette auch vor den so sehr gefürchteten Vergiftungen schützen. Der ebenfalls hochberühmte Petrus von Abano (1257–1316), Medizinprofessor in Padua und ein vielerfahrener Astrologe und Alchimist, schrieb einen Traktat über die Gifte, erwähnt dabei auch einen Smaragd als Schutz vor Vergiftung. Edelsteinen wurden helfende Eigenschaften bei diversen Erkrankungen des Körpers und des Gemüts (Melancholie) zugeschrieben.

Arnald von Villanova machte später dem Papst den Vorwurf, nicht die Sorge um die Seele, sondern der Eifer für den Leib habe sein Handeln beherrscht. Um 1300 war jedenfalls der Papsthof eine Stätte, die sich intensiv mit Fragen der Lebensverlängerung beschäftigte.

## Lebensverlängerung – das große Thema am Papsthof

Im 13. Jahrhundert finden wir den Traktat eines unbekannten Autors über »das Herauszögern der Altersbeschwerden«, ein zeitloses Thema bis heute. Die Autoren dachten dabei vom Alten Testament her an die Anfänge der Menschheit, als ein Methusalem nach biblischem Zeugnis 960 Jahre alt wurde. Der Mensch sei also ursprünglich für ein langes Leben geschaffen, warum ist es im Lauf der Jahrhunderte immer kürzer geworden? Und zugleich werden Heilmittel gegen das Altern gesucht. Wer mochte schon alt und gebrechlich sein? Der Papst jedenfalls nicht.

Sorgen bereiteten den Menschen die häufigen Pontifikatswechsel, es starb ja nicht irgendwer, sondern der Vater der Christenheit. Es entstanden Diskussionen über die Frage, warum der Papst stirbt wie jeder andere. Da er doch aus allen Menschen herausgehoben war, dachte man an einen Bonus an Lebenszeit, das Amt sollte gleichsam das Leben stabilisieren. Die Wirklichkeit machte nachdenklich: Mitte des 11. Jahrhunderts erreichen vier Päpste nicht einmal zweijährige Pontifikate, Mitte des 12. Jahrhunderts sind es drei Oberhäupter. Die Misere lag aber nicht im frühen Tod, sondern im späten Amtsantritt; das Papsttum war zum Greisenamt geworden. Cölestin III. zählte 85 Jahre, als er sein Amt übernahm, am 8. Januar 1198 starb mit 92 Jahren, am gleichen Tag wurde er begraben und sein Nachfolger gewählt, der jüngste der Kardinäle, der 37jährige Innozenz III. Es wird 300 Jahre dauern, bis die Kardinäle wieder einen ähnlich jungen Papst auf den Thron setzen, nämlich Leo X.

Auch wenn sein Grabmal schon bald fertiggestellt war, so war sein Streben offenkundig, ein möglichst langes Leben zu erreichen. Wer will das nicht? Aber bei Bonifaz VIII. fiel es den Zeitgenossen besonders auf. Wir hören von sieben Ärzten, die in seinem 9-jährigen Pontifikat tätig waren. So viele Ärzte sind für keinen Papst des 13. Jahrhunderts überliefert. Wir erfahren von magischen Praktiken, Elixieren und den – vergeblichen – Versuchen, das Leben durch Diätetik zu verlängern. Regelmäßig reiste der Papst ins Bad, entfloh im Sommer dem heißen Fieberklima Roms. Bonifaz machte Kuren mit Fiuggi-Wasser. Dieses Heilwasser ist seit dem 11. Jahrhundert bekannt, seine Trinkkuren dienen insbesondere zur Heilung bei Nierenkrankheiten und Gicht. Noch heute ist Fiuggi ein bekannter Thermalkurort.

### Der Leibarzt als Lebensretter

Die Päpste lebten abgehoben und waren abgeschirmt vom gewöhnlichen Volk. Blieben sie deshalb von den großen Pestepidemien verschont, die sich in mörderischer Eile über Europa verbreiteten und ganze Landstriche entvölkerten?

»Mortalega grande«, das Große Sterben, wütete 1348/1349 erstmals in Italien und gelangte über Marseille auch nach Avignon, wo die Päpste residierten. Dem Schwarzen Tod fielen schnell neun Kardinäle zum Opfer, Ende April 1348 schätzte man die Zahl der Toten auf über 60 000. Aus Mangel an Totengräbern stürzte man die Leichen von der Brücke in die Rhône. Papst Clemens VI. persönlich weihte das Massengrab. Er ließ auch eine Generalabsolution verkünden, weil viele Sterbende ohne geistlichen Beistand blieben. Zahlreiche Ärzte, die ihre eigene Ohnmacht erkannt hatten und selber vor Angst schlotterten, suchten schnell das Weite. Der päpstliche Leibarzt Guy de Chauliac († 1368) blieb dagegen im Seuchengebiet. Aber er wusste auch der Pest zu begegnen und schützte seinen prominenten Patienten. Da er die hohe Ansteckungsgefahr kannte, mahnte er seinen Herrn zu stiller Zurückgezogenheit, und Clemens, der eigentlich für ein flottes Hofleben mit rauschenden Festen bekannt war, hörte auf ihn. So blieb der Papst, während draußen der Schwarze Tod seine Opfer fand, in seinen Räumen von der Außenwelt abgeschirmt. Zur Reinigung der Luft verbrannte man in Bronzeschalen gelegentlich Weihrauch, was zu der Legende führte, der Pontifex habe in einem besonderen Zimmer zwischen zwei lodernden Feuern die Pest überstanden.

Man kann das verallgemeinern: Von ansteckenden Krankheiten blieben die Päpste in den meisten Fällen verschont.

*Rom – eine todbringende Stadt für deutsche Päpste?*

Schon der erste Deutsche, Bruno von Kärnten, der sich als Papst Gregor V. nannte und von 996 bis 999 regierte, durfte nicht einmal das Jahr 1000 erleben. Er war noch keine dreißig Jahre alt, als er von der Malaria hinweg gerafft wurde, böse Zungen redeten auch von Gift, doch ist der Tod durch die tückische Fieberkrankheit wahrscheinlicher. Im Mai 996 krönte der jugendliche Pontifex den erst 16-jährigen Otto III. zum Kaiser und bei so viel Jugend im Petersdom hätte man auf ein langes Zusammenwirken der beiden hoffen können, aber auch der Kaiser starb mit zweiundzwanzig Jahren und ebenfalls an Malaria.

Die Malaria brachte vielen Päpsten den Tod, auffallend gefährlich war sie für die Nicht-Römer, und deshalb hatten die Deutschen im Mittelalter Sorge, nach Rom zu ziehen. Kaiser Heinrich III. setzte vier deutsche Päpste ein, nämlich Clemens II. und Damasus II., Leo IX. und Viktor II. Damasus konnte nur 23 Tage als Papst sein Amt ausüben, dann fiel er dem mörderischen Klima Roms, der Malaria zum Opfer. Leo IX. folgte nur schweren Herzens nach Rom. Um dem Tod zu entgehen, der, wie er glaubte, den deutschen Päpsten in Italien auflauerte, reiste er so oft wie möglich nach Deutschland, aber auch ihn ereilte das römische Fieber nach sechsjährigem Pontifikat. Heinrich selber und auch Papst Viktor II. starben ebenfalls an Malaria. Nur kurze Pontifikate waren den deutschen Päpsten vergönnt.

Die Malaria wurde durch Stechmücken, die aus den Sümpfen der Campagna in die Stadt kamen, übertragen. Die Krankheit schlug ohne Vorwarnung zu. Erbrechen und Fieberanfälle schwächten schlagartig die Erkrankten, deren Körpertemperatur in wenigen Stunden auf über 41 Grad ansteigen konnte.

Die vier deutschen Päpste versuchten, Italien möglichst zu meiden, um den Tod zu überlisten.

Vergeblich suchte Stephan IX. im balsamischen Klima von Vallombrosa Heilung vom Fieber. Rom und seine Umgebung waren so schwer verseucht, dass nicht aus Italien stammende Päpste zu leichten Opfern des Sumpffiebers wurden. Rom, die Pilgerstadt, in der man einen besonderen Ablass erhalten konnte, die Stadt des heiligen Petrus, in der man das höchste Amt erreichen konnte, war auch ein mit erhöhter Lebensgefahr verbundener Ort.

# Viertes Kapitel

# Todesahnungen, Totenzeremoniell und die papstlose Zeit

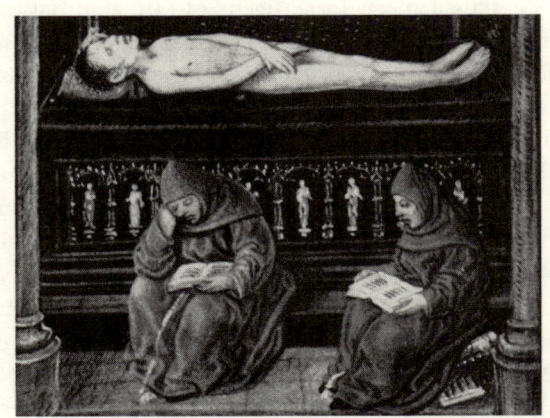

## Öffentliches Sterben

Vom 12. Jahrhundert an bildet sich ein Zeremoniell um den Papsttod heraus, zugleich ist man bestrebt, dem verstorbenen Pontifex eine ehrenvolle Bestattung zu geben. Wenn es deutliche Anzeichen gibt, dass es mit dem Papst zu Ende geht, rufen die Kämmerer die Kardinäle zusammen, damit der Sterbende vor ihnen seinen Letzten Willen bekundet und seinen Begräbnisort bekannt gibt. Es ist gleichsam eine öffentliche Verabschiedung. Der Papst richtet Ermahnungen an die Kirchenfürsten, deren große Zeit nun anbricht, bis die Neuwahl einen neuen Pontifex bestimmt hat. Die letzten Worte und das letzte Tun gelten dem eigenen Seelenheil, er wird beichten, die Kommunion und die Letzte Ölung empfangen, und so ist sein Sterben ein öffentlicher Vorgang und doch zugleich das Verscheiden eines hilfesuchenden Menschen. Der Sterbende wird keineswegs in

*Aus einem Stundenbuch*

eine Kammer geschoben, um dort allein oder in Begleitung weniger Menschen seine Seele auszuhauchen; als Vater der Christenheit ist er von Kardinälen und zahlreichen Familiaren umgeben, sein Sterben soll ein Vorbild für alle Christen sein und bedarf daher der Zeugen. Eine große Öffentlichkeit suchte z. B. Papst Leo IX. im Jahre 1054. Als er sein Ende herannahen fühlte, ließ er sich auf einer Bahre in die Peterskirche tragen, wo der Klerus Roms versammelt war. Der für ihn bestimmte Sarg wurde ebenfalls in die Kirche gebracht. So hatte der Pontifex ein würdiges Ambiente für sein Sterben und war auf keinen Fall allein. Und was machte das Volk von Rom?

»Als die Römer sahen, dass sein Sarg in die Kirche gebracht wurde, da eilten sie alle zum Lateranpalast, um ihn auszuplündern wie üblich, aber es gelang ihnen nicht, den Palast zu betreten und beschämt mussten sie umkehren.«

Der Papsthof hatte vorgesorgt, man kannte die alten Bräuche. Leo konnte auch ohne Volk sein Leben beenden.

## Die Präparierung des Leichnams

Im Mittelalter entwickelte sich allmählich der Brauch, Päpste nach ihrem Tod öffentlich aufzubahren, daher war es erforderlich, den Prozess der Verwesung aufzuhalten. Mit der Zeit entdeckte man immer wirksamere Methoden der Einbalsamierung. In einer Lebensbeschreibung von Papst Paschalis II. († 1118) findet sich zum ersten Mal ein Hinweis auf die Konservierung des Leichnams, der mit Balsam eingerieben wurde. Von einer öffentlichen Zurschaustellung ist allerdings noch keine Rede.

Aus der Zeit um 1400 haben wir den Bericht eines gewissen Pierre Ameil, der am Papsthof als *confessor* und *sacrista* diente, er war also Beichtvater und zugleich für das Zeremoniell zuständig:

»Ist der Papst gestorben, so waschen die Pönitenziare zusammen mit den Brüdern der Bulle (den Siegelbewahrern), falls sie da sind, oder sonst mit den Brüdern der Pignotte (den Elemosinaren) den Leib des Papstes mit warmen Wasser, in das man gute Kräuter getan hat. Zubereitet wird dieses Wasser von den Kammerherren. Der Barbier schert Bart und Haupt. Ist der Leichnam gewaschen, so verstopfen ihm der Apotheker und die genannten Brüder von der Bulle alle Körperöffnungen, nämlich Nase, Mund, Ohren und Anus, wenn möglich mit Myrrhe, Weihrauch und Aloe, sonst mit Baumwolle oder Werg. Der Leichnam wird gewaschen mit gut erhitztem, mit Würzkräutern und Vernaccia versetztem Weißwein, den die Kellermeister oder Kammerherren liefern müssen. Die Kehle wird gefüllt mit Gewürzen und mit Cumbumbasium, die Nasenöffnungen mit Moschus. Zuletzt wird der ganze Körper kräftig abgerieben und mit Balsam bestrichen, auch die Hände. Den Balsam liefern die Kämmerer, die Kammerherren oder der Sakristan.«

Aus dieser Anweisung ersieht man, dass alles für den Todesfall geregelt war, jeder weiß, was er zu tun hat, und es sind Kurienbeamte, die sich darum kümmern müssen. Unverkennbar ist das Bemühen, den Papstleichnam so zu präparieren, dass er einige Tag aufgebahrt bleiben kann, damit das Volk seinen Oberhirten noch einmal ansehen, sich gewissermaßen von ihm verabschieden und für ihn beten kann.

Schon ungefähr 50 Jahre früher, um 1350, beschäftigt sich Guy de Chauliac in seinem grundlegenden Handbuch »Chirurgia magna« ausführlich mit dem Einbalsamieren von Leichen. Der Leibarzt des Papstes Clemens VI. beschreibt eine neue Art, die »Leiber der Toten« zu behandeln. Der Chirurg öffnet die Bauchdecke und entfernt die Eingeweide, und Chauliac erwähnt auch, dass er diese Technik von dem Apotheker Jakobus gelernt habe, der »viele römische Bischöfe hergerichtet hat«. Diese wesentlich effektivere Form der Konservierung war also schon längere Zeit in Übung und wurde verständlicherweise von einem Fachmann ausgeführt. Ein Schüler von Chauliac berichtet, dass der Leichnam des in Bologna verstorbenen Alexanders V. so kunstgerecht einbalsamiert wurde, dass er volle acht Tage aufgebahrt bleiben konnte und zwar mit unverhülltem Gesicht.

Um die Mitte des 16. Jahrhundert gewinnt die Einbalsamierung eine gewisse Aktualität, weil in dieser Zeit große Mengen von einbalsamierten Leichnamen in Ägypten ausgegraben wurden. Dies waren sensationelle Funde, und die Mumien wurden nicht wenig bestaunt, zugleich regte sich das wissenschaftliche Interesse. Der berühmte Arzt Petrus Bellonius (†1564 in Paris), der ein Buch über »Das medizinische Begräbnis« verfasste, reiste eigens an den Nil und beschäftigte sich mit den Einbalsamierungstechniken der alten Ägypter, er erstellte auch Listen geeigneter Kräuter, Öle und Duftstoffe.

Nach der Präparierung wird der Leichnam bekleidet mit den liturgischen Gewändern, wie sie bei einem feierlichen Gottesdienst getragen wurden. Eine weiße Mitra ohne Perlen wird zuletzt auf sein Haupt gesetzt. Der tote Papst wird zunächst in der Palastkapelle aufgebahrt und dann nach St. Peter übertragen, wo die Trauerfeierlichkeiten stattfinden, das alles erstreckt sich über neun Tage und wird deshalb *Novemdiale* genannt.

Der Leichnam wird in einen Sarg aus Zypressenholz gelegt. Mit hinein kommen eine Pergamentrolle mit den wichtigsten Daten des Verstorbenen und Beutel mit diversen Münzen. Hände und Gesicht werden in ein Tuch gehüllt, der Körper mit einem roten Schleier bedeckt. Nach einem Gebet wird der Sarg geschlossen. Man legt diesen Sarg in einen zweiten aus Blei und versieht ihn mit Siegeln und Inschriften. Beide Särge kommen in einen dritten aus Eichenholz. Selbstverständlich sind auch Steinsarkophage verwendet worden.

Einen seltsamen Bericht über einen Papsttod finden wir bei dem Chronisten Salimbene von Parma (1222–1288). Nach seiner Schilderung lag der Leichnam von Papst Innozenz IV. († 1254 in Neapel) auf Stroh, nackt und von allen verlassen, wie das üblich sei bei den Päpsten, wenn sie sterben. Das erinnert an das Sterben des heiligen Franz von Asissi, der darauf bestand, nackt auf dem Fußboden liegend, den Tod zu erwarten. Dazu existiert noch eine andere Notiz, nach dieser verbrachten Minderbrüder und viele Mönche die Nacht an der Bahre des verstorbenen Heiligen Vaters und standen dem Toten mit Gotteslob und Gebeten bei.

Nicht immer ging man sorgfältig mit den sterblichen Überresten eines Papstes um. Um den 1314 verstorbenen Papst Clemens V. hatte man immerhin Kerzen aufgestellt; nachts fielen sie um, und ein Teil des Leichnams verbrannte. Offensichtlich hat niemand am Lager des Toten gewacht.

## Überführung nach St. Peter

Unruhen und Plünderungen, bedingt durch das Vakuum an Macht, lassen sich nicht immer vermeiden, in der Regel kann der Ritus eingehalten werden, sehr selten wird von Trauer berichtet. Deshalb soll hier von Eugen III. die Rede sein, der am 8. Juli 1153 in Tivoli verstarb. Der Leichnam wurde nach St. Peter überführt und zwar in einem eindrucksvollen Trauerzug. In der Papstchronik, dem »Liber Pontificalis«, wird geschildert, wie der Leichnam von vielen Klerikern und einer großen Volksmenge begleitet wird, und hier wird auch von Gefühlen gesprochen: Die Leute am

Straßenrand sind betroffen, von einer großen Betrübnis ist die Rede; offensichtlich hat Eugens Tod das Volk in tiefe Trauer gestürzt. Das war nicht selbstverständlich und nicht üblich. Ähnliches wird über Martin V. (†1431) berichtet, sein Tod erfüllte das Volk von Rom und alle Christen mit »magno dolore«, großem Schmerz. Weil das so selten vorkam, haben es die Chronisten festgehalten.

Wenn Päpste außerhalb Roms verstarben, wurden sie in der Regel am Sterbeort begraben. Umfangreiche Leichenzüge waren zumeist nicht erforderlich, den weitesten Weg legte der Leichnam des deutschen Papstes Clemens II. zurück, der in Bamberg seine letzte Ruhestätte fand. Bei weltlichen Herrschern wurden lange Leichentransporte viel häufiger durchgeführt. Beispielsweise bei Kaiser Otto III., dessen Überführung eher einem Festzug als einem Trauerzug glich. Nach seinem überraschenden Tod in Rom wurde sein Leichnam auf eine weite Reise geschickt, von Italien zunächst nach Augsburg, von dort nach Köln, in der Karwoche wurde er in verschiedenen Kirchen Kölns aufgebahrt. Am Karsamstag traf der Zug in Aachen ein, und am Ostersonntag wurde der König im Aachener Dom beigesetzt.

### Dies irae, dies illa – das mittelalterliche Totenlied

Wie mit gewaltigen Paukenschlägen kündigt dieser Text das drohende Strafgericht an, bis zur Liturgiereform 1965 war er als Sequenz Teil einer jeden Totenmesse. Ende des 12. Jahrhunderts wird dieses große Totenlied bekannt, eine eindrucksvolle Dichtung. Sie kam bald als Sequenz in das offizielle Messbuch, wird als Choral gesungen bei einem Requiem, auch bei den Exequien für Päpste und war ein Anreiz für viele Komponisten, allen voran für Mozart und Verdi, diese gewaltige Gerichtsszene musikalisch, dramatisch zu gestalten. Man zuckt zusammen. Sehr christlich ist dieser Text nicht, er bringt nicht die biblische, wohl aber die mittelalterliche Sicht von Tod und Gericht. In dieser Gedankenwelt sind auch die Päpste dieser Zeit zu sehen, ihre Todesahnungen sind darin enthalten. Was erwarten die Menschen vom Ende?

Tag der Rache, Tag der Sünden
wird das Weltall sich entzünden
wie Sibyll und David künden.

Welch ein Graus wir sein und Zagen,
wenn der Richter kommt mit Fragen,
streng zu prüfen alle Klagen!
Laut wird die Posaune klingen,
durch der Erde Gräber dringen
alle hin zum Throne zwingen.

Es wird ein Tag der Tränen werden »lacrimosa dies illa«, und ein Buch wird aufgeschlagen, nichts bleibt verborgen, nichts bleibt ungerächt. Diese furchterregenden Bilder haben dazu beigetragen, die Totenliturgie als düster erscheinen zu lassen. Die letzten Strophen klingen versöhnlich, mit der Bitte um ein seliges Ende und um Erbarmen, um Schonung und um ewige Ruhe.

## Totentanz – auch der Papst ist dabei

Nach der großen Pestwelle Mitte des 14. Jahrhunderts taucht in der bildenden Kunst das Motiv des Totentanzes auf, des »Dance macabre«. Menschen aus allen Schichten werden von tänzelnd herantretenden Toten ergriffen und zum Sterben geführt. Diese Totentanzbilder waren durch kurze Texte erläutert. Später trat dann an die Stelle der Toten das Symbol des Todes selbst, z. B. als Skelett, als Knochenmann mit einer Sense in der Hand, dargestellt, wie er Menschen niedermäht und wie sie zu Boden fallen. »Es ist ein Schnitter, heißt der Tod, der hat G'walt vom großen Gott.«

Der Tod, der keinen Unterschied machte zwischen Arm und Reich, zwischen Adel und einfachem Volk, wurde zu einer populären Gestalt. Wenn es ans Sterben geht, sind alle gleich. Aus manchen Totentänzen klingt das schadenfrohe Gelächter der Habenichtse, dass alle an die Reihe kommen und die schaurige Freude über die Gleichheit aller Menschen. Jacopone, ein Franziskaner, besang in seinen Liedern den Allgleichmacher Tod, der plötzlich und tückisch ins blühende Leben eingreift. Der makabre Reigen bleibt in der Regel ohne tröstenden Ausblick auf das Jenseits.

Als künstlerische und literarische Gattung wurde der Totentanz im Spätmittelalter sehr beliebt. Den Schrecken des Todes in Wort und Bild zu fassen, schuf die Möglichkeit, das Thema irgendwie zu beherrschen und damit eine Art Bild und Abwehrzauber gegen die Pest zu haben. Vor allem der jähe Tod, das Überfallartige, das Ungeplante erschütterte die Menschen. Mahnend und warnend klang in den Kirchen der Bettelorden das

»Memento mori«. Die Ordensprediger malten die Höllenstrafen in grellen Farben aus.

Texte und Bilder der Totentänze waren sicherlich am Papsthof bekannt, vielleicht wurde hier bedauert, dass man keinen Vorzug, kein Privileg hatte, sondern dem allgemeinen Sterben unterworfen war. Der Papst stirbt wie jeder andere.

## Die papstlose Zeit

Bei weltlichen Herrschern wurde nicht selten die Trauerfeier zugleich zur Proklamation des Nachfolgers. »Der König ist tot, es lebe der König.« Jede Erbmonarchie kann ihr verstorbenes Oberhaupt feierlich und ausgiebig betrauern, der Nachfolger steht im Allgemeinen schon fest, in der Regel ehrt und betrauert der Sohn seinen Vater.

Die Situation beim Papsttod ist völlig anders. In Rom kommt es zu einem gefährlichen Machtvakuum, die Furcht vor einer papstlosen Zeit war berechtigt. Wichtiger als die Trauer ist die Sorge um einen Nachfolger.

Mittelalterliche Juristen entwickelten die These von den beiden Leibern des Königs. Der eine ist der natürliche Leib, der geboren wird und stirbt. Der andere ist der politische Leib, das Amt und ein Amt stirbt nicht. Das Königtum lebt weiter, hier wird Kontinuität gewahrt. Diese Theorie passt nicht für den Papst, der eben keine zwei Leiber hat wie ein König. Das Amt ist an die Person gebunden. Natürlich existiert die Kirche weiter, aber nicht das Papstamt. Nach dem Papsttod entsteht ein Vakuum, die Amtsgewalt geht nicht auf das Kardinalskollegium über, die »plenitudo potestatis«, die volle Gewalt des Amtes, ruht gleichsam, die Kardinäle dürfen nur die allgemeinen Geschäfte führen, sie haben keine päpstlichen Rechte. Die Sedisvakanz ist eine echte Lücke. Nur der Papst ist Stellvertreter Christi, sein Amt ist einzigartig.

## Tod und Begräbnis mittelalterlicher Herrscher

Auch Kaiser und Könige hatten ein Interesse, im Tode den Geboten der Kirche zu entsprechen, auch mit Demutsgesten, denn die *pietas*, die Frömmigkeit, zählte zu den wichtigsten Herrschertugenden. So ließ sich Ludwig IX. von Frankreich auf ein Aschenbett legen, bekleidet mit einer Mönchskutte, legte die Hände auf die Brust und richtete die Augen zum Himmel, während die Anwesenden Psalmen rezitierten.

Kaiser Heinrich VII. erlag am 24. August 1313 auf dem Weg nach Neapel in Buonconvento bei Siena der Malaria. Vor seinem Tod hatte er noch angeordnet, sein Herz im Sarkophag seiner Gemahlin in Genua beizusetzen, sein Leichnam sollte nach Pisa überführt werden. Wegen der rasch einsetzenden Verwesung musste der Zug bald Halt machen, seine Getreuen legten den ganzen Körper des Kaisers mit Ausnahme des Kopfes in ein Feuer und behandelten ihn danach mit Konservierungsstoffen. Vor Pisa angelangt, wurde der Leichenzug vom Erzbischof und vielen Einwohnern klagend empfangen, mit bloßen Füßen und unbedeckten Häuptern. Das Totenamt zelebrierte der Erzbischof mit vielen anderen kirchlichen Würdenträgern, und mit großer Feierlichkeit wurde Heinrich im Dom zu Pisa beigesetzt, zunächst provisorisch im September 1313 und endgültig im Juli 1315. Mit der Errichtung des Grabmonuments wurde der große Bildhauer und künftige Dombaumeister Tino di Camaino betraut. Als der Sarkophag im Jahr 1727 geöffnet wurde, sah man mit Erstaunen, wie prunkvoll der Kaiser bestattet worden war, gehüllt in roten Seidenbrokat, in den goldene Adler und Löwen eingewirkt waren, als Beigaben sah man eine Krone, ein Zepter und einen Reichsapfel aus vergoldetem Silber.

Als Kaiser Friedrich III. am 19. August 1493 verstorben war, wurde der Leichnam, ausgeweidet und einbalsamiert und in den kaiserlichen Ornat gekleidet, zunächst im Linzer Schloss aufgebahrt. Von dort wurde er in die Stadtpfarrkirche überführt, wo die Eingeweide beigesetzt wurden. Der Leichnam wurde auf der Donau nach Wien gebracht und im Stephansdom unter großer Anteilnahme des Volkes aufgebahrt. Die Exequien wurden mit großer Feierlichkeit abgehalten, anschließend wurden noch an 32 Tagen von Domherren Gebete für den Kaiser verrichtet, es wird auch von über 8000 Gedächtnismessen berichtet.

Wenn ein Leichnam über weite Strecken transportiert werden musste wie beispielsweise bei den Kreuzzügen, dann griff man zu drastischen Methoden. Leichen wurden eingepökelt und abgekocht. Als der Landgraf Ludwig IV. von Thüringen auf dem Weg zum Kreuzzug bereits 1227 in Süditalien starb, wurde sein Leichnam zerlegt und so lange gekocht, bis das Fleisch sich von den Knochen löste, eine Methode, die man als »mos Teutonicus« bezeichnete. Die Weichteile wurden sofort beigesetzt, die Gebeine in einen kostbaren, von einem Saumtier getragenen Schrein gelegt, der nachts in einer Kirche unter Gebeten bewacht wurde. Morgens feierte man eine Messe, und so wurde der tote Landgraf zurück auf die Wartburg gebracht.

Im Jahr 1299 hat Papst Bonifaz VIII. dieses Verfahren verboten, »dass einige Gläubige Leichen, um sie in ferne Länder überführen zu können, in Wasser kochen, zerteilen oder verbrennen, das sei ein Missbrauch, vor der christliche Frömmigkeit schaudere«. Spätere Päpste erlaubten immerhin begründete Ausnahmen. Bei Päpsten selbst wurde dieses Verfahren, soweit bekannt, nicht angewandt. Auch nicht eine Vorgehensweise, wie sie Kaiser Maximilian I. für den eigenen Leichnam verfügte:

»Der Körper darf weder ausgeweidet noch einbalsamiert werden. Gleich nach seinem Hinscheiden soll man ihm die Haare abschneiden, die Zähne ausbrechen und sie dann mit glühenden Kohlen auf dem Friedhof begraben. Nachdem der Körper gegeißelt, wird er mit Kalk und Asche bestreut, in einen Sack von grober Leinwand eingewickelt. Die Leiche wird dem Anblick aller ausgesetzt, damit sie sich von der Eitelkeit der irdischen Herrlichkeit überzeugen mögen.«

Sein Grabmal in der Innsbrucker Hofkirche allerdings sprengt alle Rekorde, diese monumentale Grabanlage galt dem Herrscher und Kaiser, nicht dem Menschen Maximilian. Sie blieb auch leer; der Kaiser fand seine letzte Ruhestätte in der St. Georgskirche in Wiener Neustadt, in der er als Säugling die Taufe empfangen hatte.

# Zweiter Teil

## *Das Sterben der Päpste in Renaissance und Barockzeitalter*

*Michelangelo, Statue des Moses vom Grabmal Julius' II.*

# Fünftes Kapitel

# Gefährdetes Papstleben

Ein geruhsames, beschauliches Leben war für den Mann auf Petri Stuhl nicht vorgesehen. Die Verstrickung in politische Händel brachte immer wieder Turbulenzen für den Papsthof, der bei Gefahr in der Engelsburg Zuflucht suchte. In direkte Todesgefahr geriet der Papst bei feindlichen Angriffen allerdings sehr selten, die Person des Stellvertreters Christi galt allgemein als unantastbar. Von Angstzuständen blieben einige Päpste aber nicht verschont. Beispiele harmloser und ernsthafter Gefährdungen sollen im Folgenden gezeigt werden.

### Giftanschlag auf Alexander VI.

Der päpstliche Zeremonienmeister Johann Burckard berichtet ausführlich von einem Giftanschlag auf den Papst. Was zunächst dramatisch klingt, war vermutlich eine eher harmlose Angelegenheit. Ein päpstlicher Musiker, Thomasius aus Forlì, war im November 1499 mit einem vergifteten Brief, den er in ein Rohr gesteckt hatte, nach Rom gekommen. Er wollte ihn

*Hans Holbein d. J., Der Tod reißt einen geistlichen Herrn mit sich*

Alexander unter dem Vorwand überreichen, die Kommune von Forlì wolle dem Papst eine wichtige Mitteilung machen. Mit Entsetzen stellt Burckard fest:

»Hätte ihn der Papst genommen, so wäre er vergiftet worden, so dass er rettungslos nach wenigen Tagen oder Stunden tot umgefallen wäre.«

Das ist reichlich übertrieben; der Musiker hatte vorher mit einem Freund über sein Vorhaben gesprochen und einen Portalwächter bestochen; dies alles blieb nicht geheim, man erfuhr in der Kurie davon und nahm alle Beteiligten fest. Hintergrund des Ganzen ist, dass Alexanders Sohn Cesare Borgia Forlì erobert hatte und die Fürstin dieser Stadt, Caterina Sforza, in der Engelsburg gefangen hielt. Die Sache mit dem vergifteten Brief sollte eine Art Befreiungsversuch gewesen sein.

## Das Gift der Borgia

Gift war in dieser Zeit mehr im Umlauf, als wir heute vermuten, es gehörte in Rom wie in anderen Städten zum geheimen Wissen mancher Mediziner. Vorsicht war angebracht. Was normalerweise im Geheimen ablief, wurde gelegentlich ruchbar, wie im folgenden Beispiel.

Wer am 27. Mai des Jahres 1500, dem Tag vor Himmelfahrt, des Nachmittags über die Engelsbrücke zur Peterskirche fuhr, wurde mit einem schaurigen Anblick konfrontiert. Achtzehn Männer hingen an Galgen, die auf der Brücke aufgerichtet waren. Darunter war ein Doktor der Medizin, Physicus und Chirurg des Spitals S. Giovanni in Laterano. Man erzählte sich, der Beichtvater des Spitals habe stets, wenn ihm ein Kranker in der Beichte anvertraute, dass er Geld habe, dem Arzt Mitteilung davon gemacht. Dieser flößte dann dem Kranken Gift ein, das Geld sollen sich die beiden Komplizen geteilt haben. Geldgier unter Ärzten, man muss das nicht verallgemeinern, aber es ist ein Beispiel, warum Mediziner Gift anwendeten. Gift war allgegenwärtig in Rom. Es wird sogar von einem eigenartigen Brauch berichtet, dass vor der Kommunion des Papstes ein Diakon als Vorkoster auftrat und zuvor die Kommunion empfing – sogar hier an heiliger Stätte hatte man Angst vor Gift.

Als Giftmischer *par excellence* gelten die Borgia, die man als wahre Giftmörder-Dynastie betrachtete. Angeblich verstanden sie wie niemand sonst die Kunst, unliebsame Menschen diskret verschwinden zu lassen. Arsenpräparate – Arsenik oder Arsentrioxid – galten als ihre geheime, perfekte Mordwaffe. Das Arsenik ist seit langem als Mordgift berüchtigt und gilt als Königin der Gifte. Die Borgia sollen ein spezielles auf Arsenik aufbauendes Rezept entwickelt haben, sie lagerten Arsenik mehrere Monate im Magen eines geschlachteten Schweines, außerdem wurde Phosphat dazu gemischt. Dieses raffinierte Gemisch nannte man »La Cantarella«. Dieses Gift brachte den sekundenschnellen Tod. Die Bezeichnung »Erbschaftspulver« deutet die gewünschte Verwendung an. Das Gift ließ sich in der Zeit vor dem 19. Jahrhundert im Körper noch nicht nachweisen. Arsen gewinnt man durch das Rösten arsenhaltiger Erze, es ist ein weißes Pulver, geruchsfrei, schon eine Dosis von 0,1 Gramm kann tödlich sein. Nach wenigen Stunden zeigen sich die Reaktionen: massive Durchfälle, Erbrechen, Krämpfe, langsames Erkalten mit starken Schmerzen.

Gift und Borgia, diese Verbindung hat sich so hartnäckig in den Köpfen festgesetzt, dass sie als allgemeine Volksmeinung ständig wiederholt und in zahllosen Büchern verwendet wird. Gibt es für sie aber überhaupt einen klaren Beweis? Nirgends wird Bezug genommen auf ein eindeutiges historisches Dokument, das die Giftmorde der Borgia belegt, der Verdacht ist zum Selbstläufer geworden. Eine gut funktionierende Giftküche im Vatikan wird einfach unterstellt. Den Gegenbeweis kann man natürlich auch nicht antreten. Ich habe keine beweiskräftigen Unterlagen gefunden, die einen Giftmord ausschließen. Völlig abwegig ist es allerdings, die Papsttochter Lucrezia Borgia eine männermordende Giftmischerin zu nennen. Ihr ist in der Geschichte übel mitgespielt worden, der Giftvorwurf ist frei erfunden. Mit einundzwanzig Jahren kommt die junge und gebildete Aristokratin nach Ferrara, um dort als Ehefrau des Erbprinzen und späteren Herzogs Alfonso d'Este das keineswegs extravagante oder skandalträchtige Leben einer Landesfürstin zu führen. Mit Giftmorden hat sie in Ferrara sicher nichts zu tun gehabt – auch wenn es dort im düster-prächtigen »Castello Estense« einen »Saal der Gifte« gibt, dessen erst um die Mitte des 16. Jahrhunderts entstandenes Deckenfresko recht instruktiv die Herstellung von toxischen Substanzen zeigt. In einem anderen Licht als Lucrezia ist ihr Bruder Cesare Borgia zu sehen, der grausam und hart seine machtpolitischen Ziele verfolgte und dem vieles zuzutrauen ist, auch die Anwendung von Gift.

Der Borgia-Papst als Giftmörder ist zum Klischee geworden. Wenn ein Kardinal starb, fiel manchmal, je nach genehmigtem Testament, sein gesamtes Vermögen an den Heiligen Stuhl. Und wenn man nun weiß, dass Alexander VI. ständig von Geldnöten geplagt war, übrigens nicht nur er, sondern die meisten Päpste, dann konnte man bei einer etwas unklaren Todesursache leicht Verdacht schöpfen, dass der Papst vielleicht nachgeholfen hatte und das Sterben ein wenig beschleunigte, ein Papst also, der gleichsam Jagd auf seine Kardinäle machte und immer wieder einen erlegte, um sein komplettes Vermögen einzustreichen. Allein die Statistik kommt zu einem anderen Ergebnis. Die Sterblichkeit der Purpurträger war während der Herrschaft des Borgia-Papstes nicht höher als vorher oder nachher, alles bleibt im Bereich des Normalen. Ein kardinaler Massenmord hat keineswegs stattgefunden.

### Alexanders Deckensturz

Am 29. Juni 1500 ging am Nachmittag ein schweres Gewitter über Rom nieder, nicht ungewöhnlich an einem heißen Sommertag, Starker Regen und riesige Hagelkörner prasselten auf den Papstpalast, ein wütender Sturm riss einen mächtigen Kamin um, der das Dach zertrümmerte und einige Balken des oberen Zimmers aus den Angeln riss, die in das untere Zimmer schlugen. Der Einsturz im oberen Stockwerk verletzte drei Männer so schwer, dass sie starben. Trümmer stürzten auch in die *Sala dei Pontefici*, wo Papst Alexander VI. zusammen mit Kardinal López und einem Geheimkämmerer saß. Die beiden Kurialen rannten in die Fensternischen und entgingen so dem herabstürzenden Gebälk, der Papst blieb dagegen auf seinem Thron sitzen, über den ein Baldachin gespannt war, sodass ihn die Balken nicht mit voller Wucht trafen.

Der Zeremonienmeister Burckard schildert die Situation so: »Als sie aber die Trümmer um den Sitz des Papstes herum sahen, schrien sie den Saalwächtern vor der Tür zu: der Papst ist tot, der Papst ist tot! Infolgedessen drang das Gerücht vom Tode unverzüglich in die Stadt. Sie eilten alsbald zum Sitz des Papstes und riefen: Heiliger Vater! Der Papst gab keine Antwort, daher fürchteten sie nur noch mehr. Als die zu ihm herankamen, fanden sie ihn auf seinem Stuhl sitzen, zwar nicht tot, aber ganz besinnungslos, an zwei Stellen des Kopfes getroffen; an einer Stelle war die Haut offen, an der anderen eine Abschürfung und Beule; an der rechten Hand, am Mittel- und Ringfinger war eine sehr schwere Verletzung, auch noch eine leichte am rechten Arm durch einen Nagel. Sie zogen ihn von seinem Sitz herunter und führten ihn aufrecht auf seinen Füßen in die nächste Kammer, wo man ihn auf einen niederen Sitz bettete.«

Die Leibärzte eilten herbei und begannen ihre Behandlung. Die Wunden waren glücklicherweise schnell verheilt, aber der Unfall war doch ein Denkzettel für den Pontifex, es hatte Tote gegeben und er hätte unter ihnen sein können. Manche sahen darin einen Fingerzeig Gottes, die Borgia sollten sich nicht so groß aufspielen. Andererseits gewährte der Papstthron Schutz – und diese symbolträchtige Erfahrung konnte Alexander wieder gut gefallen.

## Leo X. und ein dilettantischer Mordanschlag

Das fröhliche Hofleben unter Leo X. (1513–1521) wurde jäh erschüttert durch die Kunde von einem geplanten Mordkomplott, in das Kardinäle involviert waren. Wilde Gerüchte kursierten in der Papstmetropole. Der 38-jährige Bankierssohn Giovanni de' Medici, seit 1513 Papst Leo X., hatte hoffnungsvoll begonnen. Als Mäzen gab er mit vollen Händen viel Geld aus, und auch seine teilweise jungen Wähler pochten auf Dankbarkeit – mit ihren maßlosen Forderungen nach höheren Einkünften lagen sie dem Papst ständig in den Ohren. Als besonders hartnäckig erwies sich Kardinal Alfonso Petrucci, dem Leo viele Gunsterweise zukommen ließ, aber doch nicht genug, denn der Kardinal blieb unzufrieden. Als Alfonsos Bruder aus Siena verbannt wurde, drehte der gekränkte Kirchenfürst durch. Er sann auf Rache. Der Papst musste sterben, und Alfonso dachte darüber nach, ob er ihn auf der Jagd oder einer Audienz erdolchen sollte. Gelegenheit zu einem Attentat hatte er ohne Zweifel, aber es fehlte ihm letztendlich der Mut. Ein Kardinal ersticht den Papst – das wäre sicherlich die Schlagzeile des Jahrhunderts geworden. In seinem Hass kam ihm ein nicht gerade fantasievoller Einfall, er dachte an Gift, im Rom dieser Zeit ein recht geläufiges Mittel zur Beseitigung missliebiger Menschen. Er wandte sich an einen Fachmann, den berühmten Arzt Battista da Vercelli. Dieser sollte Leo medizinisch behandeln und dabei Gift verwenden. Dazu muss man wissen, dass der Medicipapst an einer Fistel am Oberschenkel oder After litt und auf ständige ärztliche Hilfe angewiesen war. Der Arzt ließ sich auf das Komplott ein, wurde aber vorerst nicht im Vatikan vorgelassen.

Missstimmung erzeugte auch, dass Leo X. einen Krieg gegen den Herzog von Urbino angezettelt hatte; er vertrieb Francesco Maria Della

Rovere aus seinem Herzogtum, das er dann Lorenzo de' Medici schenkte. Immer wütender opponierte Petrucci gegen den Pontifex, sprach von der notwendigen Wahl eines neuen Papstes, weihte andere Kardinäle in seinen Plan ein; zugleich wurde ein Nachfolger benannt, einige Diener erhielten Informationen und vor allem wurden Briefe geschrieben. Und wie es bei solchen Verschwörungen so oft geschieht, ein Brief wurde abgefangen und darin war klar von einem Anschlag auf das Leben Leos zu lesen. Alles war aufgedeckt, aber der Papsthof blieb verschwiegen. Einstweilen.

Der Medicus Vercelli wurde sorgsam überwacht, Kardinal Petrucci dagegen mit einem Lockangebot in den Vatikan gebeten. Er erschien dort am 19. Mai 1517 nichtsahnend mit seinem Freund, dem Kardinal Bandinelli de Sauli. Diesem war von einer Wahrsagerin aus den Karten gelesen worden, dass er bald Pontifex werden solle. Und er fühlte sich fast schon als solcher. Beide Kardinäle wurden auf der Stelle verhaftet und in der Engelsburg eingekerkert. Die beiden genussfreudigen, verwöhnten jungen Männer fanden sich urplötzlich in den finstersten Tiefen der Engelsburg wieder, einem schauerlichen Ort, und durch Rom schwirrten wilde Gerüchte, die Stadt hatte ihren handfesten Skandal.

Zum Schrecken Roms wurde am 29. Mai auch Raffaelo Riario verhaftet und zunächst im Vatikan eingesperrt. Seit vierzig Jahren Kardinal, Dekan des Heiligen Kollegiums, lebte er mit königlicher Pracht in seinem Palast, der *Cancelleria*, als einer der angesehensten Kirchenfürsten. Als Siebzehnjähriger hatte er von seinem Onkel den roten Hut erhalten und war von da ab ein reicher Mann. Mit vierhundert Pferden pflegte er seine Kavalkaden in Rom zu halten. Riario war den Medici verhasst, er hatte sich der Wahl Leos widersetzt. Der Kardinaldekan beteuerte seine Unschuld, nur Reden Petruccis wollte er angehört haben.

Im päpstlichen Audienzzimmer wurde er verhaftet und einige Tage im Vatikan festgehalten. Als er erfuhr, er solle in die Engelsburg gebracht werden, wurde er leichenblass und sank ohnmächtig zu Boden, sodass man ihn auf einer Bahre ins Gefängnis trug.

Eine umfangreiche Beweisaufnahme förderte zu Tage, dass tatsächlich einige Kardinäle den rechtmäßigen Papst beseitigen wollten. Rom war schockiert, der Papst verbarg sich längere Zeit in seinem Palast. Als er wieder in der Öffentlichkeit erschien, war er von schwerbewaffneten Sbirren umgeben. Ernsthaft gefährdet aber war das Kirchenoberhaupt nie, der

Anschlag kannte zu viele Mitwisser und war dilettantisch organisiert, aber Leo war zutiefst schockiert, fühlte sich bedroht und reagierte überzogen. Einige Diener wurden ohne Prozess hingerichtet, der Arzt Vercelli, der sich zur Mithilfe hatte überreden lassen, wurde grausam gefoltert und erhängt. Die drei Kardinäle in der Engelsburg wurden des Hochverrats für schuldig befunden, ihre Kollegen flehten um Gnade für die Eingekerkerten. Ganz Rom verfolgte mit Spannung ihr weiteres Schicksal, wann schmachteten schon Purpurträger in den fürchterlichen Verliesen der Engelsburg. Riario und Pauli wurden begnadigt, hatten aber riesige Geldsummen zu bezahlen. Über Petrucci aber erging das päpstliche Todesurteil, auf das der Kardinal mit wilden Flüchen gegen Leo reagierte, und auch den Beichtvater wies er weit von sich. Am 4. Juli 1517 kam nicht der offizielle Henker, sondern der Mohr Roland hatte seine Schuldigkeit zu tun: Er stieg mit einem Strick hinab zu Alfonso Petrucci und erdrosselte ihn im Kerker. Die Hinrichtung des 27-jährigen sollte wohl geheim bleiben, doch sie erregte weltweites Aufsehen.

Das Kardinalskollegium war verstört, doch Leo überraschte die Purpurträger mit einer Massenkreation, mit einem Schlag ernannte er einunddreißig neue Kardinäle und schuf sich damit neue Freunde.


*Ein jähes Ende*

Dem Medicipapst im besten Mannesalter war kein langes Leben beschieden. Er hätte das längste Pontifikat der Geschichte erreichen können. Doch das war ihm nicht vergönnt: Im November ging er bei einem Aufenthalt in seiner *Villa Magliana* wie so oft auf die Jagd und zog sich dabei eine Erkältung zu. Zudem erhielt er am 24. November die Nachricht, dass päpstliche Truppen Mailand erobert hatten und ließ das gebührend feiern. Er trat dabei immer wieder ans offene Fenster, um den Feiernden zuzuschauen, was seinen Gesundheitszustand noch einmal verschlechterte. Am 25. November kehrte er nach Rom zurück, das Volk strömte ihm mit Ölzweigen in den Händen entgegen und Chorgesänge begrüßten ihn. Drei Tage feierte man Freudenfeste, denn die päpstlichen Truppen hatten auch Parma für den Kirchenstaat gewonnen und die Franzosen zurückgedrängt. Fieber und Schüttelfrost überkamen den Papst inmitten dieser Siegesfeiern, am Morgen des 1. Dezember klagte er über große innere Hitze, fühlte sich untertags dann besser, seine Umgebung erwartete eine baldige Genesung. Am Abend verließen sein Arzt, der Bischof Ponzetti und seine Schwester Lucrezia sein Schlafzimmer, eine Nachtwache bei dem Kranken hielt man offenbar nicht für notwendig. Nachts überfiel ihn ein schlimmer Schüttelfrost, er ließ sich die Letzte Ölung erteilen, zum Empfang der Kommunion war er nicht mehr fähig. Noch in der Nacht verschied der 46-jährige Papst. Niemand hatte mit seinem Tod gerechnet. Entsprechend groß war die Bestürzung in Rom, als die Todesnachricht sich wie ein Lauffeuer verbreitete.

Die Dichter, Künstler und Gelehrten, die Toskaner in Rom und viele Menschen, die Leos Großmut genossen hatten, beweinten ihn mit heißen Tränen. Man pries ihn glücklich, weil er nach dem Empfang einer Siegesnachricht gestorben war. Sein sehnlichster Wunsch war in Erfüllung gegangen, die Franzosen waren aus Italien vertrieben worden, Parma und Piacenza der Kirche wiedergegeben. Das ausgiebige Feiern hat ihm den Tod gebracht.

Andere überschütteten sein Andenken mit galligen Satiren. Und wie immer bei einem plötzlichen Tod entstanden schnell Spekulationen, und man sprach von vergiftetem Wein. Für den Arzt Severino, der an der Sektion des Leichnams teilnahm, war keineswegs Gift im Spiel. Der päpstliche Mundschenk wurde zwar verhaftet, aber man konnte ihm nichts nachweisen und ließ ihn wieder frei. Die Ärzte führten Leos frühen Tod auf seine unvernünftige Lebensweise zurück, er war, und das zeigen auch die Gemälde, sehr übergewichtig; er fastete zwar oft, um dann aber wieder in üppigen Gelagen zu prassen.

Als Mäzen hatte Leo X. eine glückliche Hand, das genaue Gegenteil zeigte sich in seinem kirchenpolitischen Handeln. Sein Taktieren bei der deutschen Königswahl, bei der er die Erhebung Karls V. verhindern wollte, schuf Spielräume für die Verbreitung der Lehre Martin Luthers, dessen Anliegen und dessen Brisanz er nicht begreifen konnte.

Viele Geldgeber des Papsts waren schlagartig ruiniert, der Bankierssohn aus Florenz, der Sohn des großen und genialen Geldmannes Lorenzo, hinterließ einen riesigen Schuldenberg, der Apostolische Stuhl war mehr als insolvent. Beim Papst mit der glänzenden Hofhaltung reichte es nur mehr für ein bescheidenes Begräbnis, für das der Zeremonienmeister nicht genügend Kerzen kaufen konnte, weshalb er die halb abgebrannten

Stümpfe der Kerzen verwendete, die man für die Exsequien des Kardinals Riario entzündet hatte.

Der Leichnam Leos wurde zunächst in St. Peter bestattet, später nach S. Maria sopra Minerva überführt und erhielt dort ein prächtiges Grabmal.

## Sacco di Roma – die Engelsburg als Zufluchtsort

Was wäre mit manchem Papst passiert ohne die Engelsburg als letzten Rettungsanker? Das gewaltige Kastell ist durch den berühmten *Passetto*, eine Festungsmauer mit überdecktem Gang, direkt mit dem Papstpalast verbunden, sodass ein Rückzug ohne großes Aufsehen jeder Zeit möglich war. Dieser Fluchtweg erwies sich in dramatischen Situationen als lebensrettend. Im Januar 1495 saß Alexander VI. in der Engelsburg, als die Franzosen in Rom einmarschierten und der Papst wirklich Todesängste durchlebte. Er wusste nicht, was der französische König Karl VIII. vorhatte. Würde er die Absetzung des Borgiapapstes erzwingen, wie es Giuliano Della Rovere und andere Kardinäle forderten? Die Päpste hatten es ja nicht nur mit Feinden von außen zu tun, gefährliche Gegner saßen auch in den eigenen Reihen, im Kollegium der Kardinäle. Durch eine geschickte Verhandlungspolitik konnte sich Alexander mit dem französischen König gütlich einigen und die Franzosen wieder aus der Stadt hinausbringen. Die Gefahr war gebannt.

Wenn ein Papst sich in die Politik einmischt und wenn er wie ein Anfänger ständig die Fronten wechselt, dann sitzt er eines Tages zwischen den Stühlen und staunt über das schreckliche Unheil, das er hätte verhindern können. Sein Wechsel auf die Seite der Franzosen hatte für Clemens VII. (Giulio de'Medici, 1523–1534) und die ganze Stadt fatale Folgen.

Gleich zweimal muss Clemens sich in die Engelsburg flüchten: Wer sich die Renaissance irgendwie als paradiesisches Zeitalter vorstellt, müsste im Talar des Papstes stecken, da bleibt wenig Raum für Illusionen. Jedenfalls stürmen die Colonna mit einer bewaffneten Truppe, an ihrer Spitze der Kardinal Pompeio, in der Nacht zum 20. September 1526 völlig überraschend in die Stadt, eilen auf den Vatikan zu, und der Papst schafft es gerade noch, sich in der Engelsburg zu verschanzen. In ihrer Wut hätten die Colonna vielleicht auch einmal einen Papst umgebracht, jedenfalls hausen sie fürchterlich im Vatikan. So schnell wie sie gekommen sind, ziehen sie auch wieder ab, aber reich beladen mit erbeuteten Schätzen.

Und die nächste Gefahr ist schon im Anmarsch. Kaiser Karl V., ohne Zweifel ein frommer Katholik, jedenfalls in seiner Frömmigkeit eifriger und tiefer als die meisten Päpste seiner Zeit, schickt ein Heer nach Italien; der Begriff Heer ist dabei nicht ganz passend, es ist ein zusammengewürfelter Haufen, eine Soldateska. Der weithin bekannte Landsknechtsführer Georg von Frundsberg hat in aller Eile Söldner angeworben, darunter viele lutherische Landsknechte, die in ihrem Hass auf alles Päpstliche immer mehr angestachelt werden und in der Hoffnung auf eine reiche Beute gegen Rom marschieren. Sold wird kaum ausbezahlt, die Entlohnung mag sich jeder selber nach der Erstürmung der Ewigen Stadt holen.

Am Morgen des 6. Mai 1527 setzt die Soldateska zum Sturm auf Rom an, ihr Anführer Bourbon findet dabei den Tod, Frundsberg hatte schon vorher einen Schlaganfall erlitten. So strömen führerlose, brutale und aufgepeitschte Landsknechte in die große Stadt der Kunst und Kultur, und wie sie hier hausen, ist oftmals beschrieben worden. Der Papst, der in seiner Naivität die reale Gefahr völlig falsch eingeschätzt hat, ist in akuter Lebensgefahr, kann aber noch rechtzeitig in die Engelsburg fliehen. Bei seiner Verteidigung finden 147 Schweizer Gardisten den Tod. Die Stadt und auch der Vatikan sind schutzlos der Plünderung ausgeliefert; das Wüten der beutegierigen Landsknechte ist als *Sacco di Roma* in die Geschichte eingegangen. Über ein Dreivierteljahr herrscht die blanke Gewalt in der Papststadt, hemmungslose Söldner verwüsten Kirchen und Altäre, rauben, töten, vergewaltigen. Gern hätten sie auch den verhassten Pontifex in ihre Gewalt gebracht, sein Leben ist nach wie vor in höchster Gefahr. Der Kaiser machte keinerlei Anstalten, dem Papst zu Hilfe zu kommen und dem Spuk ein Ende zu bereiten. Natürlich fand er Worte des Bedauerns für den schlimmen Angriff, aber er unternahm kaum etwas, die missliche Lage des Papstes zu ändern. Sieben Monate musste der Medicipapst hilflos und tatenlos in der Engelsburg zubringen. Am 8. Dezember konnte er als Bettler verkleidet und nur in Begleitung eines Dieners nach Orvieto fliehen, eine erniedrigende Reise für den stolzen Medici. Erst nach Zahlung eines eminent großen Lösegeldes erhält Clemens wieder die volle Freiheit. Er ist noch einmal davon gekommen.

Drei Jahre später waren Papst und Kaiser wieder versöhnt. Clemens sah »großmütig« über die erlittene Demütigung hinweg und krönte Karl V. in Bologna feierlich zum Kaiser. Schon vom Zeremoniell her war dies einer der großen Auftritte seines Lebens.

## Familiärer Ärger und gesundheitlicher Verfall

Die große Medicifamilie lag dem Papst besonders am Herzen, machte ihm aber zusehends Kummer und Verdruss, was ihn im Lauf der Jahre auch gesundheitlich beeinträchtigte. Clemens hatte es mit zwei völlig unfähigen und hemmungslosen Nepoten zu tun, der eine war Alessandro, Herzog von Florenz, und der andere Ippolito de'Medici, ein Kardinal mit wahrhaft unwürdigem Lebensstil. Ihre Schandtaten nagten an Clemens, und als er im Juni 1534 ernsthaft krank wurde, waren sich die Ärzte über die Ursachen nicht einig. Manche redeten vom Gift, das dem Papst auf der Reise nach Marseille eingeflößt worden sei, und entsprechende Beschuldigungen wurden erhoben. Vermutlich handelte es sich aber um ein Magenleiden, verursacht durch den Ärger und die ständigen Aufregungen mit dem Nepoten Ippolito. Da die Ärzte recht unterschiedliche Ansichten äußerten, verlor der Papst auch das Vertrauen in ihre Behandlung.

Im Leben des Papstes begann nun eine labile Phase, mal war er krank, mal ging es ihm besser. Im Juli machten plötzliche Todesmeldungen die Runde, vor den großen Palästen zogen Wachen auf. Mehrere Kardinäle fanden den Tod im heißen Sommer Roms wie so oft. Mitte August erfuhren die Römer, dass Clemens wieder an Fieber und Erbrechen lebensgefährlich erkrankt war. Am 24. August erteilte man ihm die Letzte Ölung und der sich in Krämpfen windende Kranke verweigerte jede Nahrung. Anfang September ging es ihm wieder besser, und amüsiert hörte er von den Wahlvorbereitungen einiger Kardinäle. Als die Umgebung meinte, der heiße Sommer sei überstanden und der Papst erhole sich langsam, kam ein schlimmer Fieberanfall und am 25. September 1534 wurde der Papst von seinen Leiden erlöst. Von vielen Römern wurde sein Tod ehrlich betrauert. Nach einer Zwischenbestattung in St. Peter erhielt er sein endgültiges Grabmal in S. Maria sopra Minerva, beide Medicipäpste ruhen in der selben Kirche. Nicht wenige Historiker haben über Clemens VII. vernichtende Urteile gesprochen. Man hat dabei sicher übertrieben, aber kirchenpolitisch gesehen trug sein Pontifikat entschieden negativere Züge als die Herrschaft des Borgiapapstes Alexander VI.

Sechstes Kapitel

# Krankheit, Alter und die Angst vor dem Tod

Die Sorge um ein langes Leben trieb die Päpste um, von der Sorge um das ewige Leben ist bei vielen wenig zu hören; wenn schon Papst, dann wollte jeder das Amt auch ausfüllen, Spuren hinterlassen, die knapp bemessene Zeit nutzen.

Im Allgemeinen wurden keine vitalen, kraftvollen Männer zu Päpsten gewählt, und es klingt durchaus glaubhaft, was von Sixtus V. erzählt wird. Als Kardinal zog er tief gebeugt und auf eine Krücke gestützt ins Konklave, dadurch sah er aus wie ein idealer Kandidat und wurde prompt gewählt. Da warf er seine Krücken von sich und nahm strahlend auf dem Papstthron Platz. »Ad multos annos«, auf viele Jahre könnte man ihm zurufen. Allerdings waren ihm nur fünf Jahre geschenkt, die er aber in einem atemberaubenden Tempo nutzte. Altersschwache und kranke Kardinäle zu wählen, hatte Stil und diente dem Eigennutz der Wähler, die einen schwachen Papst wünschten.

Die fast durchwegs älteren Männer hofften auf ein längeres Pontifikat und waren nicht selten durch Krankheiten gehindert, das Amt voll auszu-

*Seuchen-Flugblatt von 1496*

82

füllen. Wer es ernst nahm, hatte einen strapaziösen Tag zu bestehen und die körperlichen wie geistigen Anforderungen erwiesen sich als nicht gering.

## Pius II. – der Tod eines gescheiterten Kreuzfahrers und großen Humanisten

Bis zuletzt hatte Pius II. (Enea Silvio Piccolomini, 1458–1464) gehofft, seine große Idee zu verwirklichen: Er wollte endgültig die Türkengefahr bannen, in einem neuen Kreuzzug die Feinde des Abendlandes zurückwerfen, in einem großen Befreiungsschlag Konstantinopel und das Heilige Grab der Christenheit zurückgewinnen. Aber diese Vision stand unter keinem guten Stern. Zwar wurde vor und nach der osmanischen Eroberung Konstantinopels (1453) vielerorts über die Notwendigkeit eines Türkenkrieges debattiert, und es wurden dazu allerlei gelehrte Abhandlungen verfasst, aber Papier und Pergament sind geduldig. In der Realität stand der Papst mit seiner Kreuzzugsidee ziemlich allein, die Zeit war vorbei für derartige Unternehmungen der ganzen Christenheit, die Partikularinteressen hatten längst Vorrang: Die Franzosen, die Venezianer und die Ungarn hatten ihre eigenen Ziele, der Papst konnte nicht zusammenführen, was nicht mehr zusammenpasste. Von Anfang an lebte Pius von einer Illusion und keiner konnte ihm seine Pläne ausreden.

Das Einsammeln der Gelder verlief sehr schleppend, die Kardinäle wollten in Rom bleiben. Ende Mai 1464 bekam Pius einen Gichtanfall, dazu kam Fieber und man dachte, er könne unmöglich die Strapazen der Reise ertragen, aber er ließ sich nicht umstimmen. Als er davon hörte, dass bereits Kreuzfahrer unterwegs nach Ancona seien, gab es für ihn kein Halten mehr, den Einspruch seiner Ärzte schob er zur Seite. Am 18. Juni nahm der Papst in St. Peter das Kreuz und verließ seine Residenzstadt. »Lebe wohl, Rom, du wirst mich lebend nicht wiedersehen!« In eigener Person wollte er ausziehen, als Vorbild für die christlichen Fürsten begab er sich nach Ancona, sie sollten von dem alten, bereits hinfälligen Mann beschämt werden. Er trat die Reise Tiber aufwärts auf einer Barke an, um die für ihn schmerzhafte Erschütterung der Sänfte zu vermeiden, er fieberte, als er den Kahn betrat. Die ersten Tage und Nächte blieb er auf der Barke, der leidende Zustand des Papstes erlaubte kein schnelles Reisen.

Tausende von Kreuzfahrern waren schon unterwegs, aber es waren überwiegend Männer ohne Waffen, Abenteurer, Begeisterte. Die Masse der

Kreuzfahrer waren Bauern, Handwerker, Studenten, die meisten arm und schlecht bewaffnet. Ohne geeignete Ausrüstung wollten sie dem modernen und schlagkräftigen Heer der Osmanen entgegentreten. Man ließ die Vorhänge an der Sänfte des Papstes herunter, damit er die seltsamen Kreuzfahrer nicht zu Gesicht bekam. Die Hitze untertags war unerträglich, sodass man nur langsam vorankam. Einen Monat nach der Abreise zog Pius in Ancona ein, er selber mit innerer Hoffnung, seine Begleitung aber sah das Ganze als Fiasko. Die europäischen Mächte waren komplett nicht erschienen, viele Versprechungen waren zwar vorher abgegeben worden, aber von gut ausgerüsteten Truppen war nichts zu sehen. Kaum jemand rechnete noch mit dem todkranken Papst, die Kardinäle beschäftigten sich bereits mit dem kommenden Konklave. Tief verletzt kam sich der einsame Papst vor, Kardinäle wie Fürsten warteten auf seinen Tod, damit sie das Thema Kreuzzug ein für alle Mal zu Grabe tragen konnten.

Bereits als schwer Kranker war Pius II. nach Ancona gereist, er wollte vorangehen in diesen neuen Kreuzzug. Schmerzgequält lag er auf der Höhe von San Ciriaco und wartete, die Kreuzfahrer verliefen sich wieder, Ende Juli sollen noch zweihundert anwesend gewesen sein, vom Dogen kam wochenlang keine Nachricht. Als man ihm das Nahen der venezianischen Galeeren mitteilte, wurde der Schwerkranke noch einmal wach und lebendig, man setzte ihn in einen Lehnstuhl und rückte ihn an das Fenster seines Schlafzimmers, und seine Augen sahen über den Hafen und das Meer hinaus; vermutlich war von Kriegsschiffen nichts zu sehen, aber man ließ ihn in dieser Illusion und in einer Hoffnung, die keine mehr war. Sein großes Projekt eines neuen Kreuzzuges war gescheitert. Dem sterbenden Papst wollte man seinen Traum belassen, wieso soll ein Mensch im Tod noch die bittere Wahrheit erfahren? Am 14. August versammelten sich die Kardinäle am Sterbebett des Pontifex. Mit letzter Kraft und schwacher Stimme bat er sie, sein Werk fortzusetzen, empfahl ihnen seine Verwandten, bescheiden sprach er: »Ich habe Gott beleidigt, ich habe die christliche Liebe verletzt, der Allmächtige möge sich meiner erbarmen, jetzt im Angesicht des Todes. Lebet wohl, Brüder!« Dann knieten die Kardinäle um sein Bett, um seine Hand zu küssen.

In der Nacht des 15. August 1464 starb Enea Silvio Piccolomini im Bischofspalast zu Ancona, neben der Kathedrale San Ciriaco hoch oben über der Stadt auf dem Monte Guasco. Sein Leichnam wurde im Dom aufgebahrt und dann nach Rom überführt und dort in St. Peter in der Kapelle des hl. Andreas bestattet. Seine Eingeweide wurden in der Kathedrale von Ancona beigesetzt. Beim Neubau der Peterskirche wurde sein Leichnam in die Kirche S. Andrea della Valle überführt, wo heute ein hoch aufragendes Grabmonument von ihm kündet.

Als Pius starb, hatte er ohne Zweifel ein interessantes Leben hinter sich, dessen wichtigste Stationen der prachtvolle Bilderzyklus von Pinturicchio in der »Biblioteca Piccolominiana« des Doms von Siena in idealisierter Weise dokumentiert. Enea Silvio Piccolomini, der einer verarmten Adels- und Kaufherrenfamilie aus dem *Contado* von Siena entstammte, hatte sich Zeit gelassen mit einer kirchlichen Laufbahn. Geboren 1405, ließ er sich erst 1447 zum Priester weihen und führte bis dahin ein ungebundenes Leben als »Single« und Weltmann. Er hielt sich bewusst alle Optionen offen und wollte in jungen Jahren weder Heirat noch Zölibat. Enea Silvio war auch kein Theologe, studierte Jura in Siena und erwarb vor allem eine profunde literarische Bildung. Piccolomini verdingte sich als Skriptor beim Konzil von Basel, setzte dann auf den falschen Papst, Felix V., bekam aber rechtzeitig die Kurve zurück, reiste in diplomatischer Mission nach Schottland, lebte einige Zeit in Wien, schlug sich als Schriftsteller keineswegs unerfolgreich durchs Leben, das Ganze wirkt unkompliziert und in gewisser Weise auch ungebunden. Er wurde auf dem Reichstag zu Frankfurt von Friedrich III. zum Dichter gekrönt, und das mit Recht. Europaweit gefeiert als Humanist, genoss er die Förderung des Kanzlers Kaspar Schlick, des mächtigsten Staatsmannes seiner Zeit. Enea Silvio war selbst ein kluger Politiker und politischer Denker an der Schwelle der Neuzeit: Als einer der ersten erkannte er die zentrale Bedeutung des Geldes, das er als »nervus rei publicae« bezeichnete; das Fehlen einer zentral gelenkten Finanzverwaltung war nach seinem Urteil für den Niedergang des Heiligen Römischen Reiches deutscher Nation in maßgeblicher Weise verantwortlich. Auch als Dichter hat er ein vielseitiges Werk hinterlassen: Novellen, Reden, Gedichte, wunderschöne Texte, in denen er auch sein freizügiges und genussvolles Leben im Umgang mit Frauen schildert, so eine kurze Affäre mit einer Engländerin in Straßburg, die nicht ohne Folgen blieb: Den Sohn aus dieser Liaison übergibt er seinem Vater mit der Bitte um Verständnis für einen lebenslustigen Dichter.

Als sich der Humanist für den Kirchendienst entscheidet, nimmt er das sehr ernst, wird 1447 Bischof, 1456 Kardinal und schon nach zwei Jahren – und das war völlig ungewöhnlich und überraschend – dann Papst. Sein Pontifikat von sechs Jahren war allerdings zu kurz, um deutliche Akzente zu setzen. Auf jeden Fall gehört Pius II. zu den gebildetsten und farbigsten Papstgestalten zwischen Konzilszeit und Renaissancepapsttum. Bis heute erinnert sein Geburtsort Corsignano, den er ab 1459 planvoll zur Idealstadt der Renaissance umgestalten ließ und der ihm zu Ehren den Namen *Pienza* erhielt, an den großen Humanistenpapst.

Wie andere Gelehrter seines Zeitalters war Pius II. auf eine gesunde Lebensführung bedacht und sah im Landleben eine ideale Daseinsform. Den Sommer verbrachte der Papst gern in Viterbo, dessen heiße Schwefelquellen der Gichtleidende als Wohltat empfand. In offener Sänfte ließ er sich durch die Landschaft tragen, er war ein Naturromantiker, wusste Landschaften zu beschreiben, machte Morgenspaziergänge durch Wiesen und Wälder. Linderung suchte er auch unweit seiner Heimatstadt Siena in den heißen Quellen von Petriolo. Zu seinen Lieblingsorten gehörte weiterhin das toskanische Benediktinerkloster San Salvatore am Monte Amiata, wo sich der Papst mitunter drei Monate lang aufhielt; der friedvolle und ruhige Ablauf des mönchischen Daseins wirkte wohltuend auf seine Psyche.

Am Ende erwiesen sich alle Bemühungen des Papstes um gute Gesundheit als vergebens. Auch wenn Pius II. mit knapp 59 Jahren kein übermäßig hohes Alter erreichte, so hat er doch ein aktives und erfülltes Leben geführt.

## Makabre Heilmethoden

Schon seit längerem zeigte sich bei Innozenz VIII. (Giovanni Battista Cibo, 1484–1492) eine labile Gesundheit. Das lag möglicherweise an den vielen Schwierigkeiten, die ihm zu schaffen machten: Eine Fälscherwerkstatt an der Kurie wurde ausgehoben, dazu kamen politische Verwicklungen und auch im privaten Bereich gab es nichts als Ärger, vor allem mit seinen beiden Kindern Franceschetto und Theodorina. Immer wieder bekam er negative Schlagzeilen über seinen Sohn zu hören, der als leidenschaftlicher Spieler hohe Summen verlor, für die der päpstliche Vater geradestehen musste; nachts trieb sich der Taugenichts in den Straßen herum, keine Freude für einen vielbeschäftigten Pontifex.

Im September 1490 lag Innozenz schwer danieder und wurde von den Ärzten aufgegeben. Als die Kunde von seinem gefährlichen Zustand nach draußen drang, wurde sie rasch als Hinweis auf seinen bereits erfolgten Tod interpretiert; der Gesandte von Ferrara meldete den Tod des Heiligen Vaters per Eilboten nach Hause, und in manchen Archiven finden sich ähnliche voreilige Notizen. Der Sohn Franceschetto eilte in den Vatikan, um sich des päpstlichen Schatzes zu bemächtigen. Resolute Kardinäle traten dazwischen und verjagten den geldgierigen Sohn.

Auch im nächsten Jahr zeigte sich der Papst anfällig für Krankheiten, ein Unterleibsleiden und Fieber setzten ihm zu, allein der berühmte Giacomo di San Genesio konnte ihn noch einmal heilen. Im Frühsommer 1492 machte Innozenz wieder einen guten Eindruck, mit Freude feierte er die Hochzeit seiner Enkelin Battistina. Aber Ende Juni begann wieder sein Leiden, eine offene Wunde am Bein, die Ärzte waren ratlos und uneinig. Sie stritten über allerlei Heilmethoden, und man dachte auch an eine Behandlung mit jungem Blut.

Davon berichtet der römische Geschichtsschreiber Infessura:
»Denn zunächst sind die zehnjährigen Knaben, aus deren Adern ein gewisser jüdischer Arzt, der versprochen, den Papst gesund zu machen, Blut genommen hatte, sofort daran gestorben. Dieser Jude hatte nämlich behauptet, er wolle den Papst gesund machen, wenn er nur eine gewisse Menge menschlichen und zwar jungen Blutes haben könne. Worauf ihm dann der Papst befahl, dies Blut dreien Knaben herauszunehmen, denen er dann nach dem Aderlaß je einen Dukaten schenkte. Und bald darauf sind sie gestorben. Der Jude ist davon geflohen, und der Papst ist nicht gesund geworden.«

Was Infessura als sichere Tatsache berichtet ist keineswegs glaubwürdig, nirgendwo sonst findet sich darüber eine Notiz. Die (von magischen Vorstellungen beeinflusste) Heilung eines Kranken durch frisches Blut, in dem der Patient badet oder das er trinkt, ist dafür durch Sagen und literarische Textes des Mittelalters belegt; am bekanntesten ist die Genesung eines Aussätzigen durch das Herzblut einer opferwilligen reinen Jungfrau im Versepos »Der arme Heinrich« von Hartmann von Aue (vor 1200). Falls der medizinische Einsatz von Blut tatsächlich erwogen wurde, so hat der Papst die spektakuläre Behandlung abgelehnt und der Leibarzt musste gehen. Der Versuch einer wirklichen Bluttransfusion wäre in der damaligen Zeit technisch gar nicht möglich gewesen und hätte nicht nur für die Spender, sondern auch für den Empfänger den Tod bedeutet. Für den Sechzigjährigen fand sich kein wirksames Heilmittel mehr, im Juli 1492, in der Sommerhitze Roms erlag der Papst seinem Leiden.

## Uneinsichtige Patienten

Die Ärzte hatten es mit ihren prominenten Patienten nicht immer leicht. Kardinal Battista de Ferrari, der im Vatikan wohnte, wehrte sich gegen jede medizinische Behandlung. Burckard berichtet: »Er wollte weder zur Ader lassen noch Klistiere benutzen noch auch Syrupe, Pillen oder sonst eine Medizin einnehmen. Vielmehr ließ er sich eine Brotsuppe zu einem Becher besten korsischen Weines machen, die er verzehrte und den Wein trank er.« Alles Zureden half bei ihm nichts, er wollte auch kein Testament machen noch sich eine Grabstätte aussuchen. Am Morgen vor seinem Tod stritt er noch über Geld, um das er betrogen worden sei, bis einem Mönch der Geduldfaden riss. Er hielt dem verstockten Kardinal ein Kreuz vor die Augen und redete energisch auf ihn ein, er solle an seinen Tod denken; kurze Zeit später, am 10. Juli 1499, ist der Kardinal verstorben. Auch in den hohen Kirchenkreisen war man darauf aus, den Tod zu verdrängen.

Fast alle Leibärzte hatten das Problem, dass ihre hochmögenden Schutzbefohlenen ihre Ratschläge wenig achteten, z. B. auch Kaiser Karl V., der seit jungen Jahren an der Gicht erkrankt war, einem Übel, das sich ständig verschlimmerte und ihn zeitweilig unbeweglich machte. Trotzdem verschlang er tagtäglich riesige Mengen an Speisen, trank Bier und Wein, man könnte sagen, kübelweise. Wollte der Leibarzt seinen gut dotierten Posten behalten, musste er dem Patienten zu Willen sein. Von Erasmus von Rotterdam ist der Satz überliefert: »Die Medizin besteht bei den Großen nur aus einer Portion Schmeichelei.«

Eure Heiligkeit sind zu dick, Ihr esst zu viel und zu üppig und Euer Weinkonsum ist unmäßig, so hat Samuel Sarfadi sicherlich nie zu Leo X. gesprochen. Er hätte auch mit drastischen Worten den Tod an die Wand malen können, aber das kann kein Leibarzt riskieren. Also hat Sarfadi versucht, mit sanften Worten den Medicipapst von seiner Völlerei abzubringen, vergebens, mit 46 Jahren erlitt dieser einen frühen Tod.

Päpstliche Krankheiten sorgten schnell für Unruhe, ein Pontifikatswechsel war nicht immer wünschenswert. Als Urban VIII. im Jahr 1638 einen schweren Schlaganfall erlitt und von April bis Juni ans Bett gefesselt war, versuchten die Nepoten und die Kurialen die Krankheit geheim zu halten. Den Schwerkranken stellte man einige Zeit ins Fenster, damit man ihn von außen sehen konnte. Man zeigte ihn gleichsam wie in einem Schaufenster, kein Außenstehender sollte sehen, dass der Papst handlungsunfähig war, und niemand sollte erkennen, wer tatsächlich die Macht ausübte.

### Die Strapazen des Papstlebens

Alexander VI. (Rodrigo Borja/Borgia, 1492 – 1503) war ein großer und stattlicher Mann, lebte nicht ungesund und hatte eine robuste Natur. Obwohl er sich von Jugend an als Frauenheld profilierte und trotz geistlichen Gewandes und Zölibats mit vielen Frauen verkehrte, hat er sich nicht wie so viele seiner Kardinäle die Syphilis zugezogen. Offensichtlich war er wählerischer bei seinen Bekanntschaften. Im Alltagsleben pflegte er als Kardinal einen eher bescheidenen Lebensstil. Einladungen zu einem Gastmahl bei ihm waren nicht begehrt, weil seine Küche nur einfache Kost zu bieten hatte. Als Kardinal – und er gehörte zu den Fleißigsten –, verbrachte er jahrelang den Sommer in Subiaco. Oft wurde er dorthin von seiner Geliebten Vannozza de Cattaneis begleitet, sodass er im erholsamen Klima dieses Gebirgsortes eine angenehme Zeit erlebte.

Gelegentlich versagten dem Heiligen Vater allerdings die Kräfte, das Papstleben konnte sehr strapaziös sein. Ein großes Ereignis war der Zug des neugewählten Pontifex von St. Peter zur Laterankirche, der eigentlichen Bischofskirche des Papstes. Am 26. August 1492 setzte sich der Zug in den Morgenstunden in Bewegung. Menschenmassen säumten die Straßen, der Papst, hoch zu Ross, kam nur langsam voran. Er ritt unter einem Baldachin, sodass er nicht der prallen Sonne ausgesetzt war. Aber eine fürchterliche Hitze lag über der Stadt. Erst am Nachmittag erreichte der Zug die Laterankirche. Als der Papst vom Pferd stieg, fiel er seinen engsten Begleitern regelrecht in die Arme und war bewusstlos. Wenn man sich vor Augen hält, wie viele Gewänder ein Papst zu tragen hatte, kann einen dieser Schwächeanfall nicht verwundern. Über seinem Talar die weiße Albe und eine schwere Stola, darüber ein goldverziertes Pluviale, kostbar und sehr schwer, auf dem Kopf die Tiara, eine monströse, schwergewichtige Kopfbedeckung, und das alles über Stunden. Alexander brauchte einige

Zeit, bis er aus seiner Ohnmacht aufwachte, und vor einem Altar brach er noch einmal bewusstlos zusammen. Solche Anfälle von Ohnmacht sind bei ihm gelegentlich vorgekommen. In der Nacht ritt Alexander dann ohne Schwierigkeiten zurück zum Vatikan, durch die festlich illuminierte Stadt. Die Freude, es soweit gebracht zu haben, erfüllte ihn, und die Anstrengungen schienen vergessen.

## Julius II. – keine Zeit zum Sterben

»Der Tod ist das Allgemeinste, und jeder Mensch erklärt, es sei natürlich und selbstverständlich, daß man sterbe. Und doch lebt in jedem Menschen ein geheimer Protest und das unauslöschliche Grauen vor diesem Ende.«

*Karl Rahner, Zur Theologie des Todes*

Anfänglich war Giuliano Della Rovere Franziskanermönch, wurde durch seinen Papstonkel Sixtus IV. (1471–1484) ohne Problem zum Kardinal erhoben, vergaß unter dem Kardinalshut rasch die Gelübde von Armut und Keuschheit und erkaufte sich zum Schluss noch die päpstliche Tiara, die er über alles geliebt hat. Da war Julius II. (1503–1513) schon sechzig Jahre alt und wusste um seine begrenzte Pontifikatsdauer, rastlos versuchte er, die Zeit auszunutzen; die fehlende Zeit hat ihn umgetrieben wie nicht wenige Menschen heute. Man kann ihn mit einem viel beschäftigten Manager vergleichen, dem die Zeit davonläuft und der von der Angst getrieben wird, seine vielen Projekte nicht mehr zu Ende führen zu können. Projekte hatte Julius genug, bei manchen wusste er, dass ein Leben nicht ausreichen würde. Als er am 18. April 1506 den Grundstein zur neuen Peterskirche legte, nahm er damit ein gigantisches Bauvorhaben in Angriff, das erst in Generationen fertig gestellt werden konnte. Er begann den Bau im Wissen, dass die Vollendung ihn längst im Grab sehen würde.

Aber sein Grabmal wollte er vollendet sehen, noch zu Lebzeiten wollte er seine Ruhestatt gestalten. Kurz nach Pontifikatsbeginn suchte er sich den bedeutendsten Bildhauer der Zeit, Michelangelo, sein Grab sollte zum Besten gehören, was je geschaffen wurde. Aber dann wurde das Projekt unterbrochen, die Ausmalung der Sixtinischen Kapelle wurde vordringlicher, und auch das stand unter Zeitdruck, der Papst höchstpersönlich stieg auf das Gerüst, um den Künstler anzutreiben. Das wurde nun aber Michelangelo zuviel, und es heißt, am liebsten hätte er den lästigen

Pontifex vom Gerüst geworfen. Julius war eine majestätische Erscheinung mit vulkanischem Temperament, Anfälle von Jähzorn setzten seiner Umgebung zu, wobei auch Flüche zu hören waren. Er fühlte sich als italienischer Fürst, zog selbst in den Krieg und holte sich im Jahre 1506 Schweizer Söldner nach Rom, die damals in ganz Europa den besten Ruf als schlagkräftige Soldaten besaßen, er wollte immer Qualität und Verlässlichkeit.

Julius fürchtete nicht um sein Leben, hatte, wie es scheint, keine Angst vor dem Tod. Immer wieder stand er vom Krankenlager auf, schob seine Leibärzte zur Seite und gab seine Befehle, er war eine Herrschernatur. Im Jahr 1511 regierte ein ungewöhnlich strenger Winter, ein Venezianer schrieb nach Hause: »Das Wetter ist entsetzlich, heute herrschte den ganzen Tag ein heftiger Schneesturm. Und trotz alledem ist der Papst hinausgezogen; er hat eine fast übermenschliche Gesundheit und Natur, es scheint, daß er unter nichts leidet.« Julius wollte ganz bewusst gesund sein und konnte sich durch seine ungeheure Willenskraft rüstig und vital erhalten. Seine Motivation bewirkte mehr als viele Arzneimittel. Leibärzte waren allerdings immer um ihn. Bei seinem Triumphzug, dem feierlichen Einzug in Rom, gingen hinter ihm sein Sekretär und seine Leibärzte, der Römer Mariano dei Dossi und der Sienese Arcangelo dei Tuti.

»Tempus fugit!« Die ständig forteilende Zeit setzte ihm zu, zehn Jahre Herrschaft waren ihm beschieden, nicht wenig für einen Papst. In einem Brief an seinen Bruder schrieb er davon, dass sein Alter ihn an der Erfüllung seiner Aufgaben hindere und dass er doch gerne zwanzig Jahre jünger wäre. Ungeduldig war er, nichts konnte ihm schnell genug gehen. Er wollte Pflöcke einschlagen für seine Nachfolger, befestigte das Herrschaftsgebiet des Papstes, sicherte die Grenzen und hinterließ den Kirchenstaat in stabiler Verfassung.

Gegen Ende des Jahres 1502 spürte Julius dann doch das Nachlassen seiner Kräfte. Er litt an Gicht und an der »gallischen Krankheit«, die damals in Rom grassierte. Als der französische König Karl VIII. mit seinem Heer im Februar 1495 in Neapel einzog, konnte er sich kurzzeitig als Sieger fühlen; aber dieses Gefühl verging sehr schnell, als sich viele Soldaten an einer neuartigen Geschlechtskrankheit infizierten, die dann das Heer auf seinem Rückweg weithin verbreitete, und die in Italien »Mal francese« oder »Mal gallico« genannt wurde. Diese »Franzosenkrankheit«, die Syphilis, drang in alle Kreise ein, auch in die Welt der Kurie. Im 16. Jahrhundert war eine

Reihe von Kardinälen betroffen, wobei die medizinische Behandlung mit Quecksilber eine schreckliche Qual bedeutete. Die Quellen reden ziemlich eindeutig davon, dass auch Papst Julius II. an dieser Krankheit litt, die sich unter anderem in abstoßenden Hautausschlägen äußerte. Von Julius heißt es, dass seine Beine voller Geschwüre waren, peinlich für den obligaten Fußkuss seiner Besucher.

Julius wehrte sich heftig gegen die Gebrechen des Alters und reagierte, auch aus heutiger Sicht, mit einer durchaus vernünftigen Lebensweise: Er verließ seinen Arbeitsplatz im Vatikan, suchte Luftveränderung und reiste Ende November für einige Tage auf seine Landgüter im geliebten Ostia. Und er versuchte es mit Bewegungstraining, residierte häufiger in seinem Kardinalspalast bei S. Pietro in Vincoli, weil er dort besser spazieren gehen konnte. Aber auch lange Spaziergänge konnten ihn nicht über seinen wahren Zustand hinwegtäuschen. Einige Kardinäle lobten seine frischrote Gesichtsfarbe, er sehe kräftiger aus als vor zehn Jahren, er bemerkt dazu zu seinem Zeremonienmeister: »Man schmeichelt mir, ich kenne meinen Zustand besser und fühle, dass meine Kräfte schwinden.« Und an Weihnachten 1502 spricht er dann explizit von seinem Tod. Nun konnte er das Bett nicht mehr verlassen, litt an Schlaf- und Appetitlosigkeit, aß täglich nur noch zwei Eier. Acht Ärzte bemühten sich vergebens, den eigentlichen Grund seines Leidens zu finden. Das außerplanmäßige Erscheinen des päpstlichen Leibarztes versetzte zunächst die Umgebung des Papstes, dann die ganze Stadt in Unruhe. Den abergläubischen Römern galt es als böses Omen. »Heiligkeit, man betrachtet mich hier nicht als Euren Arzt, sondern als Euren Todesengel!« beklagte sich schon Andrés de Laguna gegenüber seinem hohen Patienten. Von Laguna stammen Abhandlungen über die Anatomie und die Behandlung der Pest, er war ein hoch gebildeter Mann, der auch griechische Schriften übersetzte.

Auch Sorgen setzten Julius zu, weniger der innere Zustand der Kirche als vielmehr die politische Lage. Aber es war ihm doch gelungen, den Kirchenstaat zu konsolidieren, wobei es nicht ohne kriegerische Auseinandersetzungen abging. Während Julius im Vatikan daniederlag, feierten ihn die Römer am 3. Februar überschwänglich mit einem *trionfo,* einem monumentalen Festzug. Als Befreier Italiens wurde er gerühmt, sechzehn Triumphwagen kündeten von seinen Großtaten. Vom Jubel des Volkes bekam er jedoch nicht mehr viel mit. Die Ärzte verordneten ihm vollständige Ruhe, woran er sich aber nicht halten wollte, in seinem Schlafzimmer empfing er Kardinäle und Gesandte.

Seit vielen Wochen ist er an das Bett gefesselt, er hat sich heftig gewehrt, sich aufgelehnt, aber am Ende versagen auch seine Kräfte. Die letzten Tage des Pontifex lassen wenig Raum für Privates. Der gestrenge Herr, der so viele Strafgerichte angedroht und auch vollzogen hat, geht nun seinem eigenen Richter entgegen. Die Zeit der Reue ist angebrochen.

Anfang Februar lässt der Papst seinen Zeremonienmeister Paris de Grassi kommen, ihn beschäftigen auch sehr praktische Fragen.

»Der Papst erinnerte sich, viele Päpste gesehen zu haben, die im Tod von Verwandten und Dienern verlassen und sogar des Notwendigsten beraubt worden waren, so dass sie völlig nackt mit entblößten Schamteilen dagelegen hätten. Das sei für eine so hohe Majestät wie die päpstliche entehrend und beleidigend.«

De Grassi muss versprechen, den Leichnam in ein weißes Hemd zu hüllen, und Julius verlangt ausdrücklich für sein Totenhemd goldene Verzierungen als Zeichen seiner Würde. Er wünscht auch eine Bestattung ohne übertriebene Pracht, aber auch nicht zu dürftig. Er nennt sich selber einen großen Sünder, der kein prunkvolles Begräbnis verdient habe. Und er sieht sich in der Vorbereitung auf den Tod, er danke Gott, dass er kein plötzliches Ende erleiden müsse, sondern einen christlichen Tod mit genügend Zeit zur Vorbereitung sterben könne.

Ab Anfang Februar litt Julius unter Schüttelfrost, am 19. Februar kam es zu einer plötzlichen Besserung, de Grassi fand den Papst frisch aussehend und heiter und war völlig überrascht, als er das Krankenzimmer betrat. Julius wirkte wie verwandelt und war so gut aufgelegt, dass er den Zeremonienmeister überraschend zu einem Glas Malvasier einlud. Am nächsten Tag war die euphorische Stimmung aber jäh zu Ende. Schlecht schaute er aus, der Heilige Vater, und de Grassi sah sich in der Pflicht, dass nichts versäumt werde und drängte auf die Sterbesakramente; es war der zweite Fastensonntag, der 20. Februar. Nun wird mit einem gewissen Erstaunen berichtet, mit welch großer Andacht und Frömmigkeit der Papst die Kommunion empfangen habe. Die Renaissancepäpste waren ja nicht gerade für ihre demutsvolle Frömmigkeit berühmt. Anschließend ließ der Papst die Kardinäle in sein Sterbezimmer kommen und hielt ihnen noch eine aufrüttelnde Predigt: Er bezeichnete sich als großen Sünder und schärfte ihnen ein, ohne Eigennutz einen würdigen Nachfolger zu wählen, er selber hatte damals seine Wahl nur mit massiver Bestechung und falschen Versprechungen gewonnen. Dann erteilte er unter Tränen den Kardinälen seinen Segen.

Es ist also ein bewusstes Abschiednehmen, mit klarem Verstand und im Wissen um den nahen Tod. Sogar noch ein letzter Heilungsversuch wurde unternommen. Man flößte dem Sterbenden einen Trank aus flüssigem Gold ein, aber auch das als Wundermittel gepriesene »aurum potabile« konnte hier nicht mehr helfen. In der Nacht vom 20. auf den 21. Februar verschied Julius II., ein bemerkenswerter Papst, ein bedeutender Kirchenfürst. Die Rolle eines frommen Seelenhirten war nicht die seine, aber er hat nicht mit Eigennutz und Nepotismus regiert, er wollte eine Kirche, vor der andere Respekt haben.

Wenn er heute in die Peterskirche käme, würden vor Zorn seine Adern anschwellen wie bei der Mosesstatue des Michelangelo, denn hier ist nichts zu sehen, was an Julius erinnerte. Er hat den Grundstein gelegt, seine Nachfolger haben sich wichtig gemacht, beanspruchten für sich den Ruhm dieses majestätischen Gotteshauses, das auch die Grablege vieler Päpste ist. Auch Julius ruht irgendwo im Fußboden der Kirche, unbemerkt, von niemanden besucht. Andere haben Zeichen gesetzt, der wichtigtuerische Paul V. außen an der Fassade oder auch Alexander VII., dessen Name viele Male an den Kolonnaden zu lesen ist. Den vielen Menschen jedoch, die jedes Jahr auf diesen Platz kommen, sind die vergangenen Päpste ziemlich gleichgültig, das Interesse gilt dem lebenden Pontifex, der sich hoch oben an seinem Fenster zeigt.

## Paul III. – ein Förderer der ärztlichen Kunst

Gewählt war er als Übergangspapst, regiert hat er als Langzeitpapst und hat damit seine Wähler nicht wenig enttäuscht. Als im Oktober 1534 die Kardinäle zum Konklave einzogen, war Alessandro Farnese bereits ein altgedienter Prälat. Über 40 Jahre trug er den Kardinalspurpur, war schon einige Male Favorit des höchsten Amtes der katholischen Christenheit. Sein mächtiger Palazzo Farnese zeugte von seinem Reichtum und seiner glänzenden Hofhaltung, und jetzt mit 67 Jahren hatte er genau das richtige Alter, das seinen wählenden Mit-Kardinälen so gefiel, dass sie dem Farnese die Führung der Kirche anvertrauten: Dieses Pontifikat konnte nicht ausufern und ließ Raum für die Nachfolger, so die Überlegung der Wähler, die sich allerdings täuschten. Noch mit 80 Jahren hatte Papst Paul III. (1534–1549) die Zügel der Kirchenregierung fest in der Hand und übte das längste Pontifikat des 16. Jahrhunderts aus.

Alessandro Farnese erfreute sich guter Gesundheit, war ein lebensfroher Renaissancefürst, ging gern auf die Jagd, trat als Musikfreund hervor, ließ Feste und große Karnevalsumzüge veranstalten, alle aus der päpstlichen Kasse finanziert (die Abrechnungen sind erhalten), man war nicht kleinlich. Neben der großen Kirchenpolitik kümmerte er sich intensiv um seine Familie, wobei das in seinem Fall wörtlich zu nehmen ist. Als Kardinal hatte er vier Kinder gezeugt, alle Papstkinder waren angemessen zu versorgen. Besonders aktiv war Paul III. als Großvater, es galt, seine vielen Enkelinnen zu verheiraten, seine Tochter Costanza hatte allein zehn Kinder, alle wollten versorgt sein. Paul III., der Patriarch der Familie Farnese, führte ein rundum positives und unverkrampftes Leben, war psychisch robust und ein kluger Kopf, manche nennen ihn auch listig und verschlagen. Auch in der Kirchenpolitik agierte er erfolgreich, die Einberufung des Reformkonzils von Trient gilt als seine Meisterleistung.

Am Papsthof waren zahlreiche Mediziner anzutreffen, z. B. Andrea Cybo, der in Perugia Medizin lehrte und als *archiatra* den Papst nach Nizza begleitete Er diente noch mehreren Päpsten und erreichte das erstaunliche Alter von 82 Jahren. Der hoch angesehene Medicus erhielt ein Grab in der Kathedrale von Perugia, man könnte sagen, fast wie ein Papst.

Andrea Turini, ein anderer Leibarzt, reiste ebenfalls mit nach Nizza, wo er die Leibärzte von Franz I. und Karl V. traf. Dieses Gipfeltreffen der obersten politischen Ebene war auch ein Gipfel der Leibärzte, die sich über die neuesten Heilverfahren austauschen konnten. In den Diensten Pauls stand auch Niccolò Massa, der dem Papst einen Traktat widmete über »Mal francese«, und ebenso Giacoma Rastelli, der als Chirurg tätig war.

Alfonso Ferro widmete dem Papst sein Buch »De ligni sancti medicina«. Dieser seltsame Titel handelt nicht über einen Kreuzpartikel, sondern über die südamerikanische Baumart »Guaiacum«, eine Neuigkeit in der Medizin. Mit dem Sud des Holzes und der Rinde des Guajak gewann man ein wirksames Heilmittel gegen die Franzosenkrankheit. Der bedeutendste Gelehrte am Papsthof war Girolamo Fracastoro, Arzt und Universalgelehrter, der sich auch als Astronom und Dichter betätigte. Fracastoro prägte durch sein Lehrgedicht »Syphilis sive morbi gallici libri tres« (1530) den Krankheitsbegriff dieser verheerenden Seuche und wurde durch seine Werke über die Krankheitserreger (Kontagien) zum Ahnherrn der Bakteriologie. Unter der päpstlichen Ärzteschar waren auch ein Hebräer mit Namen Giacomo Marsilj und ein Spanier aus Salamanca, Giovanni Aguilera.

Ein gewisser Accoramboni schrieb einen Traktat über die Milch und hatte damit viel Erfolg. Eselsmilch wurde an der Kurie ein beliebter Trank, und es heißt, alle Milchtrinker fänden einen gesunden Schlaf und erfreuten sich schöner Träume. Der Papst selbst war ein trinkfester Mann und hatte schon viele Zechgelage überstanden, es ist nicht überliefert, ob er neben dem Genuss von Malvasier und Lacrimae Christi auch Eselsmilch zu konsumieren pflegte.

Paul erwies sich auch als Gartenliebhaber, ließ am Vatikan einen Botanischen Garten anlegen, in dem Giardino di Belvedere wurden diverse Heilpflanzen gezogen. Der Papst förderte die Naturwissenschaften, hielt viel von Astrologie, ließ sich immer wieder sein Horoskop stellen und glaubte an seinen guten Stern.

## Marcellus II. – der frühe Tod eines Hoffnungsträgers (1555)

Wenn Steine reden könnten – unten in den Grotten von St. Peter. Hier steht ein edler und schlichter Stein, ein antiker Marmorsarkophag, mit der knappen Inschrift »Marcellus II«, ohne die üblichen Selbstbelobigungen, kürzer geht es nicht; noch dazu handelt es sich um einen gebrauchten Sarkophag, also gleichsam »second hand«.

Seit dem 16. September 1606 ruhen hier die Gebeine des Papstes Marcellus II. (Marcello Cervini, 1555), und schon der Stein verrät uns ein schlichtes Leben ohne Pomp und Prunk. Würde hier unten die »Missa papae Marcelli« erklingen, jenes Werk, das Giovanni Pierluigi da Palestrina diesem Pontifex gewidmet hat, dann könnten wir einen Hauch verspüren von der Ausstrahlung dieses wunderlichen Marcellus, der so anders war als die auftrumpfenden Renaissancepäpste.

Gewählt am 10. April 1555, überraschte er schon durch seine Thronbesteigung, die früher in verschwenderischer Weise als ein teures Spektakel aufgeführt wurde, dieses Mal sollte vor allem Geld gespart werden und zwar für Notleidende. Der Wunsch von Marcellus erstaunte: »Der

Tag seiner Verherrlichung sollte ein Tag der Freude für die Armen sein.«
Das sind ganz neue und ungewohnte Töne im Papstpalast.

Kaum gewählt, hatte er die anstrengenden Tage der Karwoche und
Ostern zu bewältigen, am Gründonnerstag wusch er zwölf armen
Männern die Füße, und völlig ungewöhnlich, er kam zu Fuß in die Peterskirche, manche erschraken, weil er auffallend blass die Zeremonien ver-
richtete. Am Ostertag hielt er selber das Hochamt und dann ging es schnell
bergab. Ein starker Katarrh und Husten setzte ihm zu, und ein heftiges
Fieber überfiel ihn. Die Ärzte taten, was sie damals immer taten, sie verordneten einen Aderlass, rieten ihm, weniger zu arbeiten, und verboten
ihm auch die lästigen Audienzen. Am 30. April überkam Marcellus eine
plötzliche Schwäche, er legte sich hin, und als er ruhig darniederlag, meinten die Ärzte, die Gefahr sei gebannt und er schlafe sich gesund. Er aber
schlief in den Tod, man wollte ihn wecken, vergeblich, nur noch einmal
kam er kurz zu sich. In der Morgenfrühe des 1. Mai verschied der Papst,
auf dem so viele Hoffnungen geruht hatten im Alter von 54 Jahren, viel zu
früh. Sein Tod war ein großer Verlust für die Reformbewegung, schon
als Kardinal fungierte Marcellus beim Konzil von Trient als einer der
Vorsitzenden. Natürlich wurde auch bei ihm von Gift gesprochen, aber
das sicherlich zu Unrecht.

Dieser überraschende Tod eines Hoffnungsträgers machte die Menschen
ratlos, wieso nur 22 Tage für ein Pontifikat, das so hoffnungsvoll begonnen
hatte. Echte Betroffenheit und tiefes Bedauern erfüllten die Menschen, mit
Trauer, aber ohne jedes Gepränge trug man ihn zu Grabe in St. Peter.

Woran ist Marcellus gestorben? Vielleicht geht man nicht ganz fehl,
wenn man sagt, sein hohes Amt habe ihn erdrückt. Er wollte sich nicht
schonen, obwohl die Kardinäle ihn mahnten, er solle mit seinen Kräften
haushalten und auf seine Gesundheit achten. Die Papstwahl und die ersten
Amtstage haben ihn einfach überfordert. Seit einigen Jahren war er kränklich, und jetzt litt er unter der Last des Amtes. Sein Ausspruch bezeugt dies:
»Der päpstliche Stuhl sei ganz mit Dornen und Stacheln versehen, das
Gewicht der Tiara so gewaltig, dass es die stärksten Schultern erdrücke.« Es
ist kein Vergnügen, Papst zu sein, viele seiner Vorgänger sahen das anders.

Er war die Reform in Person. Endlich ein Papst, der in seinem Lebensstil
den neuen Weg zeigte. Jedoch, sagen seine Zeitgenossen, »die Welt war
seiner nicht wert«.

*Schlafen mit dem Sarg – der Barockpapst Alexander VII.*

Wer eine Übertragung aus Rom am Fernseher verfolgt und den Peters-
platz, den die Kamera von allen Seiten umkreist, betrachtet, kann sich die
Peterskirche ohne die umgreifenden Arme der Kolonnaden Gian Lorenzo
Berninis nicht vorstellen, und an allen Ecken und Enden ist auch das
Wappen zu sehen mit der Inschrift »Alexander VII.«. Er hat sich hier ohne
Zweifel verewigt, und Millionen Pilger und Touristen sind ihm unbewusst
dankbar, dass er dieses einmalige Projekt Petersplatz durchgesetzt hat.
Was kaum einer heute noch weiß, Alexander VII. (1655 – 1667) war ein
schwächlicher Mensch, geplagt von vielen Krankheiten, es ist fast ein
Wunder, wie viel Energie er aufgebracht hat für eine tatkräftige Amts-
führung.

Fabio Chigi wurde als päpstlicher Nuntius nach Köln geschickt und an-
schließend, als der Westfälische Friede ausgehandelt wurde, nach Münster.
Bei den Verhandlungen war der Nuntius mehr Zuschauer als Akteur, das
Papsttum hatte seinen realen Einfluss verloren. Dem Nuntius gefiel es in
Deutschland überhaupt nicht, in seinen Briefen klagt er über das schlechte
Wetter, das miserable Essen, und guten Wein gab es natürlich auch nicht.
Chigi hatte bald alle Zähne verloren, einen zahnlosen Greis kann man ihn
aber wirklich nicht nennen. Mit Freuden kehrte er in den sonnigen Süden
zurück und wurde ziemlich überraschend im April 1655 zum Papst er-
hoben.

Das Amt begann er ohne Illusionen, vor allem seine persönliche Hinfälligkeit stand ihm immer vor Augen. Und im Stil der Barockzeit setzte er
ein deutliches Zeichen: Auf seinem Schreibtisch thronte wie ein Mahnmal
ein Totenkopf, zugleich ließ er sich seinen Sarg anfertigen und in sein
Schlafzimmer stellen mit der Aufschrift »Memento mori«. Denk' an den
Tod!

Was den Papst neben seiner schwachen Gesundheit – er litt an einem
Blasen- und Nierenleiden – am meisten zusetzte, war der Hass der Franzosen. Der junge König Ludwig XIV. trumpfte mit seiner ganzen Macht
gegen ihn auf, schickte einen Botschafter nach Rom, der als Hauptaufgabe
vor allem den Papst zu ärgern hatte, demütigte den päpstlichen Nuntius in
Paris nach Kräften und drohte immer wieder, mit seinen Truppen in den
Kirchenstaat einzumarschieren. Das alles waren Machtspiele, die einem
alternden und kränklichen Papst auch psychisch sehr zusetzten.

Im Jahr 1667 war Alexander zum Skelett abgemagert. Im Bett liegend empfing er Botschafter, die Kurie ordnete an, dass in den Kirchen eigene Gebete für den Pontifex verrichtet wurden, am Ostersonntag, den 10. April ließ er sich auf den Balkon des Quirinals tragen, um von dort aus dem Volke den Segen »urbi et orbi« zu erteilen, ein todkranker Mann, der mit Mühe die Segensformel sprechen konnte. Später ließ er alle Kardinäle um sein Bett versammeln und mit schwacher Stimme, aber klarem Verstand ermahnte er die 36 Kirchenfürsten zu einer guten Neuwahl. Zugleich gab er einen Rückblick auf sein Pontifikat, er sei stets vom besten Willen beseelt gewesen und habe getan, was er vermocht. Mit Befriedigung blicke er auf seine Sorge für den Gottesdienst, die Kirchen und sonstigen Bauten, die Unterstützungen, die er den katholischen Mächten gesandt; auch das Verhalten seiner Familie gereiche ihm zur Befriedigung. Was er aus menschlicher Schwäche gefehlt, dafür bitte er die Kardinäle um Verzeihung.

Die letzten programmatischen Worte eines Pontifex sind nicht selten eine Rechtfertigung seines Handelns und wollen seine Amtsführung für die Nachwelt ins rechte Licht rücken. Dabei hat er ein schweres Erbe übernehmen müssen, zerrüttete Finanzen und politischer Machtverlust auf der europäischen Ebene, seine Herrschaft stand unter keinem guten Stern. Alexander VII. hat sich redlich bemüht, die Position des Papsttums auf dem Schachbrett Europas zu verbessern. Was er aber auf dem Sterbebett über seine Familie sagte, war immer noch durch die rosa Brille gesehen: Seinem Neffen Flavio Chigi hat er nicht nur den Kardinalshut verliehen, sondern ihn auch mit unverschämten Reichtümern überhäuft, ganz im Stil der Zeit, aber keineswegs zur allgemeinen Zufriedenheit. Am 22. Mai 1667 wurde Alexander VII. mit 69 Jahren von seinem langen und zuletzt auch sehr qualvollen Leiden erlöst.

Vor seinem Grabmal im Petersdom macht regelmäßig jede Touristengruppe voll Staunen Halt. Zu eindrucksvoll, zu opulent ist das Monument, das Bernini über einer Seitentüre der Kirche errichtet hat. Der Papst hatte noch die Pläne gesehen und sich voll Begeisterung geäußert. In einer Zeit, da das Papsttum fast traumatisch seine Ohnmacht erfahren musste, thront die Papstfigur hoch oben, zwar kniend und betend, aber keineswegs demütig, zu Füßen vier Frauen als Tugendallegorien auf einem reich gefalteten Brokattuch aus buntem Marmor, dazu noch eine Todesfigur mit Stundenglas, das alles in einer dramatischen Bewegung, kein sterbenslangweiliges Grabmal, eher eine lebhaft bewegte Szene, ein Glanzstück des römischen Barock.

## Clemens XIV.– Papst in Todesangst

Castel Gandolfo im Oktober, eine Oase der Ruhe und Erholung. Hier ließ es sich mit Vergnügen Papst sein; ein Jahr nach seiner Wahl verbrachte Clemens XIV. (1769–1774) in der idyllischen Sommerresidenz sechs Ferienwochen. Zu Pferde oder zu Fuß machte er Ausflüge in die Umgebung, nachmittags erfreute er sich am Billardspiel. Aber kaum war er wieder in Rom, da drangen düstere Prophezeiungen an sein Ohr: Der Papst werde nicht mehr lange leben, zum Jubeljahr 1775 sei er längst tot. Es ist nie klar geworden, von wem diese Prophezeiungen stammten, aber sie machten die Runde und erreichten ihr Ziel. Der Papst war tief getroffen, hatte schlaflose Nächte und verfiel in Melancholie. Ohne Zweifel wollte er lange leben, aber hartnäckig kam immer wieder eine Hautkrankheit zum Vorschein; Hilfe fand er dabei durch das Wasser des Sauerbrunnens der *Acqua acetosa*, das damals weithin bekannt war. Als Sohn eines Landarztes verstand Clemens einiges von Medizin.

Als er im Herbst 1773 wieder in Castel Gandolfo weilte, befiel ihn Angst vor Vergiftung: Täglich ließ man die Lebensmittel aus Rom kommen und zwar unter strenger Bewachung. Ohne Begleitung von Soldaten machte der Papst keine Ausflüge mehr. Und immer neue Unglückspropheten traten auf und schürten seine panische Furcht vor einem Attentat. Man sah ihm an, dass er litt; verwundert registrierte seine Umgebung, dass er plötzlich in heftige Zornausbrüche geraten konnte und Ausdrücke gebrauchte, die beileibe nicht in den Vatikan passten. Und immer wieder kam der Hautausschlag. Die Pusteln mit einer wässerigen Flüssigkeit waren früher immer aufgebrochen, jetzt aber hatte man den Eindruck, alles ginge in das Innere des Körpers und vermutete eine Blutvergiftung. Die Ärzte versuchten vieles, heizten die Zimmer auf hohe Temperaturen, um ein Hitzeklima zu erzeugen, der Kranke glaubte an keinen Erfolg. Seinen Arzt Adinolfi nahm er nicht mehr ernst, die Beiziehung anderer Ärzte wies er dagegen zurück. Er kapselte sich immer mehr ab. Gerüchte schwirrten durch die Stadt, er sei geistig umnachtet und verhalte sich unerträglich, heftige Depressionen setzten ihm zu, er lebte in der beständigen Furcht, ermordet zu werden. Botschafter, die ihn besuchten, versuchten ihm klarzumachen, dass jenes Gift, das seine Feinde ihm verabreichten, in Wirklichkeit in der Furcht vor Vergiftung bestehe. Die Vorsichtsmaßregeln wurden verschärft. Wer einen Stock mit sich führte, durfte den Papstpalast nicht betreten, niemand durfte im Hof stehen bleiben, die Schweizer Garde wurde in erhöhte Alarmbereitschaft versetzt. Der Papst war kaum wieder zu erkennen, abgemagert, mit fahlem Gesicht und verwirrtem Blick. Die Ärzte änderten ihre Therapie, die sinnlose Hitze in den Gemächern hörte auf, stattdessen wurden die Fenster weit geöffnet, frische Luft sollte helfen. Seinen abendlichen Kaffee haben sie ihm gestrichen, stattdessen erhielt er öfters am Tag eine Hühnersuppe.

Im September 1774 befiel Clemens bei einer Ausfahrt eine Ohnmacht, und man musste ihn in einer Sänfte in sein Schlafzimmer tragen. Da er hohes Fieber hatte, machte Adinolfi einen Aderlass. Kardinal Pallavicini verlangte von Adinolfi, einen anderen Arzt beizuziehen, gerufen wurde der weit berühmte Saliceli. Dieser erklärte, dass er keine schlimme Krankheit feststellen könne, der Kranke müsse aber an seiner Genesung mitwirken und alle Furcht verscheuchen, was Clemens versprach. Geheim blieb, dass jeweils in der Nacht ein anderer Arzt, ein Engländer namens Menghin, für einige Zeit ans Krankenbett kam, um dem Papst ein starkes Elixier zu verabreichen. Dieser rätselhafte Vorgang wurde erst nach dem Tode des Papstes bekannt. Angesichts der schwindenden Kräfte des Pontifex versuchten seine engsten Berater noch, ihn zur Ernennung einiger neuer Kardinäle zu überreden; er war zwar schwach und sein Gedächtnis hatte gelitten, aber zu dieser Maßnahme ließ er sich nicht verleiten. Am frühen Morgen des 22. September 1774 fand das freudlose Leben dieses Papstes ein Ende, nur Marzoni, der Franziskanergeneral, war beim Tode Clemens' XIV. anwesend.

Ungemein schnell verfärbte sich der Leichnam, lief blau und schwarz an, und die Verwesung setzte ein, sodass man bei der Aufbahrung sein Gesicht mit einem Tuch bedeckte. Bei der üblichen Aufbahrung in der Peterskirche wurde der Leichnam in einen Sarg eingeschlossen, wegen des fürchterlichen Geruches, wie es hieß. Viele dachten an Vergiftung, man ordnete eine Autopsie an. Die Ärzte und Chirurgen, welche die Sektion durchführten, kamen zu dem Befund, dass ein Gifttod entschieden abzulehnen sei. Am Ende mussten alle beteiligten Ärzte eine eidliche Versicherung abgeben, dass keine Anzeichen von Gift gefunden wurden.

Auf Flugblättern wurden Satiren verbreitet, in ihnen wurde der päpstliche Leibarzt Adinolfi als Befreier der Stadt und des Weltkreises gefeiert. Spott und Hohn machten die Runde, sodass die Kardinäle ein öffentliches Zeichen setzten: Durch die Hand des Henkers ließen sie abfällige Flugschriften öffentlich verbrennen. Ursache des Zorns war hauptsächlich das Schalten und Walten der unfähigen und charakterlosen Günstlinge des Papstes. Clemens XIV. persönlich war in seiner Lebensführung untadelig, kam aus dem Minoritenorden, war an ein bescheidenes und einfaches Leben gewöhnt. Seine Feinde schürten seine Angst durch falsche Prophezeiungen, die sie gezielt ausstreuten und mit denen sie ihm täglich den Tod vor Augen hielten. Abergläubisch, wie er war, vergällte ihm all das sein Leben. In einer lebensfrohen Zeit quälte sich in Rom ein Mann mit seinem Dasein ab.

Das größte Problem seines Pontifikates, das manche als einen Tiefpunkt der Papstgeschichte bezeichnet haben, aber war eine krasse kirchenpolitische Fehlentscheidung. Clemens XIV. hat mit Breve vom 21. Juli 1773 den Jesuitenorden aufgehoben, aus heutiger Sicht eine unverständliche Entscheidung, aber er tappte in die Falle Spaniens und vor allem Frankreichs, die lautstark die Auflösung dieses mächtigsten Ordens der katholischen Kirche forderten. Frankreich gab ihm dafür Avignon zurück, einen derart primitiven Kuhhandel hat noch selten ein Papst mitgemacht. Von da ab fürchtete er die Rache der Jesuiten, aber es ist ganz und gar unvorstellbar, dass sie täglich Flüche und Verwünschungen gegen den Papst geschleudert haben.

*Das schnelle Papststerben – Papstwahl im Blick auf einen baldigen Tod*
Hohes Alter und Krankheiten werden zu prägenden Zeichen vieler Pontifikate. Vor allem nach einer langen Regierungszeit verpassten die Kardinäle der Kirche alte und oftmals gebrechliche Männer, die ihre aktive Lebensphase hinter sich hatten und die für ein Amt mit Stress und Ärger wenig geeignet waren. Der Eigennutz der Wähler war hier bestimmend, die ihre eigenen Karrierechancen mit einem alten Papst am besten gewahrt sahen. Gerade in der ersten Hälfte des 18. Jahrhunderts, aber auch schon früher trat dies gehäuft auf und führte zu einer Schwächung der päpstlichen Kirchenregierung. Manche altersschwache Oberhirten gerieten in die Hände skrupelloser Berater und Günstlinge.

Nach dem kraftvollen Alexander VI. mit seinem selbstherrlichen Regiment einigten sich die Papstwähler schnell auf den gesundheitlich angeschlagenen Pius III., von dem eine kurze Amtszeit zu erwarten war. Die Wähler wurden nicht enttäuscht, nach gut drei Wochen starb er, ein wenig früh, aber nicht unerwartet. Am Abend des 18. Oktober 1503 ist er sanft entschlafen. Der Gesandte Ferraras konnte seinem Herrn Positives berichten:

»Ganz Rom eilte trotz des beständigen Regens herbei, um dem Verstorbenen, der gar nicht verändert aussah, die Füße zu küssen.« Schnell wurden Vermutungen laut, er sei vergiftet worden. Das sind aber längst übliche, stereotype Äußerungen, wenn man einen Tod als zu früh ansah. Dieses Gift war nicht mehr als ein Gerücht.

In einem Anflug von Reue und Reformgeist erkoren die Kardinäle Hadrian VI., eine Alternativ-Gestalt, einen Asketen und Büßer. Die Sehnsucht und die Wünsche der Römer, diesen frommen Mann wieder los zu werden, erfüllte sich bald; nach 1½ Jahren machte er den Platz frei für einen neuen Medici, Clemens VII.

Von September 1590 bis Dezember 1591 amtierten drei Päpste: Urbann VII. wurde nach zwölftägigem Pontifikat im Alter von 70 Jahren von der Malaria am 27. September 1590 hinweggerafft. Gregor XIV. litt immer schon unter einer angegriffenen Gesundheit, gerade zehn Monate konnte er als Papst amtieren, bis zum 16. Oktober 1591. Und noch einmal wurde aus Verlegenheit ein kranker und gebrechlicher Kandidat gewählt, und als Innozenz IX. brachte er es auf eine Amtszeit von zwei Monaten. Das römische Volk, dessen Spottlust noch nie vor der Person eines Papstes Halt gemacht hatte, gab ihm den Spitznamen *Papa Clinicus*. Er starb am 30. Dezember 1591.

Und Leo XI. verstarb im April 1605, lediglich 26 Tage waren ihm vergönnt, seit Jahren war er gebrechlich, die Misere war also absehbar, das einzig herausragende Ereignis seiner Amtszeit war seine Krönung als Papst.

Die Papstwahlen dieser Zeit waren stark politisch bestimmt, im Kardinalskollegium blockierten sich eine französische und eine spanische Fraktion. Um überhaupt zu einem Ergebnis zu kommen, einigte man sich auf einen Siechen. Manchmal ging dann das Sterben schneller als erwartet, in anderen Fällen wiederum konnten Übergangs-Kandidaten sich relativ lange am Leben halten. Das gilt z. B. für Emilio Altieri, der als achtzigjähriger Greis auf den Papstthron kam als Clemens X., er konnte sich immerhin sechs Jahre am Leben erhalten und starb am 22. Juli 1676.

Mit Benedikt XIII. (1724–1730) wurde ein 75Jähriger erkoren, der schon in jungen Jahren die Ernennung zum Kardinal erhielt, war also schon über 50 Jahre Purpurträger, allerdings ein schlichter und bescheidener. Er war Dominikaner und galt als leicht beeinflussbar. Deshalb und wegen seines hohen Alters sahen die Papstwähler in ihm den idealen Kandidaten. Bei ihm war die Frage angebracht, wie naiv darf ein Papst sein, der doch sehr umfangreiche Leitungsvollmachten besaß. In Niccolò Coscia machte er einen abgefeimten Karrierestreber zum Kardinal, der nur auf eigene Bereicherung versessen war. Als der Papst mit 81 Jahren starb, stand der Kirchenstaat vor dem Ruin, und der Zorn der Römer richtete sich gegen Coscia, der von Benedikts Nachfolger zu zehn Jahren Haft in der Engelsburg verurteilt wurde, später begnadigt wurde und wieder frei kam.

Noch länger schaffte es Clemens XII. (1730–1740), Lorenzo Corsini war bereits 78 Jahre alt, als die Kardinäle mit seiner Erhebung ein kurzes Pontifikat erhofften. Darin hatten sie sich zwar getäuscht, der Pontifex konnte bis zu seinem 88. Lebensjahr durchhalten, aber er war von Anfang an schwer gichtkrank, und zwei Jahre nach seiner Wahl erblindete er und hatte große Mühe, die Amtsgeschäfte zu führen. Die Frage nach seiner Amtsfähigkeit wurde nie gestellt. Viele Monate lag er im Bett und regierte vom Schlafzimmer aus. Sein leidender Zustand hielt ihn nicht davon ab, den Römern ihren berühmtesten Brunnen erbauen zu lassen. Die »Fontana di Trevi« zeugt davon, zu welch lebendigem Bauwerk auch ein kranker Papst fähig ist.

# Siebtes Kapitel

# Das nahende Ende – Auf der Schwelle zur Ewigkeit

»Der Tod des Menschen ist Abbruch von außen, Zerstörung, Widerfahrnis, das den Menschen unberechenbar von außen trifft, ohne dass garantiert ist, dass dieser Tod ihn in dem Augenblick trifft, wo er von innen mit seinem Leben fertig geworden ist. Der Tod ist Dieb in der Nacht, Entleerung, Verohnmächtigung des Menschen, eben Ende.«

*Karl Rahner, Zur Theologie des Todes*

Früher oder später tauchen alle ein in die letzte Phase, in der Heilung versucht wird, aber nicht mehr möglich ist und die Umgebung und am Schluss auch der Papst selber zu spüren beginnen, dass es dem Ende entgegengeht. Nervosität breitet sich aus, oft versucht man den wahren Zustand des Pontifex zu verschleiern, in der Stadt brechen häufig Unruhen aus, manche suchen zu retten, was zu retten ist. Die Quellen sind relativ einsilbig, wenige genaue Berichte liegen vor. Dennoch können wir fragen, was spielt sich ab am Sterbebett, was sind die letzten Worte, wer ist dabei, entstehen im Lauf der Zeit bestimmte Rituale, wie ein Papst zu sterben hat?

*Alexander VI. der Borgiapapst*

*Retten, was zu retten ist*

Während der Papst seinem Ende entgegengeht, denkt seine Umgebung schon weiter und versucht noch dieses oder jenes zu retten. Von dem Sterbenden im Dämmerzustand ist vielleicht noch eine Unterschrift zu bekommen, vor allem die Verwandten müssen an die Zukunft denken. Die letzten Tage des Pontifex sind auch die letzte Chance für Postenjäger, Karrieresüchtige und die liebe Verwandtschaft, die ihren Status lukrativ gesichert haben will. Solange noch ein Funken Leben feststellbar ist, kann man »Wohltaten« bekommen.

In der Regel versammelt der Papst noch die Kardinäle um sein Sterbebett und redet ihnen ins Gewissen, z. B. Julius II. ermahnt sie, ja keine Bestechungsgelder bei der kommenden Papstwahl anzunehmen. Seine Tochter Felice Della Rovere kümmert sich um seine Versorgung und ist um ihn, aber sie wird barsch abgewiesen, als sie ihren todkranken Vater bittet, ihrem Halbbruder Giandomenico noch schnell einen Kardinalshut zu verleihen. Ein knapper Befehl des Papstes hätte genügt, aber er will nicht und lehnt brüsk ab. Er bleibt sich treu, will keinen Anschein von Nepotismus erwecken. Trotzdem lässt sich Felice nicht davon abhalten, ihren Vater in seinen letzten Tagen weiter zu betreuen.

Für alle, die noch etwas haben wollten, war es nicht einfach, den Sterbenden zu übertölpeln, meistens regte sich im Angesicht des Todes das schlechte Gewissen. Im Allgemeinen ließen sich die todkranken Oberhirten nicht erpressen, zu nahe sahen sie wahrscheinlich schon das Gericht Gottes vor sich, dem sie sich zu stellen hatten.

Die Neffen des Barberinipapstes beispielsweise wollten noch in letzter Minute ein paar Kardinalsernennungen erreichen. Neue Kardinäle in ihrem Sinne, das bedeutet natürlich mehr Einfluss bei der anstehenden Wahl. Aber darauf ließ sich Urban VIII. auf dem Sterbebett nicht mehr ein. In der Rückschau sah er auch seine Fehler deutlicher und sagte seiner Umgebung, nur noch zwei Monate wünsche er zu leben, um Buße für seine Sünden zu tun. Noch etwas mehr Zeit, wer wünscht sich das nicht. Ein Familiare kann es sich nicht verkneifen, halblaut zu äußern »non videbis dies Petri«, was sinngemäß lautet, er werde nicht die fünfundzwanzig Amtsjahre des Petrus überschreiten. Urban bekam diese Aussage mit und antwortete »non est de fide«, also hier geht es nicht um einen Glaubenssatz. Bis zuletzt war Urban geistig hellwach, als er im heißen Sommer Roms am 29. Juli 1644 seine Seele aushauchte.

## Familiäres am Sterbebett

Mehr Erfolg hatte bei Papst Paul III. die Ehefrau seines Enkels Ottavio, Margarethe von Parma. Die uneheliche Kaisertochter war im Papstpalast ein gern gesehener Gast, und Paul hegte große Sympathien für sie. Der Pontifex, bis zuletzt das souverän bestimmende Familienoberhaupt der wachsenden Farnesefamilie, erfreute sich auch noch als Achtzigjähriger einer robusten Gesundheit, und erst der Aufstand seiner Enkel brachte ihn derart in Rage, dass er einen Zusammenbruch erlitt und sich davon nicht mehr erholte. Als Todesursache könnte man Familienstreitigkeiten angeben. Sein Enkel Ottavio wollte mit aller Gewalt das Herzogtum Parma übernehmen gegen den ausdrücklichen Willen seines Großvaters.

Paul III. hatte in einer sehr eigenwilligen Entscheidung Parma und Piacenza aus dem Kirchenstaat ausgegliedert und dieses neu geschaffene Herzogtum seinem Sohn Pier Luigi übertragen. Nach dessen Ermordung wollte der Enkel Ottavio das Erbe seines Vaters antreten, aber der Papst disponierte um und wollte Parma und Piacenza wieder dem Kirchenstaat zurückgeben. Der Enkel opponierte, reiste ohne päpstliche Erlaubnis nach Parma.

In dieser kritischen Phase machte sich Margarethe auf in den Vatikan, ans Krankenbett des Papstes und brachte wohlweislich ihren vierjährigen Sohn Alessandro mit. Es heißt, der greise Pontifex habe seinen Urenkel immer wieder gesegnet, in ihm sah er den Hoffnungsträger seines Geschlechts, und kurz vor seinem Tod fand er sich bereit, Parma-Piacenza dem Ottavio zu überlassen. Vermutlich hat Margarethes Einfluss und der Anblick seines Urenkels den Papst versöhnlich gestimmt und als seine allerletzte Amtshandlung wurde Ottavio als Herzog bestätigt. Bis zum letzten Atemzug ist Paul III. also familiär engagiert. Als er die Kardinäle um sein Sterbebett versammelte, bat er um gute Behandlung seiner Nepoten. Die Sorge war immer präsent, der Nachfolger könnte die bisherige Papstfamilie schlecht behandeln und an ihr Rache nehmen. Am 10. November 1549 starb Papst Paul III., einer der bedeutendsten Päpste der Kirchengeschichte nach einem Pontifikat von fünfzehn Jahren. Er hatte in seinem Leben viel gesehen, der Tod war ihm vertraut, alle seine vier Kinder sind vor ihm gestorben, und erschüttert hat ihn das Schicksal seines Sohnes Pier Luigi, der bei einem Bankett in Parma erstochen und aus dem Fenster geworfen wurde. Der Papst als Trauernder an der Bahre seiner Kinder ist ohne Zweifel ein seltenes Bild.

## Die Kunst des guten Sterbens

Vor mehr als 500 Jahren entstand eine Reihe von Büchern, die sich mit der Kunst des Sterbens, »ars moriendi«, befassten und dem gläubigen Christen entsprechende Ratschläge für die letzten Tage und Stunden des Lebens erteilten. Diese Erbauungsbücher fanden weite Verbreitung und dürften am Papsthof nicht unbekannt gewesen sein. Dahinter stand die Vorstellung, dass teuflische Mächte noch einmal alles in Bewegung setzten, um der Seele eines Menschen in seinen letzten Stunden habhaft zu werden. Der einzelne war auf dem Sterbelager gleichsam umzingelt von Dämonen, die ihn noch zu einer Sünde verleiten wollten. Deshalb wurden häufig Mönche engagiert, um pausenlos Gebete zu sprechen und so dem Teufel keinen Raum zu lassen. Prediger schilderten den Menschen fürchterliche Todeskämpfe, führten allerlei Geschichten an, in denen der Teufel versuchte, noch in der letzten Minute die Seele des Sterbenden zu schnappen. Die letzten Lebensstunden eines Menschen waren ein dramatisches Ringen um das Heil seiner Seele.

In der Todesstunde, »in articulo mortis«, fällt die Entscheidung, sie ist der dramatische Höhepunkt des Lebens, in dieser Befindlichkeit wird der Mensch von Gott gerichtet. Sie ist somit der wichtigste Augenblick des Daseins, auf ihn hin wird alles konzentriert. Deshalb ist die Angst vor einem plötzlichen Tod weit verbreitet, unvorbereitet sollte man sich nicht vor das Angesicht Gottes wagen. »Mitten im Leben sind wir vom Tod umfangen«, Notker von St. Gallen hat das im 9. Jahrhundert lakonisch gedichtet. Man hatte nicht unbedingt Angst vor dem Tod, wohl aber vor dem schnellen Tod ohne Gelegenheit zu Reue und Buße. Das jähe Sterben war ein Alptraum vieler Menschen und wohl auch der Päpste. »A subitanea et improvisa morte«, vor einem plötzlichen und unversehenen Tod wollte man bewahrt bleiben, so bat man in der Allerheiligenlitanei und fügte noch hinzu: »a morte perpetua«, vor dem ewigen Tod. Für das einfache Volk war die »ars moriendi« stark von Angst geprägt, die Prediger drohten mit fürchterlichen Strafen und Höllenpein, ließen dabei ihrer Fantasie freien Lauf und schwelgten förmlich in Qualen; wie weit die Päpste selbst das alles geglaubt haben, muss offen bleiben. Aber auch den Päpsten war der Lehrsatz des Konzils von Lyon 1245 bestens bekannt: »Wer in einer Todsünde stirbt, wird durch die Flammen der ewigen Hölle bestraft.« Jetzt und in der Stunde unseres Todes, »nunc et in hora mortis«, im Ave Maria erfleht der Fromme die Fürbitte Mariens für seine letzte Stunde und der Sterbende sammelt Betende um sich, im Gebet stirbt er. Die Päpste waren in ihrem Leben nicht so vielen Gefahren ausgesetzt wie die meisten ihrer Mitmenschen, sie sind in der Regel an Alterskrankheiten gestorben, der Zeitpunkt ihres Hinscheidens war einigermaßen voraussehbar. Der plötzliche Tod traf sie sehr selten wie z. B. Paul II. (1464–1471).

Melonen waren seine Leibspeise, vormittags hielt er noch ein Konsistorium, nun saß er gemütlich im vatikanischen Garten und ließ es sich gut gehen, schwerverdauliche Speisen schlang er in sich hinein und vor allem große Mengen an Melonen und trank dazu nicht wenig Wein. Am späten Abend – wir schreiben den 26. Juli 1471 – wurde ihm übel, er fühlte sich unwohl, legte sich auf sein Bett, während der Kämmerer hinausging und die Besucher wegschickte, die auf eine Audienz warteten. Als er ins Zimmer zurückkommt, sieht er Paul halbtot mit Schaum vor dem Mund, er eilt davon, alarmiert den Leibarzt. Als dieser ins Zimmer stürzt, ist der Papst bereits verschieden. So schnell kann es gehen. Ein Tod, wie er immer wieder vorkommt, einsam, schnell und überraschend. Und ohne die Sterbesakramente.

### Hora mortis

Im Papstleben fehlte es nicht an Symbolen, um mit dem Thema Vergänglichkeit und Todesverfallenheit konfrontiert zu werden. Schon bei der Krönung wurde dem neuen Papst dreimal ein Wergbüschel gezeigt und vor seinen Augen verbrannt. Dazu bekam er die bedeutungsvollen Worte zu hören: »Sancte pater, sic transit gloria mundi« (Heiliger Vater, so vergeht der Ruhm der Welt). Der Blick auf die Nichtigkeit von Ruhm und Glanz sollte den neuen Pontifex vor Hochmut bewahren und ihn an sein Ende denken lassen.

Und jedes Jahr an Aschermittwoch wurde auch dem Papst geweihte Asche auf sein Haupt gestreut mit den Worten »Memento homo, quia pulvis es et in in pulverem reverteris« (Bedenke Mensch, dass du Staub bist und zum Staube zurückkehren wirst).

Es geht dem Papst wie jedem Gläubigen. Und im Stil der damaligen Zeit liegt das Heil in den Sakramenten. Eine Tradition des christlichen Sterbens hat sich allgemein durchgesetzt. Am Schluss geht es nicht mehr um das Heil der Kirche, sondern um das private Seelenheil auch des Papstes. Klare religiöse Handlungen sind über Jahrhunderte hinweg festgelegt, das Ritual hat einen bestimmten Ablauf: Beichte, Kommunion, Letzte Ölung (heute Krankensalbung genannt), die Kommunion wird auch als Wegzehrung, als viaticum bezeichnet, für alles zusammen gilt die Bezeichnung Sterbesakramente. Wie bei vielen Menschen bestand auch hier die Tendenz, dieses Zeremoniell möglichst lange hinauszuschieben, also vor allem die Krankensalbung erst wirklich bei den letzten Atemzügen zu empfangen. Zu früh wollte man sich auch im Vatikan nicht mit dem Tod beschäftigen. Vor allem die Renaissancepäpste vertrauten stark auf die Sakramente, sie gingen seltsam sicher und gelassen in den Tod, keineswegs ängstlich bangend, auf einen gütigen Richter hoffend. Viele Oberhirten betonten noch einmal ihr positives Handeln, zeigten ganz bewusst keine Zweifel an ihrer Amtsführung und man hört kaum etwas von Gewissensbissen oder Reuegefühlen, erst Päpste der jüngsten Zeit bitten um Vergebung. Wir Heutigen sehen ihre Sünden deutlicher als sie selbst.

Der berühmte Erasmus von Rotterdam hat in seinem Traktat über die Vorbereitung auf den Tod »De preparatione ad mortem« von 1534 dieses gleichsam unbekümmerte Sich-Verlassen auf die Sakramente zurecht gerückt.

»Wenn wir dem Tod entgegengehen, sollten wir die Sakramente nicht verachten, aber viel wichtiger sind Glaube und Liebe, ohne die alles andere vergeblich ist. Ich bin der Ansicht, es gibt viele, die keine Absolution vom Priester und keine Sterbesakramente empfangen haben, denen kein christliches Begräbnis zuteil wurde, die aber in Frieden ruhen, während viele, bei denen alle Riten der Kirche befolgt wurden und die dicht am Altar beigesetzt sind, zur Hölle gingen. Es hat keinen Sinn, eine Mönchskutte anzuziehen. Es ist nützlicher, sich eine bessere Lebensführung vorzunehmen.«

Wie bei den normalen Sterblichen mussten natürlich viele äußere und irdische Dinge geklärt werden, wichtig war ein Testament, in dem das persönliche Vermögen verteilt wurde. Dabei machten die Päpste auch Stiftungen, bedachten Klöster und Bruderschaften mit der klaren Zielrichtung, für das Seelenheil zu beten, Geld wurde ausgesetzt für Messen, nicht jeder wollte sich darauf verlassen, dass die Zurückgebliebenen aus Dankbarkeit viele Gebete sprechen würden. Auf die Messen für Verstorbene setzte man große Hoffnung und man setzte auf Quantität. Der Mensch dieser Zeit sah hier sein Geld gut angelegt und zeigte sich großzügig.

An sich war das päpstliche Sterben eine öffentliche Angelegenheit, oft umstanden einige Kardinäle das Bett und warteten ab, bis sie den Tod verkünden konnten. Manchmal war nur das Personal anwesend, der Kammerdiener, der Leibarzt, der Beichtvater, manchmal auch Familienangehörige, der Kardinalnepot, Jahrhunderte lang kam diesem eine Schlüsselrolle zu, als Neffe und zugleich als Kardinal vertrat er die Interessen der Familie.

Oft hielt der Papst noch eine letzte Ansprache an die Kardinäle, einen Nachfolger konnte er ja nicht ernennen, er ermahnte sie, einen zum Wohl der Kirche wirkenden Papst zu wählen, er nannte keine Namen und sprach keine Empfehlung für einen Nachfolger aus.

Wie einer lebt, so stirbt er auch. Benedikt XIV. (1740–1758) war zeitlebens ein geistvoller, uneitler Kirchenfürst und immer auf Ausgleich bedacht. Er stöhnte nicht unter der Last des Amtes, gab sich heiter und sah seine Amtsführung mit einer gewissen Ironie. Immer wieder machte er allein, als einfacher Priester gekleidet, Spaziergänge durch Rom. Als er mit 83 Jahren seinem Tod entgegenging, verließ ihn auch hier sein Humor nicht und er konnte sich die folgende Bemerkung nicht verkneifen:»Unser Herr starb unter Pontius Pilatus und ich soll sterben unter Pontius.« Dies war der Name seines Leibarztes.

Der Papst geht nicht still und heimlich aus dieser Welt, sein Hinscheiden ist ein dramatischer Vorgang. Das Pontifikatsende ist auch ein Regierungswechsel und das bedeutet Instabilität. Die Doppelfunktion als Oberhaupt eines Staates und einer Weltkirche machen das Sterben schwer. Als Mann der Kirche sollte er sich demütig und reuevoll in Gottes Willen ergeben, als Staatsmann will er seine Ziele noch erreichen, will noch nicht gehen, aus politischen Motiven will er lange leben. Und er will in Erinnerung bleiben für die Nachwelt, glanzvoll und eindrucksvoll, was aber wieder so gar nicht zum Sterben eines Christen passt.

### Nikolaus V. – ein Sterbender verschafft sich Gehör

»Audite, audite!« »Höret, höret, ihr Brüder«, seine Stimme klingt eindringlich, beschwörend. Die Kardinäle sollen begreifen, jetzt am Ende seines Lebens möchte er etwas klarstellen; nicht unverstanden will er aus dem Leben scheiden. Tommaso Parentucelli, seit acht Jahren Papst Nikolaus V. (1447–1455), hat die Kardinäle um sein Sterbebett versammelt und hält seine berühmte Rede. Manches, was er getan hat, kann man missverstehen und solche, die dies absichtlich tun, gibt es immer, aber er will Klarheit schaffen und mit ruhigem Gewissen in den Tod gehen. Als überzeugter Humanist – man wird ihn später den ersten Renaissancepapst nennen – entfaltete Nikolaus V. eine reiche Bautätigkeit, führte Rom aus seinem vernachlässigten Zustand heraus, er berief Künstler und Humanisten, sammelte antike Schriften und ließ sie übersetzen, und vor allem brachte er eine neue Aufbruchsstimmung in die Stadt.

»Ich habe sie mit herrlichen Bauten, mit den schönsten Formen einer von Perlen und Edelsteinen schimmernden Kunst geschmückt, sie mit Büchern und Teppichen, mit goldenen und silbernen Geräten, mit köstlichen Kultgewändern überreich ausgestattet.«

Nikolaus schloss mit der Mahnung, in seinem Sinne weiterzubauen, sprach mit lauter Stimme den Segen und verschied in der Nacht vom 24. auf den 25. März 1455.

Es ist ein öffentliches Sterben mit einer programmatischen Botschaft, in der er seine Motive öffentlich machen will. Weil seine Bautätigkeit nicht dem Streben nach Ruhm und weltlicher Eitelkeit entsprang, wehrt er sich auf dem Sterbebett gegen eine falsche Interpretation, nicht seinen Namen wollte er verewigen, nicht sich ein Denkmal schaffen, er baute für die Kirche und damit letztlich für Gott. Seine Residenzstadt soll das Amt zur Geltung bringen, die irdische Stadt soll Spiegelbild überirdischer Herrlichkeit sein und den Stuhl Petri mit Glanz umgeben.

Schon seit längerem litt Nikolaus unter einem schmerzhaften Gichtleiden. Vergebens suchte er im Sommer 1454 Linderung in den Bädern von Viterbo. Anfang März wurde ihm die Aussichtslosigkeit einer Heilung klar, und er berief zwei Kartäusermönche in seinen Palast, damit sie ihn auf den Tod vorbereiteten. Im Rückblick sah er sein Pontifikat, das allgemein als erfolgreich gilt, keineswegs als angenehmes Amt, sondern als schwere Bürde. Er nannte sich den unglücklichsten Mann auf der Welt.

»Niemals,« sprach er, »sehe ich über meine Türschwelle einen Menschen kommen, der mir ein wahres Wort sagte. Ich bin so verwirrt von den Betrügereien all derer, die mich umgeben, dass ich, wenn ich nicht fürchtete, dadurch meine Pflicht zu verletzen, schon längst der päpstlichen Würde entsagt hätte, um wieder Tommaso Parentucelli zu werden. Als solcher hatte ich an einem Tag mehr Freude als jetzt während eines ganzes Jahres.«

Ein freudloses Dasein kann man dann auch ohne große Klagen verlassen.

## Sterben unter Blitz und Donner

Am 27. August ging über dem Quirinal ein heftiges Gewitter nieder, Blitze zuckten um den Papstpalast, und heftige Donnerschläge ließen die Menschen erschrecken. Drinnen hauchte Papst Sixtus V. (1585–1590) seine Seele aus. Die Begleitumstände, Blitz und Donner, regten die Fantasie an, man munkelte, der Teufel habe diese päpstliche Kraftnatur geholt, soviel Energie und Tatkraft habe nur ein Pakt mit dem Teufel bewirken können. An diesem Tag ist ein Despot gestorben, aber auch ein hoch aktiver Pontifex, dem nur fünf Jahre gegönnt waren, der aber seine Zeit nutzte; mit Willensstärke und Leidenschaft entfesselte er eine Fülle von Aktivitäten. Sein Vater Peretti hatte ihn nach einem Traum Felice genannt. In bescheidenen Verhältnissen aufgewachsen, ging es mit dem Glückskind ständig aufwärts, bis er auf den Stuhl Petri gelangt war. Seine ersten Taten setzten jedermann in Schrecken. Noch vor seiner Krönung baumelten Banditen an einem Galgen bei der Engelsbrücke, Verbrechensbekämpfung war sein erstes Ziel. Rom war ein gefährliches Pflaster geworden, das wollte der neue Papst nicht dulden. Er förderte auch den Ackerbau, brachte die Finanzen in Ordnung und hinterließ einen beträchtlichen Schatz, baute eine Wasserleitung für die Stadt und erwies sich als glänzender Bauherr, ein Papst mit Ecken und Kanten, der vorführte, wie man in kurzer Zeit viele Projekte voranbringen kann. Als er starb, atmeten viele auf, schickten Dankgebete zum Himmel, vor allem die Mitarbeiter an der Kurie. Von Sixtus hieß es, er wolle mehr gefürchtet als geliebt werden. Auf dem Kapitol versuchte man, seine Marmorstatue umzustürzen. Trotz aller Unzufriedenheit: Ein Pontifikat war zu Ende gegangen, das Spuren hinterlassen hat, auch sichtbare wie den Obelisken auf dem Petersplatz, den Sixtus dort hat aufstellen lassen.

Sixtus V. ließ an den Pontinischen Sümpfen arbeiten, um sie trockenzulegen. Er versuchte, die Menschen in Rom vor dem Fieber zu schützen, sie sollten auf den gesunden Hügeln angesiedelt werden. Er selber starb an einem Malariaanfall. Kaum einen Monat später wurde sein Nachfolger Urban VII. ebenfalls ein Opfer der Seuche, die in diesem Jahr besonders heftig in Rom grassierte. Im nachfolgenden Konklave verloren acht Kardinäle ihr Leben, während einige Jahrzehnte später Urban VIII. (1623–1644) sogleich nach der Wahl von seinem Arzt angehalten wurde, aus der gefährlichen Luft des Vatikan auf den gesunden Quirinalhügel zu ziehen. Diesem dringenden Ratschlag folgte er und lebte noch einundzwanzig Jahre.

### Die letzten Tage des Borgiapapstes Alexander VI.

Der Tag war heiß und die Luft in den Papstgemächern unerträglich schwül, und jeder wusste, dass die Malaria wie ein drohendes Gespenst über der Stadt schwebte. Es war der 5. August 1503. Was lag näher, als die Einladung des Kardinals Adriano Castellesi da Corneto zu einem Festessen in seinem Weinberg anzunehmen? In luftiger Höhe konnte man unbeschwert durchatmen und etwas Kühle genießen. Zudem war Adriano ein guter Freund Alexanders, seit einigen Jahren sein Privatsekretär, der fast täglich bei ihm war und der erst vor einigen Monaten zur Belohnung den roten Kardinalshut erhalten hatte. Ein vergnüglicher Abend konnte nicht schaden, Sorgen lasteten auf dem Kirchenoberhaupt, und der August war kein guter Monat für Päpste. Seine unmittelbaren Vorgänger waren im Juli oder August verstorben, so sein Onkel Calixt am 6. August, und als Alexander vor einigen Tagen aus dem Fenster geschaut hatte, zog unten ein Leichenzug vorbei; Juan Borgia, Kardinal von Monreale, ein Verwandter von ihm, wurde zu Grabe getragen. Der Verstorbene war ein beleibter Mann, und dem Papst, der im Lauf der Jahre ebenfalls recht korpulent geworden war, entschlüpfte ahnungsvoll die Bemerkung »Dieser Monat ist für die Dicken gefährlich.« Kaum hatte er das gesagt, als ihm eine Eule zwischen die Füße fiel, die durchs offene Fenster hereingeflogen war; erschreckt retirierte der Pontifex in sein Schlafzimmer mit den Worten »Ein böses, böses Omen.« Vermutlich war sein Aberglauben stärker als sein Gottvertrauen.

Alexander war die Jahre über immer wieder mit dem Tod konfrontiert worden, drei seiner Kinder waren vor ihm gestorben, ein Schock für ihn war die Ermordung seines Sohnes Juan, dessen aufgedunsene Leiche aus dem Tiber gefischt wurde, das traf ihn tief. Fassungslos und laut schallten seine Klagen durch die päpstlichen Gemächer. Damals spürte er, wie verletzlich seine Familie war und wie viele Feinde er sich gemacht hatte. Aber im Jahr 1503 stand er auf dem Gipfel seiner Macht, und es zeichnete sich ab, dass für seinen Sohn Cesare das Herzogtum Romagna in greifbare Nähe gerückt war.

Mit Cesare ließ sich also der Papst in Adrianos Weinberg tragen, an kostbaren Speisen wurde nicht gespart, und der Wein für den Ehrengast war von angemessener Qualität. Aber irgendwie fühlte sich Alexander nicht wohl. Mit Schrecken fiel ihm ein, dass er etwas vergessen hatte. Eine konsekrierte Hostie und einige Reliquien trug er in einer goldenen Kapsel immer bei sich. Während des Festmahls bemerkte er das Fehlen dieser Kapsel und schickte einen Kammerherren zum Vatikan zurück, um diese zu holen, die für ihn so etwas wie ein Talisman war. Jedenfalls zechte Alexander nicht die Nacht durch, sondern ließ sich bald in seine Gemächer zurückbringen.

Am 11. August feierte er noch den Jahrestag seiner Papsterhebung, und die Gesandten fanden ihn nervös und seltsam blass. Was dann passierte, schildert der Zeremonienmeister Burckard in knappen Worten:

»Am Samstag, 12. August, fühlte sich der Papst am Morgen unwohl. Nach der Vesperstunde, zwischen 6 und 7 Uhr, trat Fieber auf, das dauernd blieb.

Am Sonntag sah er den ganzen Tag dem Kartenspiel der Kardinäle zu.

Am 15. August wurden ihm 13 Unzen Blut entzogen, und das dreitägige Fieber kam hinzu.

Am Donnerstag, 17. August, 9 Uhr vormittags, nahm er Medizin.

Am Freitag, dem 18., zwischen 9 und 10 Uhr, legte er dem Bischof Gamboa von Carignola die Beichte ab, der dann vor ihm die Messe las; nach seiner Kommunion gab er dem im Bett sitzenden Papst das Sakrament der Eucharistie. Dann vollendete er die Messe, der fünf Kardinäle beiwohnten. Zu ihnen sagte der Papst darauf, es gehe ihm schlecht. Der Bischof von Venosa, sein bevorzugter Leibarzt und Vertrauter, kam weinend und klagend aus dem Schlafzimmer, die Gefahr sei groß, die gestrige Medizin habe keine Wirkung gezeigt.

Zur Vesperstunde verschied er nach der Letzten Ölung, die ihm Gamboa erteilt hatte, außer ihm waren nur noch der Datarius und die päpstlichen Reitknechte zugegen.«

So also stirbt ein Papst, undramatisch, unspektakulär, wohl vorbereitet mit den Tröstungen der heiligen Kirche und das ist hier besonders wichtig, er stirbt wie ein frommer Christ. Alles Nötige wird getan, Beichte, Kommunion, Letzte Ölung. So stirbt kein Antichrist.

Kurz und sachlich wird das Sterben eines Papstes geschildert. Befremdlich erscheint die Anwesenheit der Reitknechte, vermutlich waren sie nötig, um den schweren Papst jeweils auf den Leibstuhl zu heben. Die Ärzte sahen dem Verfall hilflos zu, der berühmte Aderlass wurde angewendet, für den 72-Jährigen vermutlich die falsche Behandlung. Zu seinen Leibärzten zählte Bernardo Buongiovanni, Bischof von Venosa, und auch der berühmte Bonet de Lattes, ein Jude, wobei Alexander sich den Juden gegenüber immer ziemlich tolerant verhalten hatte. Bei Cesare, der ebenfalls schwer krank danieder lag, griffen die Ärzte zu wirksameren Methoden und verpassten ihm eine Rosskur, er wurde in ein großes Ölfass gesteckt, das mit eiskaltem Wasser gefüllt war, der Kälteschock sollte heilen, bei ihm schälte sich die Haut ab. Außerdem wurde er in das Fell soeben geschlachteter Mauleselinnen gehüllt, er erholte sich langsam.

Alexander stirbt als Christ und als Papst, und wo sind seine Kinder, seine Geliebten? Der als Familienvater bekannteste Papst, der mit seinen berühmten Kindern Lucrezia und Cesare Borgia viel Stoff für Romane und Geschichten geliefert hat, war bei seinem Tode einsam, und es wird ausdrücklich berichtet, dass er während seiner Krankheit nie von seinen Kindern gesprochen hat. Von seinen vermutlich zehn Kindern waren noch sieben am Leben .

Seine Tochter Isabella lebte in Rom, war in dieser Zeit schon Witwe mit vier Kindern; sie hielt immer Abstand zum Papsthof, so auch jetzt; sein Sohn Jofré lebte in Kalabrien, die bekannte Lucrezia war Herzogin in Ferrara und der Sohn Cesare lag krank im Papstpalast, ein Stockwerk über den Papstgemächern. Als junger Mann konnte er die Krankheit überwinden, der sein Vater schließlich zum Opfer fiel. Aber erstaunlich bleibt, der Vater Alexander VI. verlangt nicht nach seinem Sohn, und dieser selbst sieht keinen Anlass, sich zum Bett seines Vaters tragen zu lassen. Für den Vatikan eine seltsame Konstellation, der Vater-Papst stirbt, der Sohn davon wenige Meter entfernt zeigt keine menschliche Zuneigung. Von Trauer über den Tod des Vaters ist nichts zu hören, während in Ferrara die Papsttochter Lucrezia in heftigem Schmerz ihren Vater betrauert.

Keine Reuegefühle, keine Büßerszenen werden geschildert, fast sachlich kühl verläuft der Tod eines Papstes, dessen Sünden allzu augenfällig waren. Kein letztes Wort, keine besonderen Ratschläge, mehr apathisch hat er die letzten Tage verlebt. Kaum hat der Papst die Augen geschlossen, schickt Cesare bewaffnete Diener ins Sterbezimmer. »Einer von ihnen zückte den Dolch und bedrohte den Kardinal Casanova: Wenn er ihm nicht die

Schlüssel und das Geld des Papstes gebe, werde er ihn erstechen und aus dem Fenster werfen.« Der rohen Gewalt fügt sich der eingeschüchterte Kardinal und gibt die Schlüssel heraus. Cesares Abgesandte durchsuchen die Papstwohnung nach Wertsachen, nehmen alles Silber mit und zwei Kassen mit Dukaten. Manches ist so gut versteckt, so dass sie es nicht finden.

Nach Johannes Burckard machen sich nun die Bediensteten über die Wohnung her:

»Inzwischen hatten die Diener, was noch in den Garderoben und im Zimmer vorhanden war, an sich genommen und ließen nichts übrig als die päpstlichen Sessel, ein paar Kissen und die Teppiche an den Wänden.«

## Gift oder Malaria – die schwierige Suche nach der Todesursache

Was Alexander betrifft, lässt sich über die mögliche Todesursache bis heute trefflich streiten, und natürlich wäre es interessant, wenn die Gebeine einmal wissenschaftlich untersucht würden. Bis dahin sind Zweifel in jede Richtung hin möglich, die historische Forschung sieht heute allgemein die Malaria als Todesursache Alexanders an. Auch Stefan Winkle bezeichnet in seinem großen Seuchenbuch die Malaria mit ihren Fieberanfällen als eine glaubwürdige Todesursache. Einige Indizien sprechen dafür, wie der Krankheitsverlauf und vor allem auch das fehlende Motiv. Der Gastgeber des Festes, Kardinal Adriano, war mit den Borgia befreundet.

In Romanen wird allerdings eine passende Geschichte erzählt, die schon damals umlief: Papst Alexander und sein Sohn Cesare brachten zum Gartenfest des Kardinals als Gastgeschenk einige Karaffen Wein mit, der vergiftet war. Das Vermögen des schwer reichen Kardinals sollte dem Papst zufallen. Der päpstliche Diener hatte den Auftrag, den vergifteten Wein erst zum Schluss auszuschenken, wenn der Papst das Fest verlassen hatte. Irgendwie klappte das aber nicht, der Wein wurde vertauscht, der Diener passte nicht auf, und schon trank der Papst selber seinen eigenen Giftwein, sein Sohn und auch der Kardinal erkrankten, der Papst trinkt sich seinen eigenen Tod, der große Giftmischer wird selber am Gift den Tod finden. »Wer andern eine Grube gräbt … « Eine schöne Geschichte, gewiss, aber mehr auch nicht.

Das Wort Gift wurde bei unklarer Todesursache schnell in den Mund genommen, und wenn dann noch der Leichnam, vielleicht durch große

Hitze im August, sich verfärbte, dann galt Gift als sichere Diagnose. Mit der Todesursache Gift war man schnell bei der Hand. Das Küchenpersonal stand dabei unter Generalverdacht. Als Alexander VI. im Sterben lag, wurde sein Salco, der Küchenmeister, gehängt, und sein Leichnam baumelte an einem Fenster des Papstpalastes. Man beschuldigte den Koch der Vergiftung seines Herrn, und wenn auch nichts bewiesen war, musste er doch mit dem Leben büßen.

## Das unbeachtete Sterbezimmer

Tausende hasten täglich durch die Vatikanischen Museen, verrenken sich den Hals beim Anblick der Fresken der Capella Sistina, manche schauen eher beiläufig im Appartamento Borgia vorbei, in dem heute moderne Kunstwerke zu sehen sind, deplaziert und keineswegs passend zu den Fresken von Pinturicchio. Hier hat Papst Alexander VI. gewohnt, gearbeitet, repräsentiert, und hier ist er auch gestorben. Nicht ohne innere Bewegung gehe ich in diese Räume, an manchem Türsturz ist das Borgiawappen noch zu erkennen, teilweise wurde es abgeschlagen, an einigen Stellen gehe ich noch über den blauen Majolika-Fußboden und betrete den Raum, der dem Borgiapapst als Schlafzimmer gedient hat, ein Zimmer der sogenannten »camerae secretae«, das mit dem Saal der Artes liberales verbunden war. Nach Angaben des Zeremonienmeisters Burckard starb Alexander in diesem Raum, der eine geschnitzte, vergoldete Holzdecke aufweist mit den Wappen und Darstellungen der Taten der Borgia.

Hier lag er Mitte August 1503 krank danieder und starrte an die Decke mit dem Borgia-Stier, hier merkte er, dass es mit ihm unwiderruflich zu Ende ging. Seine Macht zerrann ihm zwischen den Fingern. Lustlos wurde er bedient von seinem Hauspersonal und besucht von seinem gehässigen Zeremonienmeister Johannes Burckardus. Hier hat einer der bekanntesten Petrusnachfolger seine Seele ausgehaucht, in diesem Hauch wollen nicht wenige den Teufel persönlich gesehen haben. In dem Raum ist keine Gedenktafel oder Ähnliches. Es ist das einzige Sterbezimmer eines Papstes, das ein Normalsterblicher betreten kann. Alexander VI. hatte nun Zeit, Bilanz zu ziehen. Man muss sich nun nicht romanhaft Seelenqualen vorstellen, einen älteren Mann, der schweißgebadet in seinem Bett stöhnt und klagt. Trotz seiner seltsamen Moralvorstellungen war er ein gläubiger Mensch, keineswegs ein Freigeist oder einer, der sich innerlich distanziert hatte. Hölle und Teufel hatten für ihn nicht einen bloßen Symbolwert, sondern gehörten zu seinem Glauben. Es ist keine Frage, dass er sich seiner Sünden bewusst war, zu offensichtlich war sein selbstherrliches Auftreten, er überschritt Grenzen, er hatte gnadenlos regiert und Gewalt angewandt.

Sein Sohn Cesare, der ein Stockwerk darüber auf dem Krankenbett lag, konnte ihn an seine Liebschaften erinnern. Er hat den Sohn zum Kardinal gemacht, ein unerhörter Vorgang, ein Angriff auf die Institution Papstamt, vielleicht sollte er sein Nachfolger werden, mit Macht in den Papstpalast eindringen. Aber Cesare gab den roten Hut zurück und begann durch Eroberungen und viel Gewalt ein Fürstentum Borgia zusammenzubauen.

Alexanders schneller Tod machte alle Borgia-Hoffnungen zunichte, sein Nepotismus ist im Versuch stecken geblieben, während andere Päpste ihren Verwandten die schönsten und lukrativsten Posten verschafft haben. Viele Liebschaften werden ihm nachgesagt, eine eheähnliche Verbindung zu der Römerin Vanozza de Cattaneis, von der er vier Kinder hatte, darunter die berühmten Cesare und Lucrezia. Seit 1457 Vizekanzler der Kirche, kam Rodrigo Borgia zu Reichtum und Einfluss, verschaffte sich aber zugleich ein hohes Ansehen für seine allseits gelobte Amtsführung.

### Der verpasste Segen – das einsame Sterben eines Heiligen

Die Ahnung eines Kranken trügt nicht; Monate lang musste Ignatius von Loyola (1491–1556), der Gründer des Jesuitenordens, schon das Bett hüten, und nun ließ er am 30. Juli 1556 überraschend seinen Sekretär P. Polanco kommen und bat ihn, unverzüglich Papst Paul IV. (1555–1559) aufzusuchen, um ihn um seinen Segen und den Ablass zu bitten. Er fühle sein Ende nahen. Die beiden Ärzte Torres und Petronio konnten allerdings keinen Grund zur Sorge erkennen, und so widmete sich Polanco seinen wichtigeren Aufgaben und erledigte die Post der Ordensleitung. In der Nacht hörte man Ignatius sprechen und mehrmals stöhnend rufen »Ay, Dios!,« »oh Gott!«, und am frühen Morgen fand man ihn bewusstlos. Jetzt allerdings rannte P. Polanco zum Vatikan, um den gewünschten Segen zu holen. Und hier müssen wir für einen Moment innehalten. Der Papst hat die Vollgewalt allen Segens, ob das auch ihm beim Sterben hilft, wissen wir nicht, aber gläubige Menschen wandten sich an den Papst, gleichsam als Helfer für einen guten Tod, er kann eine Generalabsolution gewähren, eine Lossprechung aller Sünden, er ist der Herr über den Ablass und kann von

Sündenstrafen befreien, und Ignatius respektiert also den Heiligen Vater als Segenspender. Allerdings kam der Sekretär zu spät, bei seiner Rückkehr war der Ordensgeneral bereits verschieden. Als sein Leichnam in der Kirche S. Maria della Strada aufgebahrt wurde, strömten die Römer in Scharen herbei, um ihn wie einen Heiligen zu ehren. Seine Gebeine werden viermal umgebettet bis sie endgültig im Jahr 1697 in dem berühmten Seitenaltar von Il Gesù ihre Ruhe finden.

### In Würde sterben – ein König verlässt sein Reich

Der König schläft nicht einfach ein, nicht irgendwo, nicht zufällig; was es zu beachten gilt, wird beachtet, und so hält sich Spaniens Herrscher Philipp II. an das von ihm eingeführte berühmte Zeremoniell und lässt sich, von der Gicht gezeichnet und unter herben Schmerzen in den Escorial tragen. Dieses gewaltige Bauwerk in der Einsamkeit des kastilischen Hochlandes ist Palast, Kirche und Grablege in einem, und hier stellt sich der König jetzt – wir befinden uns im Sommer des Jahres 1598 – auf seinen nahenden Tod ein. Aber der lässt sich Zeit, die Tage und Wochen gehen dahin, unter Fieberanfällen und Geschwüren. Philipps Körper ist eine einzige Wunde, unter fürchterlichen Schmerzen nimmt Philipp mit klarem Verstand Abschied. Keine Klage kommt über seine Lippen, immer noch ist er ganz König, und er ist ständig von Menschen umgeben; Würdenträger aller Art, Ärzte, Leibdiener umstehen sein Bett. In der Nacht vom 12. auf den 13. September 1598 fühlt Philipp das ersehnte Ende kommen. In die rechte Hand nimmt er das silberne Sterbekreuz seines Vaters Karls V. und in die linke eine geweihte brennende Kerze aus dem Heiligtum von Montserrat, und in Würde verlöscht das Leben eines Königs.

Diese Schilderung zeigt, wie Sterberituale auch in Herrscherhäusern Einzug gehalten haben. Ein derart strenges Zeremoniell wie die spanische Monarchie kennt man im Vatikan aber nicht, hier ist vieles individueller, und der einzelne Papst kann auf seine eigene Weise Abschied von dieser Welt nehmen.

# Achtes Kapitel

# Der Papst ist tot – die Totenzeremonien

## Giuseppe, dormisne?

In den letzten Jahrzehnten begleiten die innere Anteilnahme vieler Gläubiger und das rege Interesse einer großen Öffentlichkeit den sterbenden Papst. Sekundenschnell ist sein Hinscheiden bekannt gemacht »urbi et orbi«, der Stadt und dem Erdkreis, und die Welt hält für einen Moment den Atem an. Vor Jahrhunderten eilten Kuriere in die Hauptstädte der wichtigsten Staaten, um ihren Herrn zu melden, was der *Camerlengo*, der Kardinalkämmerer, soeben festgestellt hatte. Der *Camerlengo* vollzog eine Zeremonie, die bis 1978 Gültigkeit hatte: Er tritt an das Totenbett und klopft mit einem silbernen Hämmerchen dem soeben Verschiedenen drei Mal auf die Stirn, und wie in einem Spiel stellt er ihm die Frage »Giuseppe, dormisne?«, »Josef, schläfst du?«. Bleibt die Antwort dreimal aus, ist der Tod des Papstes offiziell festgestellt. So geschehen bei Pius X. Der *Camerlengo* gebraucht dabei den Vornamen des Verstorbenen. Der Papst ist tot, er ist wieder ein Mensch, er hat seinen alten Namen zurückerhalten.

*Aus einem Stundenbuch*

## Die Zeremonienmeister

Nach dem letzten Atemzug wird es zunächst still um den Pontifex. Es beginnt die Stunde der Zeremonienmeister, die zuständig sind für den korrekten Ablauf aller Arten von Feierlichkeiten. Schreibfreudig und redselig haben sie im 16. Jahrhundert Schriften verfasst, aus denen die Abläufe der Totenliturgie für uns Heutige erkennbar sind. Sie haben einen Leitfaden, ein sogenanntes »Caeremoniale«, zusammengestellt, das Auskunft gibt, welche Zeremonien zu verrichten sind, und in Tagebüchern schildern sie, wie es tatsächlich zugegangen ist – manche verpatzte Totenliturgie verschweigen sie nicht.

Agostino Patrizi verfasste schon 1488 ein »Caeremoniale«. Johannes Burckard kam aus Straßburg nach Rom, machte Karriere, wurde 1483 Zeremonienmeister, 1503 zum Bischof ernannt, insgesamt war er dreiundzwanzig Jahre im Amt. Sein »Diarium«, sein Tagebuch, hat vor allem wegen seiner Einträge über Alexander VI. große Berühmtheit erlangt und ist die ergiebigste Quelle für das päpstliche Rom der frühen Renaissance.

Paris de Grassis Amtszeit dauerte von 1504 bis 1528. Er kann es sich nicht verkneifen, in seine Schriften immer wieder Negatives über Burckard einfließen zu lassen. Er selber verfasste einen umfangreichen Traktat über die Bestattungsfeiern der Kardinäle und Päpste. Die Regeln waren also klar formuliert, aber nicht selten kam es dennoch zu Problemen. Manchmal reichen die Stühle nicht, oder es werden Leute versehentlich nicht zum anschließenden Gastmahl geladen. Mitten in der Kirche kommt es zum Streit um die Kerzen und die richtigen Plätze. Ein Tumult entsteht bei der Überführung der Leiche Alexanders VI. nach St. Peter, einige Begleiter versuchen, sich die Kerzen des Trauerzuges anzueignen. Auf viele Eitelkeiten gilt es, Rücksicht zu nehmen, ein Kardinal erhält eine dickere Kerze als ein gewöhnlicher Prälat.

## Kein Totenhemd für Sixtus IV.

Nicht wenige Päpste sterben im August, der heißeste Monat Roms ist gefürchtet. Der Hitzetod, den wir heute mit dem modernen französischen Schlagwort »canicule« bezeichnen, geht um. Drückende Schwüle und die Malaria verseuchte Luft rauben dem schwerkranken Sixtus IV. (1471–1484) den letzten Atem. Am 12. August 1484 stirbt er im Alter von 70 Jahren, damals eigentlich ein hohes und seltenes Alter. Er war früher

Franziskaner gewesen und als solcher an einen bescheidenen Lebensstil gewöhnt, jetzt als Papst soll er auch im Tod würdevoll und feierlich aussehen.

Kaum hat er die Augen geschlossen, kommt Leben in das Sterbezimmer. Der Leichnam wird in einem Nebenzimmer abgelegt, und dann beginnt die Jagd auf die persönlichen Gegenstände des Verstorbenen. In kurzer Zeit ist das Zimmer leer geräumt. Genaueres dazu hat uns der Zeremonienmeister Burckard zu berichten:

»Der Sakristan, Abt von Sankt Sebastian, nahm das Bett mit seiner ganzen Ausstattung, obwohl es – gemäß meinem Rang – eigentlich mir gehörte. Auch alles Übrige wurde sozusagen in einem Augenblick mitgenommen, kaum dass der Leichnam des Papstes aus dem Zimmer getragen worden war. Trotz allen Suchens zwischen der sechsten und zehnten Stunde fand ich weder Balsam noch ein Tuch oder irgendein Gefäß, in das man den Wein und das mit Kräutern gewürzte Wasser für die Waschung des Leichnams hätte gießen können. Nicht einmal Strümpfe oder ein sauberes Hemd für die Einkleidung waren da. Und das, obwohl ich mehrmals deswegen die Bitte geäußert hatte gegenüber dem Kardinal von Parma, Petrus von Mantua, Accursio, Giorgio und Bartolomeo Della Rovere, dem Barbier Andrea, die alle Kammerherren und Domestiken des verstorbenen Papstes waren und die viel Gutes von ihm empfangen hatten. Schließlich gab mir der Koch eine Schüssel aus Kupfer, in der man gewöhnlich das Geschirrwasser erhitzte und dazu noch etwas warmes Wasser. Der Barbier Andrea ließ mir aus seinem Laden Salbe bringen. So wurde der Papst gewaschen. Da aber keine Tücher da waren, um ihn abzutrocknen, schnitt ich sein Hemd entzwei, das er im Tode trug, und ließ es trocknen. Da es auch keine anderen Strümpfe gab als die, welche er gerade trug, konnte ich sie nicht wechseln.«

Bei diesem Bericht reibt man sich unwillkürlich die Augen. In dem riesigen Papstpalast findet der arme Zeremonienmeister nicht einmal ein Handtuch, alles ist weggeräumt, und man gewinnt den Eindruck eines primitiven Haushaltes. Diese so genannten Beraubungsrituale haben in Rom eine lange Tradition. Wenn ein Kardinal zum Papst gewählt ist, stürmt das Volk seinen Palast, demoliert die Einrichtung und nimmt alles mit, was beweglich ist. Ähnlich verhalten sich die Beschäftigten im Papstpalast. Eine alte Gewohnheit gibt ihnen das Recht, das Sterbezimmer auszuräumen.

Nicht immer muss es so gewesen sein, aber jetzt, bei Sixtus' Tod, kann Burckard nur mühselig den Leichnam herrichten.

An liturgischen Gewändern war immerhin kein Mangel; Sixtus IV. hat zwar kein Hemd auf dem Leibe, aber alle liturgischen Gewänder wie die Tunicella und Dalmatica. Burckard betont ausdrücklich, er habe ihm eine »Preziosa casula«, ein kostbares Messgewand, angezogen, dazu an den Finger einen Ring mit einem kostbaren Stein gesteckt, der Leichnam war also perfekt gekleidet wie es sich für einen Kirchenfürsten gebührte. Den Trauerzug nach St. Peter geleiteten auch sechs Kardinäle, darunter sein Neffe, Giuliano Della Rovere, der spätere Julius II.

Burckard machte auch einen Fehler bei der Einkleidung des Leichnams: Sixtus, der ursprünglich Franziskaner war, hätte unter seinen liturgischen Gewändern eine Franziskanerkutte anhaben müssen. Der Zeremonienmeister begründet dies so:

»Der Grund ist, dass ein Mensch im Tode alle Überlegenheit verliert, die ihm kraft seines Amtes zustand. Deswegen muss er so bestattet werden, wie er vor der Erlangung der Papstwürde war.«

Und Paris de Grassi verdeutlicht diese These noch: Auch als Ordensmann trägt der Pontifex das Papstgewand, das einmalig ist. Als Stellvertreter Christi steht er über allen anderen Menschen. Im Tode jedoch hört er auf, Stellvertreter Christi zu sein, und wird wiederum zum »einfachen« Menschen. Und deshalb erhält er das Gewand, das er als Mensch getragen hat.

Nach der Aufbahrung in St. Peter wurde der Leichnam am 13. August durch den Klerus der Peterskirche zur ersten Stunde der Nacht in seiner neuen Chorkapelle beigesetzt. Nur ein einziger Prälat war zugegen, um ein Gebet zu sprechen und den Sarg und das Grab mit Weihwasser zu besprengen. Am 17. August begann dann der Reigen der Totenmessen in Anwesenheit aller Kardinäle.

*Stillos sinkt ein Papst ins Grab: noch einmal Alexander VI.*

Wer kümmert sich um den toten Papst? Burckards Kollege kam abends in den Vatikan und ließ durch zwei Diener den Leichnam waschen. Man zog ihm dann seine Alltagsgewänder und ein Chorhemd an, so legten sie ihn im Vorzimmer des Sterbesaals auf eine Bahre und darüber ein karmesinseidenes Tuch und einen schönen Teppich. Nun wurde auch Burckard in den Papstpalast gerufen, und auch die Kardinäle erhielten Mitteilung, aber keiner rührte sich. Offensichtlich kam auch keiner in die päpstlichen Gemächer. Sie vereinbarten ein Treffen für den nächsten Vormittag in S. Maria sopra Minerva. Burckard schreibt:

»Als ich beim Papst war, bekleidete ich ihn mit den roten Paramenten, alle aus Brokatell, mit einem kurzen Fanon, einem schönen Messgewand und mit Strümpfen; und weil die Schuhe kein Kreuz hatten, zog ich ihm an Stelle der Sandalen die täglichen Pantoffel aus Karmesinsamt mit dem goldenen Kreuz an. Es fehlte der Ring, den ich nicht bekommen konnte. Darauf trugen wir ihn durch zwei Gemächer, den päpstlichen Saal und das Audienzzimmer in die Camera Papagalli, wo wir einen schönen Tisch mit einem schönen Teppich herrichteten.«

Bis hierher hat alles seine Ordnung, der tote Papst wird auf Brokatkissen gelegt und »so lag er, die Nacht über mit zwei Fackeln, ganz allein, obwohl die Protonotare zum Lesen des Totenamtes geladen waren. Ich kehrte in der Nacht nach 12 Uhr in die Stadt zurück, von acht Palastwächtern begleitet.« Niemand hat also Lust, bei dem toten Papst zu wachen und Gebete für ihn zu sprechen, auch der Zeremonienmeister macht sich davon, niemand fühlt sich zuständig und verantwortlich.

»Am nächsten Morgen, 19. August, ließ ich den Sarg in die Camera Papagalli bringen und legte den Toten hinein. Die Schildknappen und einige Kammerdiener wurden zum Tragen von 43 Fackeln hierher geholt sowie vier Pönitentiare.« Der Leichnam wurde nun in die Hauptkapelle gebracht, also in die Cappella Sistina, wo sich Kleriker und Ordensleute versammelten. Nun folgt eine Prozession mit dem Leichnam nach St. Peter, 140 Fackeln kamen zum Einsatz, in den Händen von Klerikern, von Dienern und Vertrauten des Papstes. Getragen wurde der Leichnam von Armen, die in die Kapelle gekommen waren, um den Papst zu sehen, sie wurden dafür auch bezahlt. Vier bis sechs Kanoniker von St. Peter schritten neben ihnen, die Hände auf der Bahre.

Dem Sarg folgten nur vier Prälaten, also vier Bischöfe, darunter auch sein Beichtvater Gamboa, für den Trauerzug eines Papstes eine dürftige Besetzung, und man fragt sich: Wo sind die Kardinäle? Allein zwölf spanische Kardinäle hat Alexander ernannt, sie alle fühlen sich offensichtlich nicht zuständig.

Zunächst wird der Sarg in der Mitte der Kirche abgestellt und es beginnen liturgische Gesänge. Nach dem Ritus erfolgt ein Absolutionsgebet über den Leichnam »Non intres in judicium cum servo tuo« (Gehe nicht ins Gericht mit deinem Diener), bei Alexander ein durchaus passender Text, denn im Geruch der Heiligkeit war er gewiss nicht gestorben, aber im Ruf eines tüchtigen, energischen und machtvoll Regierenden. Aber auch diese liturgische Handlung geht nicht ohne Probleme ab. Das Buch ist vergessen worden, und es entstehen noch andere Turbulenzen. Burckard schreibt dazu:

»Während des Gesanges wollten etliche Soldaten der Palastwache verschiedene Fackeln an sich nehmen. Der Klerus verteidigte sich gegen sie; die Soldaten kehrten die Waffen gegen den Klerus, der den Gesang Gesang sein ließ und sich nach der Sakristei flüchtete. Und der Papst stand fast allein da. Ich ergriff mit drei anderen die Bahre mit dem Papst, und wir trugen ihn zwischen den Hauptaltar und seinen Thronsitz.«

Weil man Sorge hatte, es könnte sich jemand an dem Toten rächen wollen, wurde der Leichnam hinter einem Gitter aufgestellt und zwar so, dass man durch das Gitter mit der Hand bequem seine Füße berühren konnte. Und so stand er nun den ganzen Tag. Nicht erwähnt wurde vom Zeremonienmeister das Volk, sicherlich kamen Neugierige und vielleicht sogar ein paar Dankbare.

Die Kardinäle hielten ihre Versammlung ab, sie erließen Anordnungen für die Sicherheit und ernannten einen Gouverneur für die Stadt, die Plumbatoren zerbrachen das Bleisiegel des Papstes, den Fischerring erhielt der Datar zur Aufbewahrung, Ein Inventar aller Wertsachen wurde erstellt, Cesares Landsknechte hatten nicht alles an sich reißen können, eine Kassette mit Edelsteinen und kostbaren Ringen wurde gefunden. Der Zeremonienmeister traf sich in der Peterskirche mit zwei Zimmermeistern und besprach mit ihnen den Katafalk, den diese errichten sollten. Am Abend sah sich Burckard noch einmal den Leichnam an, der von vier Fackeln beleuchtet wurde. Und er meinte, er müsse der Nachwelt überliefern, wie furchtbar der Leichnam sich verändert hatte.

»Die Entstellung und Schwärze des Gesichts nahm beständig zu, so dass er um 8 Uhr, als ich ihn zu Gesicht bekam, aussah wie das schwärzeste Tuch oder der dunkelste Neger, vollständig fleckig, die Nase geschwollen, der Mund ganz breit, die Zunge wie doppelt, so dass sie über die Lippen hervorquoll, der Mund offen, kurz so entsetzlich, wie noch nie jemand etwas Ähnliches sah oder zu kennen erklärte. Am Abend nach 9 Uhr wurde er von hier in die Kapelle der heiligen Maria delle Febbri gebracht und in der Ecke an der Wand links vom Altar niedergesetzt und zwar von sechs Lastträgern, die dabei Späße und Anspielungen auf den Papst machten. Die beiden Zimmermeister hatten den Sarg zu eng und zu kurz gemacht. Sie legten ihm die Mitra an die Seite, bedeckten ihn mit einem alten Teppich und halfen mit den Fäusten nach, damit er in den Sarg ginge, alles ohne Fackeln oder sonstige Beleuchtung, ohne einen Priester oder eine Person, die sich um seinen Leib kümmerte.«

Am Montag, dem 4. September 1503, fand dann die erste Totenmesse statt, bei der zwanzig Kardinäle anwesend waren. Die Ansprache hielt der Protonotar Ottavio Arcimboldi. Der Ansprache wird wenig Bedeutung beigemessen, denn keiner der Kardinäle fühlt sich zuständig, den toten Papst zu ehren. Sie lassen ein Pflichtprogramm über sich ergehen, und das Ganze werden sie in diesem Jahr 1503 noch einmal absolvieren, weil Alexanders Nachfolger Pius III. am 18. Oktober dieses Jahres ebenfalls stirbt und die Kardinäle wieder neun Tage hintereinander das Requiem für den Verstorbenen zu feiern haben. So häufig in die Kirche zu gehen, war für die verwöhnten Purpurträger fast eine Zumutung. Sie waren Kirchenfürsten, das viele Beten war wohl nicht ihre Sache.

Zunächst ist man sprachlos, wenn man diesen Text liest, so also wurde vor 500 Jahren ein Papst bestattet, unglaublich, ohne einen Funken von Ehrfurcht und Pietät. Burckard schreibt das ganz gelassen nieder, als ob ihn das nichts anginge. Er konnte Alexander nicht leiden, war gekränkt, weil der ihn nicht zum Bischof ernannt hatte. Aber er als Zeremonienmeister ist der Organisator der ganzen Zeremonien, sein abfälliger Bericht ist auch ein Urteil über ihn selbst. Übrigens nahm er selber an der Bestattung gar nicht teil. Wenn der Oberhirte tot ist, zeigen die Diener und Angestellten ihr wahres Gesicht. Trotz aller sonstigen Prachtentfaltung in Rom sinkt so mancher Papst stillos ins Grab.

Auch bei Julius II. wollten sich die Kanoniker und Kleriker von St. Peter vor der Bestattung drücken und mussten mühselig dazu gezwungen werden. Zwei Kustoden, der päpstliche Datar und der Vikar der Kirche geleiteten den Sarg zum Grab, wobei dieses Mal der Zeremonienmeister anwesend war. Es fand auch eine schlichte liturgische Zeremonie mit Weihwasser und Weihrauch statt. Julius fand seine Ruhestätte in der Kapelle, die sein Onkel Papst Sixtus IV. hatte errichten lassen. Zur allgemeinen

Verwunderung eilten nun viele Leute zum Grab, zeigten ihre Verehrung und brachten Kerzen.

## Totenzeremoniell im Wandel

»Sine aliquo presbytero«, so hat es der Zeremonienmeister aufgeschrieben, also das konnte auch ohne einen Priester vonstatten gehen, gemeint ist die eigentliche Grablegung des Papstes. In der Renaissance ist dieser Akt zu einer nebensächlichen Handlung geworden, die niemand interessiert, eher eine Nacht- und Nebelaktion als eine kirchliche Zeremonie. Dazu muss man sich an den ursprünglichen Ablauf erinnern. Der päpstliche Leichnam wurde in der Kirche aufgebahrt und dort wurde sofort die Totenmesse gefeiert mit anschließender Leichenrede. Vier Kardinäle traten an den Leichnam heran, sprachen die so genannten Gebete der Absolution und gingen um die Bahre herum, um den toten Körper mit Weihwasser zu besprengen und mit Weihrauch zu beräuchern. Es ist also eine liturgische Trauerfeier und der Leichnam ist in der Kirche deutlich sichtbar. Die Beerdigung erfolgte dann, wenn die fortschreitende Verwesung dies erforderte und geschah relativ formlos.

Ab dem 16. Jahrhundert finden wir in etwa folgenden Ablauf:
Präparierung des Leichnams für die öffentliche Zurschaustellung, in der Regel mit Einbalsamierung
Bekleidung mit den päpstlichen Gewändern
Aufbahrung in der Camera Papagalli im Papstpalast
Übertragung des Leichnams nach St. Peter und dort einige Tage Aufbahrung.
Der Verstorbene war Bischof von Rom, und die Gläubigen sollten von ihm Abschied nehmen können, allerdings durch ein Gitter abgetrennt, manchmal fürchtete man den Zorn des Volkes.
Stille Beerdigung oft in der Nacht
Neuntägige Trauerfeiern in der Peterskirche, ein Kardinal zelebriert jeweils die Totenmesse
Beherrschend werden die neuntägigen Trauerfeiern, die *Novena*, dabei wird im Mittelschiff der Peterskirche das sogenannte *castrum doloris* errichtet. Es besteht aus einem Totenbett, darüber wurde als Bedachung ein Holzgerüst errichtet mit einem pyramidenförmigen Aufsatz. Mit kostbaren Stoffen wird das Gerüst umkleidet, dabei sind die Wappen aufgestickt

und Halterungen für 24 Kerzen sind vorhanden. Dabei handelt es sich jedes Mal um eine Sonderanfertigung, es wird also kein altes Gestell aus einer Abstellkammer geholt.

Täglich findet nun eine Totenmesse mit anschließender Leichenrede statt, die das Leben des Verstorbenen zum Inhalt hatte. Danach zieht der zelebrierende Kardinal mit vier weiteren Kardinälen zum *castrum*, sie vollziehen dann dreimal hintereinander die Absolution. Die Zeremonie spielt sich also an diesem künstlichen Aufbau ab, einer Atrappe. Dieses Schaugerüst wurde vermutlich übernommen aus dem Zeremoniell für die Bestattung des französischen Königs. Die Messe an diesen neun Tagen wurde jeweils von einem Kardinal gefeiert, daneben entfaltet sich eine üppige Messleserei, 8 000 Messen waren für den Papst vorgesehen. Der gekaufte Himmel, dieser Gedanke kann einem kommen, wenn man in St. Peter das Gemurmel vieler zeitgleicher Messen hörte, Scharen von Mönchen lebten davon.

Paolo Alaeone, päpstlicher Zeremonienmeister von 1582 bis 1637, hat ebenfalls ein Tagebuch hinterlassen, in dem er über die Trauerfeiern für Papst Paul V. berichtet. Auch er bringt einen knappen Satz zur Beerdigung, die am 31. Januar 1621 stattfand: »Circa horam sextam noctis Corpus Papae fuit humatum, et in deposito consignatum«. Dabei handelt es sich profan ausgedrückt um eine kurzzeitige Zwischenlagerung, ein Jahr später geht das Trauerzeremoniell weiter, der Leichnam wird aus seiner provisorischen Ruhestätte in St. Peter in die Familiengrablege der Borghese in Santa Maria Maggiore überführt, und hier nicht in einer Nacht- und Nebelaktion, sondern in einem feierlichen Zug. Der Bleisarg wird geöffnet, noch einmal wird überprüft, um wen es sich handelt, anschließend wird der Bleisarg in einen Holzsarg gelegt. Dieser wird nun auf einer geschmückten Bahre von diversen Dignitäten getragen und in der Familiengruft beigesetzt, um all das kümmern sich die Familienangehörigen, der amtierende Papst ist nicht anwesend.

## »*Praecordia*« in der Kirche

Man muss dieses Wort beileibe nicht kennen, aber jeder Rombesucher kommt ganz in die Nähe, wenn er die Fontana di Trevi besucht. Am Brunnenplatz ragt die reich gegliederte Fassade einer Kirche empor, errichtet um 1650, mit dem Namen Santi Vincenzo e Anastasio. Und wer den Brunnen in seiner facettenreichen, lebendig bewegten Form betrachtet, sieht – und das ist in Rom unvermeidlich – das Wappen eines Papstes, der sich auch mit seinem Namen verewigt hat. Clemens XII. ist da zu lesen und ein Teil von diesem Papst, eben die ominösen *praecordia,* ist in dieser Kirche aufbewahrt. Normalerweise findet kein Brunnenbesucher den Weg in diese Kirche und ein seltsames Gruseln überkommt einen, wenn man die Inschriften der beiden Marmorplatten liest, die links und rechts im Chorraum eingelassen sind.

Da ist zu lesen, dass Sixtus V. im August 1590 im Quirinalspalast verstarb und seine *praecordia* hierher überführt wurden. Für eine wirkungsvolle Einbalsamierung wurde der Leichnam geöffnet und das Herz und die Eingeweide wurden entfernt. Aber wohin damit? Auf keinen Fall können sie als »Abfallprodukt« entsorgt werden; das Herz ist als Sitz der Seelenkräfte nach allgemeiner Auffassung das vornehmste Organ eines Menschen, und zudem handelt es sich bei dem Verstorbenen um eine geheiligte Person, die noch im Tod ihre Würde behält, und deshalb werden die *praecordia* in einem Gefäß verschlossen. Wo sonst als in einer Kirche sollten sie beigesetzt werden; die Kirche SS. Vincenzo e Anastasio bot sich dafür an, weil sie die Pfarrkirche des Quirinal war.

Auf der rechten Marmorplatte ist von Benedikt XIV. zu lesen, dem es missfiel, dass die *praecordia* in einer Ecke der Kirche lagerten, deshalb ließ er eine Krypta im Chorraum anlegen. An der rechten Seite des Chors ist eine Kapelle und von dort führen Treppen hinunter in den geheimnisvollen Raum, die Gedärme-Kapelle.

Von Sixtus V. bis Leo XIII. wurden von 25 Päpsten hier die Eingeweide bestattet, der archaische Brauch hielt sich bis ins 20. Jahrhundert, erst Pius X. hat eine Einbalsamierung für sich abgelehnt.

Nach einer asketischen Lebensführung verstarb Innozenz XI. im August 1689 und verfügte, dass sein Herz in der Kapelle des Palazzo Odescalchi bewahrt wird, er konnte natürlich nicht ahnen, dass er 1956 selig gesprochen würde und somit seine Familie Odescalchi gleichsam eine päpstliche Reliquie unter ihrem Dach beherbergen kann. Sein Leichnam ruht jetzt in einem Glassarg unter dem Altar des heiligen Sebastian in der Peterskirche.

*Kein Geld für die Beerdigung – das würdelose Herumliegen eines toten Papstes*
In der Zeit der Renaissance und des Barock, wo pomphaftes Auftreten der Päpste an der Tagesordnung war und bei Prozessionen an nichts gespart

wurde, ist die Beerdigung normalerweise schlicht, manchmal auch entwürdigend, und hier zeigt sich eine Schwäche des Systems.

Bei einem weltlichen Herrscher steht der Nachfolger – in der Regel der Sohn – schon bereit und wird aus dynastischen Legitimitätsgründen für seinen Vater ein prachtvolles Begräbnis veranstalten. Im päpstlichen Rom fühlte sich dagegen keiner so recht zuständig. Das Kardinalskollegium beschäftigte sich gedanklich schon mit der Neuwahl, der Verstorbene fand nur noch mäßiges Interesse. Und am Ende fehlte mitunter das Geld für die Bestattung. Der Fall, dass niemand bezahlen wollte, passierte in der Mitte des 17. Jahrhunderts, das Ganze trägt possenhafte Züge.

Auch als Greis mit über siebzig Jahren erfreute sich Innozenz X. (Giambattista Pamfili, 1644–1655) noch einer unverwüstlichen Gesundheit, er war ein großer schlanker Mann, und seine Wahl zum Pontifex war auch für ihn eine echte Überraschung. Über zehn Jahre Pontifikat waren ihm vergönnt, nicht immer zur Freude seiner Umgebung.

Aus der Schar seiner unfähigen Verwandten ragte eine clevere und energische Frau heraus, seine Schwägerin Donna Olimpia Maidalchini, die jahrelang die Zügel im Vatikan in der Hand hielt und als eigentliche Herrin der Kurie auftrat. Die als »papessa« apostrophierte Olimpia verstand es, ihren Schwager, der oft grob und rüde im Umgang war und das hohe Amt eher missmutig ausübte, auf geschickte Weise in ihrem Sinne zu lenken. Man hätte diese begabte Frau sympathisch finden können, wenn sie sich nicht derart dreist und rücksichtslos bereichert hätte, ihre Habgier war abstoßend. Als der Papst im Sterben lag, kam sie eilig herbei, um Wertsachen und Geld an sich zu raffen.

Der Papst war noch mit achtzig Jahren ein fleißiger Spaziergänger. Von Ärzten wollte er zumeist nichts wissen, er hatte eine Scheu vor ihnen, wollte sich von ihnen keine Krankheiten einreden lassen. Einen Rat der Ärzte allerdings nahm er an, er wohnte auch im Winter im Quirinal und vermied die ungesunde Luft des Vatikan. 1649 machte er eine Nierenerkrankung durch, wurde aber schnell wieder gesund, ein heilkundiger Kapuziner soll ihm ein probates Mittel verabreicht haben. Im August 1654 kam dann plötzlich der Zusammenbruch, er zog den berühmten Arzt Giovanni Giacomo Baldino zu Rate und war 45 Tage lang bettlägerig. Zu seinen Ärzten zählten auch P. Zacchia und Fonseca, letzterer berühmt durch sein von Bernini gestaltetes Grabmal in der Familienkapelle von

S. Lorenzo in Lucina. Im Oktober erholte sich Innozenz noch einmal, besuchte öfter die Baustelle von S. Agnese, im Dezember zeigten sich Anzeichen von Wassersucht, und das nahe Ende kündigte sich an. Der Papst zog sich in den Palazzo Montecavallo zurück. Weil der Schwerkranke sich eigensinnig und launisch zeigte, wurde der Umgang mit ihm für alle zum Problem. Da die Ärzte einen plötzlichen Tod befürchteten, ließ Kardinal Chigi den Papst durch den Jesuiten Oliva über seinen wahren Zustand aufklären. Der Pfarrer von SS. Vincenzo e Anastasio erteilte Innozenz die Letzte Ölung. Den an das Sterbebett gerufenen Kardinälen empfahl er die Wahl eines guten Nachfolgers. Kardinal Chigi schirmte den Sterbenden ab, ließ die Nepoten nicht mehr zu ihm und war zusammen mit Pater Oliva allein bei dem Sterbenden anwesend, als dieser am 7. Januar um Mitternacht verschied.

Am Abend wurde die Leiche nach St. Peter überführt, am Campo de' Fiori ging ein Wolkenbruch nieder, und ein heftiger Donner gab Raum für abergläubische Deutungen. Die Begleitung ließ den offenen Wagen mit dem Leichnam im Regen stehen und brachte sich in Sicherheit. In St. Peter wurde der Tote aufgebahrt und wie üblich vom Volk verehrt. Bis hierher lief alles normal. Aber was dann geschah, klingt seltsam, ist aber gut dokumentiert.

Ferdinand Gregorovius bietet in seinem Werk über die Grabdenkmäler folgenden ausführlichen Text:

»Nach den drei Tagen, während die Leiche des Papstes im Sanct Peter ausgestellt war, fand sich Niemand, der es auf sich nahm, sie bestatten zu lassen. Man sandte zu Donna Olympia, dass sie Sarg und Kissen machen lasse; diese aber antwortete, sie sei eine arme Witwe. Von den anderen Verwandten und Nepoten rührte sich keiner; man brachte also die Leiche in ein Gemach, wo die Maurer ihr Material aufbewahrten. Aus Erbarmen steckte ihr einer ein brennendes Talglicht zu Häupten auf, und weil ein anderer sagte, dass im Zimmer viele Mäuse seien, welche den Todten auffressen könnten, fand sich Jemand, der aus seinem Beutel Geld hergab für einen Wächter. Nachdem noch ein Tag verstrichen war, erbarmte sich der Magiordomo Monsignore Scotti und ließ ihm einen Sarg aus Pappelholz machen und Monsignore Segni, der sein Majordomus gewesen und dann weggejagt worden war, vergalt ihm Böses mit Gutem und bezahlte fünf Thaler, um ihn bestatten zu lassen.«

Dieser Text mag etwas ausgeschmückt sein, aber an der Kernaussage ist nicht zu zweifeln. Man glaubt es kaum: Der Papst, der vor kurzem noch in feierlicher Pose am Altar von St. Peter stand, liegt nun in einer Abstellkammer, und keiner kümmert sich um ihn, bis sich ein kleiner Monsignore seiner erbarmt. Das Kardinalskollegium verhält sich seltsam stumm und unbeteiligt. Innozenz müsste ja eigentlich ein Staatsbegräbnis erhalten, der Leichnam war ja offiziell in St. Peter ausgestellt, bekleidet mit den Pontifikalgewändern, ist er nun nicht mehr Papst, gleichsam Privatmann, für den die Familie zuständig ist? Und diese wollte nicht. Sie lehnten es ab, die für höhergestellte Personen üblichen Särge aus Holz und Blei zu bezahlen, sodass die Leiche dann in einem einfachen Holzsarg bestattet wurde.

Normalerweise kümmern sich darum die Neffen, auch Innozenz hatte seinen Neffen Camillo Pamfili mit Gütern überhäuft, anfangs erhielt dieser lukrative Posten, dann wurde er Kardinal, und als er sich in eine reiche und überaus attraktive Witwe verliebte, entließ ihn der Onkel aus dem Kardinalat. Am Geld lag es also nicht, vielleicht wollte Camillo seine Mutter ärgern, Donna Olimpia, die Schwägerin des Verstorbenen. Der florentinische Gesandte berichtet am 13. Januar 1655: »Der Papst ist immer noch nicht begraben, weil sich niemand findet, der die Kosten übernimmt.« Ohne Zweifel ein Bild des Jammers an heiliger Stätte, eine Beerdigung wie in einer makabren Komödie, der Leichnam liegt in einer Abstellkammer und stinkt zum Himmel.

Papst Innozenz ließ S. Agnese erbauen, dabei plante er diese Kirche sicher auch als Grablege für sich, er ist ja im alten Palazzo Pamfili geboren, sodass seine Ruhestätte nur einige Meter von seiner Geburtsstätte entfernt ist. Zunächst fand er ein provisorisches Grab in St. Peter, im Januar 1677 wurden seine Gebeine nach S. Agnese überführt und neben der Kapelle der heiligen Francesca Romana beigesetzt. Nach und nach gerieten die Überreste des Papstes, obwohl man ihm als dem Erbauer der herrlichen Kirche doch Dankbarkeit schuldete, in Vergessenheit; erst im Jahre 1838 wurden sie zufällig wiederentdeckt. Die Kirche an der Piazza Navona ist mit ihrer berühmten Fassade und dem glänzenden Innenraum ein Juwel unter Roms Sakralbauten. Für die Gestaltung dieses Platzes kann man dem Papst bis heute dankbar sein.

Viele Besucher werden aber das Grabmal des Erbauers kaum sehen und beachten. Wer allerdings beim Verlassen der Kirche nach oben schaut, bemerkt über dem Portal die Papstgestalt, einen mürrischen Menschen in einem fröhlichen Kirchenraum.

Wie Innozenz wirklich ausgesehen hat, ist in der Galeria Doria Pamphili zu bestaunen und zwar auf dem Bild, das Diego Velázquez 1650 malte. Manche nennen es »das hervorragendste Papstbild, das je geschaffen wurde«. Mit seinem durchbohrend strengen Blick schaut er uns an und ist damit gegenwärtiger als in seinem Grabmal.

# Neuntes Kapitel

# Tumulte und Trauer – die Römer und ihr toter Papst

## Krise in Rom

Der Papst ist tot! Eine Bewegung geht durch Stadt und Kirche, die Nachricht schlägt ein wie ein Paukenschlag, und die Reaktionen sind vielfältig. Die Nepoten sind erschüttert, sie zittern um ihren Einfluss. Felice, die Tochter von Julius II., kniet am Sterbebett und weint um ihren Vater, die drei Medici-Schwestern trauern um ihren Bruder Giovanni, immerhin hat er als Papst Leo X. ihre Söhne mit Kardinalshüten versorgt. Emotionen werden frei und kochen über, Anfeindungen werden laut, Zorn über den Verstorbenen macht sich Luft, Aufstände brechen aus, und natürlich gibt es auch echte Trauer, aber davon ist selten die Rede. Das Spektakuläre wird viel eher berichtet. Was natürlich und selbstverständlich ist, wird selten festgehalten. Die Chronisten sprechen kaum von Trauer und Anteilnahme, wer weint schon um einen Papst?

Oft geht ein Pontifikat nahtlos in das andere über, es passiert nicht viel, oft sind aber auch Brüche erkennbar. Der Nachfolger entmachtet und

*Aus einem Stundenbuch*

bestraft die Nepoten des Vorgängers, was natürlich auch eine Kritik am Papst selbst darstellt. Verwandte erfahren eine Krise nach dem Tod des päpstlichen Onkels, fallen in ein tiefes Loch, wissen zunächst nicht, wie es weitergeht und versuchen verzweifelt, einen genehmen Pontifex zu bekommen, mischen also mit bei dem Wahl-Spektakel, und zu einem solchen entwickelt sich das Konklave im 16.–18. Jahrhundert in mehr als deutlicher Weise.

Die Hauptakteure der Trauerfeierlichkeiten sind die Kardinäle, welche die neuntätigen Exequien abhalten, es ist ein ritualisiertes Totengedenken, manchmal wird es auch routiniert verrichtet. Mit den Gedanken sind sie nicht mehr bei dem Verstorbenen, vielmehr knistert es heftig in dem Gremium, das den neuen Papst zu wählen hat.

Nicht selten ließ das Volk seinen Gefühlen freien Lauf, und diese Gefühle waren oft genug von Zorn und Hass diktiert. So schrieb sich 1484 ein erboster römischer Beamter seine Wut über den toten Sixtus IV. in maßlosen Lästerungen von der Seele. Nach dem Hinscheiden des ungeliebten Hadrian VI. (1523) sah man auf den römischen Straßen Freudentänze. Öffentliche Wutausbrüche folgten dem Tode Pauls IV. (1559), der durch seinen fanatischen Verfolgungswahn den Hass vieler Römer erregt hatte. Achtzig Jahre später, nach dem Tode Urbans VIII. (1644), entlud sich der Volkszorn über dessen Familie, die Barberini, die Nutznießer eines hemmungslosen Nepotismus gewesen waren. Das sind einige krasse Beispiele, zu denen viele Varianten bestehen. Der schon in der Antike bekannte Grundsatz »De mortuis nil, nisi bene«, über die Toten nur Gutes zu berichten, wurde in der Papstgeschichte nicht immer eingehalten. Das Volk von Rom konnte aufrichtig trauern über den Verlust eines verehrten Pontifex. Manchmal aber war in Rom, man könnte sagen, die Hölle los.

## Jagd auf die Katalanen

Beim Tode von Calixt III. (Alonso de Borja, 1455–1458) begann die Jagd auf die in Rom ansässigen Katalanen: sie wurden aus ihren Häusern verjagt, manche erschlagen, chaotische Zustände machten sich breit. Die Sünden eines Pontifikats rächten sich schnell. Der Katalane Alonso de Borja (Borgia), der frühere Erzbischof von Valencia, hatte seine drei Jahre auf dem Stuhl Petri allzu unbedenklich für die Karriere seiner Familie ausgenutzt: Ein Neffe, Peire (Pedro), wurde Präfekt von Rom, zwei Neffen erhielten den roten Hut, der eine von ihnen war Rodrigo, der seinem Onkel Jahrzehnte später als Alexander VI. nachfolgen sollte. Der Papst aus Valencia hatte auch sonst seinen katalanischen und spanischen Landsleuten zahlreiche führende Posten an der Kurie und in der Stadt zugeschanzt, und diese fremden Emporkömmlinge hatten durch Hochmut und Arroganz die Römer gegen sich aufgebracht. Ende Juli 1458 litt Calixt unter heftigen Gichtanfällen und Fieber und wurde von den Ärzten aufgegeben. Er selber aber wollte dies nicht wahrhaben, sodass erst ein Kardinal auf ihn einreden musste, es sei jetzt Zeit, an sein Seelenheil zu denken und sich auf den Tod vorzubereiten, wie es sich für einen Papst gezieme. Calixt aber hielt dagegen, so sicher sei es noch nicht, dass er dieses Mal sterben müsse. Mit aller Kraft klammerte er sich ans Leben. Der Papst war immer ein begeisterter Vorkämpfer eines Türkenkreuzzugs gewesen, hatte viel Geld für dieses große Unternehmen gesammelt und die erfolgreiche Heerfahrt der Christen nach Belgrad (1456) sowie die Kriegszüge des albanischen Fürsten Skanderbeg tatkräftig unterstützt. Bis ganz zuletzt wollte er daher über die Fortschritte im Kampf gegen die Ungläubigen auf dem Laufenden gehalten werden. Noch auf dem Sterbebett gewährte er seinem Neffen Pedro Privilegien, und dem Bruder seines Arztes, dem Kardinal Tebaldi, verlieh er das Erzbistum Neapel.

Als der Morgen des 6. August 1458 anbrach, konnte der Beichtvater den Papst daran erinnern, heute sei das Fest der Verklärung Christi, das Seine Heiligkeit vor einem Jahr für die ganze Kirche eingeführt hatte, und genau an diesem seinem Festtag starb Calixt. Und schlagartig brach in Rom der Aufruhr aus; das blutige Kesseltreiben gegen die Katalanen setzte ein. Viele waren rechtzeitig aus der Stadt geflohen, die Spanier aus der engsten Umgebung des Papstes verließen noch rechtzeitig den Vatikan, sodass es um den sterbenden Papst sehr einsam wurde, auch sein Neffe Pedro floh. Mit aller Härte schritt man zur »Bestrafung« der verhassten Fremdlinge; es heißt, man habe sie in Stücke gehauen, wo man ihrer habhaft werden konnte. Häuser wurden zerstört, Paläste geplündert. Besonders taten sich die Orsini hervor und erhoben über den Tod des Papstes ein Freudengeschrei. Der Neffe Rodrigo, Kardinal und Vizekanzler der Kirche, der sich wegen der schlechten römischen Luft im Juni nach Tivoli begeben hatte, kehrte in die Stadt zurück und ging in die Peterskirche, um vor aller Augen für seinen Onkel zu beten.

*Lästerungen über einen toten Papst*

»An einem Donnerstag, um 5 Uhr nachts ist Sixtus gestorben. An diesem allerglückseligsten Tage also hat der allmächtige Gott seine Macht auf Erden gezeigt, und hat das christliche Volk aus den Händen dieses gottlosesten und verbrecherischsten Tyrannen befreit, der keine Gottesfurcht kannte, keine liebevolle Hingabe an die Leitung des christlichen Volkes, kein Gefühl christlicher Barmherzigkeit und Liebe, der einzig und allein, immer und ununterbrochen von gemeiner Sinnlichkeit sich beherrschen ließ, von Habsucht und Prachtliebe und leerer Ruhmsucht und der nichts im Herzen trug. Dieser Papst ist, wie es allgemein heißt und wie die Tatsachen bewiesen haben, ein Knabenschänder und Sodomit gewesen.«

Diese Schmährede rief Stefano Infessura (ca. 1440 – ca. 1500) seinem Vorgesetzten ins Grab nach. Infessuras Häme kennt kein Maß, und sein Urteil über die Päpste ist teilweise haarsträubend. Manches lässt an die so gehässige wie geheime Abrechnung des byzantinischen Amtsträgers und Geschichtsschreibers Prokop (um 500 – 562) mit dem Kaiserpaar Theodora und Justinian in den berühmten »Anekdota« denken. Auch Stefano Infessura war ein höherer Beamter; er stammte aus einer angesehenen römischen Bürgerfamilie und wurde Senatsschreiber. Das klingt bescheiden, war aber damals ein sehr bedeutendes Amt in der Stadtverwaltung. Sein römisches Tagebuch »Diario della città di Roma« umfasst den Zeitraum von 1484 bis 1494. Über das Begräbnis von Sixtus IV. (Francesco Della Rovere, 1471–1484) schreibt er ähnlich abfällig, wie dies später Burckard bei Alexander VI. tun wird:

»Am anderen Morgen ward des Sixtus Leichnam nach der Kirche von St. Peter getragen, mit höchstens 20 brennenden Wachskerzen, in ein altes goldgesticktes und fast zerfetztes Messgewand gekleidet; nur wenige Leute begleiteten ihn. Er war ganz schwarz und entstellt, sein Hals aufgeschwollen, sein Gesicht gleich dem eines Teufels. Seine Seele ward von allen, die ihn sahen, verflucht und heimlich und offen dem Teufel empfohlen. Und man sah keinen Menschen, der gut von ihm gesprochen hätte, außer einem gewissen Bruder vom Orden des heiligen Franziskus, der an jenem Tag allein an seiner Leiche Wache hielt, nicht ohne großen Gestank.«

Der Stadtschreiber lässt an Sixtus kein gutes Haar und listet sein ganzes Sündenregister auf, verurteilt den Geiz und die Habsucht des Papstes, seine Gelderpressungen diversester Art, spricht von den überhöhten Steuern und teuren Getreidepreisen, die auf sein Konto gehen. Infessura übertreibt gewaltig, aber im Kern der Sache hat er nicht Unrecht. Bei Sixtus wurde vieles am Papsthof käuflich, vor allem konnte man Ämter gegen Geld erwerben, und dies erlaubte unfähigen und charakterlosen Beamten, an der Kurie einzuziehen.

## Hadrian VI. – der verhasste Deutsche

Ein Hoch auf den Arzt, weil er seinen Patienten nicht mehr weiterleben ließ. Mit Entsetzen vernahm der päpstliche Leibarzt Giovanni Antracino zusammen mit seinen Kollegen, dem Spanier Garzia Carastosa und dem Italiener Francesco Fusconi, die Lobeshymnen der Römer und ihre Bravorufe. Das alles erweckte den Eindruck, als hätten die Ärzte ihren Schutzbefohlenen, Papst Hadrian VI. (Adriaan Florisz Boyens, 1522–1523), vorsätzlich ins Jenseits befördert. Am 14. September 1523 war Hadrian verschieden, was viele seit Monaten herbeigesehnt hatten. Und weil die Leiche sehr entstellt und aufgedunsen aussah, wurde schnell von Gift gesprochen. Die Spanier warfen den Niederländern vor, sie hätten Franzosen in die päpstliche Küche gelassen, also sei Hadrian einem Mordkomplott zum Opfer gefallen. Die Sektion der Leiche mit den damals bescheidenen Methoden ergab aber keinen Hinweis auf eine Vergiftung, vermutlich erlag der Pontifex einem Magengeschwür oder aber einem unheilbaren Nierenleiden.

Kaum hatte Hadrian die Augen geschlossen, explodierte regelrecht die Wut der Römer auf diesen ungeliebten Papst. Hadrian war im niederländischen Utrecht geboren. Seine Heimat gehörte zum Heiligen Römischen Reich Deutscher Nation, und die Holländer und Flamen wurden damals meist noch zu den Deutschen gezählt – daher nennen ihn die Geschichtsbücher »den letzten deutschen Papst« (vor Benedikt XVI.) und zugleich den letzten Nichtitaliener auf dem Papstthron (vor Johannes Paul II.). Adriaan Boyens war Erzieher und Ratgeber von Kaiser Karl V. und führte zeitweilig dessen Regierungsgeschäfte in Spanien. Am 9. Januar wurde er zum Papst gewählt, aber erst am 29. August 1522 traf er in Rom ein, eine asketisch strenge Gestalt, ein wahrer Kirchenmann, dem Buße nicht fremd war. Aber gerade deshalb passte er nicht in das lebensfrohe und üppig lebende Rom der Renaissance.

Der Volkszorn entlud sich nach seinem Tod in wüsten Beschimpfungen. Die Humanisten und Literaten, vom Vorgänger Leo X. reich dotiert, wurden durch seine Sparmaßnahmen getroffen und nahmen jetzt bittere Rache. Auf öffentlichen Plätzen las man Plakate mit Schmähgedichten, mit wilder Freude pries man seinen Tod. Hadrian wurde als Barbar hingestellt, alle möglichen Laster wurden ihm angedichtet, angeblich sei er an übermäßigem Biergenuss gestorben.

Hadrian hatte sich ihnen nicht aufgedrängt, er war am meisten überrascht von der Entscheidung der Kardinäle, die ihn zwar gewählt, aber im Grunde nicht gewollt hatten. Entsprechend frostig verlief sein Empfang in Rom, er hatte sich teure Feierlichkeiten verbeten. Später wird man ihn deshalb einen Geizkragen nennen. Er kritisierte die Missstände an der Kurie und forderte eine längst fällige Reform. Sein Vorgänger, der Medicipapst Leo X., war populär gewesen, er hatte das Geld mit vollen Händen ausgegeben und hinterließ daher einen riesigen Schuldenberg, der Heilige Stuhl war pleite, und der neue Oberhirte musste sparen. Er kürzte die Gehälter der Kurialen, drosselte die Ausgaben für Künstler, forderte einen einfachen Lebensstil, begrenzte die hohen Einkünfte der Kardinäle, und mit all dem machte er sich Feinde, die seine ehrlichen Absichten verhöhnten.

Kaum war er ein paar Wochen in seiner Residenzstadt, brach dort im September 1522 die Pest aus. Er musste strenge Verordnungen erlassen, die Kurialen legten dem Papst nahe, möglichst schnell die durchseuchte Stadt zu verlassen, was er aber strikt ablehnte. Selbst als ein spanischer Kämmerer an der Pest starb, die Gefahr also bis in den Vatikan vorgedrungen war, hielt er tapfer aus, schirmte sich aber im Papstpalast vor Besuchern ab. Die kurialen Beamten, selbst die Kardinäle, ergriffen dagegen fast alle die Flucht. Nur die spanischen und niederländischen Bediensteten harrten bei ihrem Papst im Vatikan aus. Mit Winteranfang ebbte die Pest ab, und zum Jahresende normalisierte sich wieder das Leben in der Ewigen Stadt.

Hadrian wollte an der Kurie Stellen einsparen; ein Bediensteter, der sich in seiner Existenz bedroht sah, wollte daraufhin den Papst erstechen, was aber durch einen Kardinal verhindert wurde. Der Pontifex wollte würdige Männer auf kirchlichen Posten, auch damit erntete er Unverständnis, da im Grunde alles längst käuflich geworden war. Beziehungen waren wichtiger als Fähigkeiten.

Im Juli und August 1523 setzte dem Papst die große und für ihn ungewohnte Hitze zu, er musste aufs Krankenlager, am 8. September wurde ihm klar, dass er dem Tod entgegenging. Wenige Tage vor seinem Ableben hatte er Wilhelm (Willem) van Enckenvoirt, auch diesmal gegen den massiven Widerstand im Kollegium, mit der Kardinalswürde bedacht. Es ist der einzige von ihm kreierte Kardinal.

Nach einer kurzen Besserung befiehl ihn heftiges Fieber, und die Ärzte gaben ihn auf, sie konnten den Kräfteverfall nicht verhindern, der am 14. September 1523 zu seinem Tod führte. Für sein Begräbnis hatte er jegliche Prachtentfaltung verboten und wünschte ein einfaches Grab. Das hat er auch zunächst in St. Peter erhalten, ohne jeden Schmuck und Aufwand, aber mit folgender Inschrift »Hier liegt Hadrian VI., der es als das größte Unglück ansah, dass er herrschen musste.« Aber sein Vertrauter Wilhelm van Enckenvoirt besaß mit seiner neuen Stellung als Kardinal die Möglichkeit, für Hadrian VI. ein bleibendes Denkmal zu schaffen. Entgegen dem Wunsch Hadrians sparte er an nichts und ließ ein prachtvolles Werk aus buntem Marmor erstellen, ein Meisterwerk von Baldassare Peruzzi.

Wenn sich die deutschen Katholiken in Rom am Sonntag zum Gottesdienst versammeln, sehen sie vorne im Chor ihrer Nationalkirche Santa Maria dell'Anima dieses Monument, in dem Hadrian begraben ist, der letzte deutsche, wie es bisher hieß, und der hier bei den Deutschen seinen Frieden gefunden hat, weil ihn die Römer nicht wollten. Am 12. August 1533 wurden seine sterblichen Überreste hierher übertragen, in den Sarkophag, auf dem Hadrian in Pontifikalgewändern wie schlafend liegt, das mit der Tiara gekrönte Haupt auf die Linke gestützt. Das Grabmal ziert ein Wort des Plinius: »Ach, wieviel hängt davon ab, in welche Zeit auch des besten Mannes Wirken fällt.«

## Volkszorn gegen einen Fanatiker

Carafa – der Name stand für Eifer und Verfolgung. Schon als Kardinal machte Gian Pietro Carafa Jagd auf alle Abweichler, unerbittlich und hart, und vielleicht wollte man einmal einen Hardliner, einen Strengen und Gefürchteten an der Spitze sehen und wählte ihn mit 79 Jahren zum Pontifex. Mit diesem Papst nahm die Kirche ersichtlich Abschied von der offeneren Haltung, die sie während des Renaissancezeitalters gezeigt hatte; Italien wurde nicht zuletzt infolge seiner strengen Zensur- und Verfolgungsmaßnahmen zu einem Land religiöser und geistiger Unfreiheit.

Selbst Ignatius von Loyola bekannte einigen Vertrauten, alle Knochen im Leib hätten ihm gezittert, als er von der Wahl Carafas zum Papst erfuhr. Paul IV. (1555–1559) hasste alle, die er für Ketzer oder Ketzerfreunde hielt, die Lutheraner und Calvinisten, aber auch den Kaiser und die Spanier, er hasste viele und wurde von vielen gehasst. Als er nach vierjähriger Amtszeit im Todeskampf lag und sich ein friedliches Einschlafen wünschte, gingen die Leute auf die Straße und begannen, ihrem Ärger Luft zu machen. Es kam zu tumultartigen Ausschreitungen. Und als er dann endlich am 18. August 1559 starb, da kochte die Volksseele über. Die erzürnten Römer stürmten das Gebäude der Inquisition und steckten es in Brand. Junge Leute liefen zum Kapitol, zerschlugen dort in blinder Wut die Marmorstatue des Papstes, rollten den Kopf mit der Tiara durch die Stadt und warfen ihn in den Tiber. Auf Flugblättern verhöhnten sie den Verstorbenen. Chaotische Zustände rissen ein, bei Nacht wagte sich niemand mehr auf die Straße. Vielerlei Gründe hatten zu Hass und Verbitterung unter der Bevölkerung geführt. Ein sinnloser Krieg gegen die Spanier hatte die Kassen geleert und die Steuerlast verschärft. Kaum war Papst Paul IV. verstorben, verhängte die Kommune Rom auch offiziell die »damnatio memoriae« über das Haus Carafa, damit wurde zugleich angeordnet, alle Wappen, Insignien und Bilder des Papstes sowie seiner Familie zu zerstören.

In aller Stille wurde der Leichnam nach St. Peter gebracht und so tief wie möglich beigesetzt, zugleich wurde das Grab bewacht.

Paul hatte sich energisch gegen den Tod gewehrt. Er sagte, er wolle so alt werden wie sein Vater, der als Hundertjähriger starb. Aber er war an der Wassersucht erkrankt und zählte schon über achtzig Jahre, sein Arzt konnte hier nicht mehr viel tun, obwohl seine Bezahlung wesentlich erhöht wurde. Es wurden noch zwei neue Ärzte hinzugezogen. Und der Kranke diskutierte mit ihnen über die richtige Behandlungsmethode. Mit eisernem Willen wollte er sich aufrecht halten. Er hatte Hoffnung bis zuletzt.

Es rächte sich, dass die Kardinäle einen 79-jährigen, jähzornigen Greis gewählt hatten, ein Kirchenoberhaupt, das von irrationalem Hass und Altersstarrsinn geleitet war. Die Angst Pauls IV. vor Glaubensfeinden nahm krankhafte Züge an. Jeden Ansatz einer Häresie wollte er mit allen Mitteln ausrotten, und zahlreiche Hinrichtungen auf der Piazza Navona und dem

Campo de' Fiori zeugen vom Fanatismus dieses Papstes. Sein Verfolgungswahn machte auch vor Kardinälen nicht halt: Den Kardinal Morone ließ er in der Engelsburg gefangen halten, erst der Tod des Papstes brachte seine Befreiung.

Paul IV. hat in unseliger Weise polarisiert. Die Juden, die bisher in Rom relativ ungeschoren leben konnten, sperrte er ins Ghetto ein; auch ließ er so genannte »Marranen«, getaufte Juden, die aber nach Meinung der Inquisition insgeheim noch ihrem alten Glauben anhingen, auf dem Scheiterhaufen verbrennen. Selbst Kaiser Karl V. und dessen Sohn Philipp II. beschuldigte er der Ketzerei, als wütender Eiferer verbreitete Paul IV. Angst und Schrecken. Wen wundert es, dass sein Tod als Erlösung empfunden wurde? Und die Sache mit einem passenden Grabmal gestaltete sich schwierig. Er hatte zwar selber noch den Auftrag für ein Wandgrab erteilt, aber es passierte nichts, sein Nachfolger Pius IV. (Giovanni Angelo Medici, 1559–1565) zeigte deutlich seine Verachtung für den verhassten Vorgänger. Und die Nepoten, die Paul IV. in hemmungsloser Weise begünstigt hatte, gerieten in allergrößte Schwierigkeiten. Es ging bei einigen von ihnen um Kopf und Kragen, sie wurden vor Gericht gestellt, und über Giovanni und Carlo Carafa wurde 1561 das Todesurteil verhängt. Der Tod eines Papstes konnte auch für manche Nepoten den Tod bedeuten, auch der Kardinalspurpur schützte da nicht; der Kardinal Carlo Carafa jedenfalls sah den Henker mit der seidenen Schnur, und der kannte kein Erbarmen.

Beim nächsten Pontifikatswechsel drehte sich wieder der Wind, der neue Papst Pius V. (Antonio Michele Ghislieri, 1565–1572) war ein treuer Anhänger des Carafapapstes; dessen noch lebende Angehörigen wurden rehabilitiert, und jetzt erhielt der wieder akzeptierte Paul IV. ein gewichtiges Grabmal in Santa Maria sopra Minerva.

### Der Papsttod – Katastrophe für die Nepoten

Auch nach dem Tode Urbans VIII. (Maffeo Barberini, 1623–1644) entlud sich der Volkszorn gegen seine Hinterbliebenen; nur mit Mühe konnten sich die Barberini vor der Lynchjustiz des Pöbels schützen. 21 Jahre Pontifikat hatten den Nepoten reichlich Gelegenheit geboten, sich maßlos zu bereichern. Der Tod des Papstes war wie ein Fanal. Jubel brach aus, als die Todesnachricht verbreitet wurde, viel Zorn und Verärgerung hatte sich aufgestaut. Der Nachfolger Innozenz X. (1644–1655) nahm die Missstimmung gegen die Barberini auf und setzte eine Untersuchungs-kommission ein, es ging um die Veruntreuung kirchlicher Gelder. Der Kirchenstaat war hoch verschuldet, und die Barberini hatten trotzdem immense Reichtümer an sich gerissen.

Wenn die Tage des Papstes zu Ende gehen, werden die Nepoten sichtlich nervös, schlagartig stehen sie schutzlos da, dem Nachfolger auf Gedeih und Verderb ausgeliefert. Der aus einer reichen Florentiner Kaufmanns-familie stammende Maffeo Barberini machte eine Bilderbuchkarriere; als er mit erst 55 Jahren Papst wurde, war der gesunde, vitale Mann ein Hoffnungsträger. Die Kirche brauchte einen tatkräftigen Pontifex; in Deutschland tobte der Dreißigjährige Krieg, und die katholischen Mächte Frankreich und Spanien waren verkeilt in eine Dauerfeindschaft. Der neue Papst war freundlich und umgänglich. Nicht ungewöhnlich, dass er seine Neffen zu Kardinälen machte. Doch bald sah ganz Rom mit Entsetzen, wie bedenkenlos die päpstliche »Familienbande« sich bereicherte; der Nepotis-mus ging unvermindert weiter, als ob es ein Konzil von Trient nie gegeben hätte. Wer die Bestimmungen dieses Konzils gegen den Nepotismus nicht ernst nahm, war der Papst höchstpersönlich, und das war verhängnisvoll. Da es keine Person oder Institution gab, welche die Entscheidungen des Papstes kontrollieren durfte, konnte er in aller Machtvollkommenheit Posten an Günstlinge vergeben, kirchliche Gelder in Privatvermögen umleiten lassen und überhöhte Steuern erheben. Misswirtschaft und zer-rüttete Finanzen waren die Folge.

Der Unmut der Römer entlud sich in beißenden Satiren. Spottverse kursierten wie »Urban VIII. mit seinen Nepoten/Schadet uns mehr als Vandalen und Goten!« Bis heute ist der lateinische Vers bei den Römern unvergessen: »Quod non fecerunt barbari, fecerunt barberini!« (Was die Barbaren nicht zerstört haben, zerstörten die Barberini.). Dieses geflügelte Wort nimmt speziell Bezug auf die Tatsache, dass Urban Bronzeplatten vom Pantheon für den Altar der Peterskirche verwenden ließ. Es hieß, man könne mit den vielen Pamphleten gegen die Urbansche Günstlings-wirtschaft einen ganzen Band füllen. Urban hat den Steuerdruck spürbar erhöht, so blieb ihm der Titel »O Papa Gabella«, Steuerpapst, auch nicht gerade eine schmeichelhafte Bezeichnung. Der Papst ließ sich außerdem zu einem Krieg gegen das kleine Castro verleiten, der im Sande verlief, aber viel Geld kostete.

Urbans Pontifikat beruhte sehr stark auf seinen Nepoten. Bei aller Kritik an seinem Verhalten muss jedoch gesagt werden, dass für einen Papst eine gewisse Unumgänglichkeit bestand, sich in den Dingen der Politik und Diplomatie auf die Mitglieder der eigenen Familie als Helfer und Ratgeber zu stützen. Die Kardinäle und die hohen Amtsträger der Kurie, die ja ihre Position nicht dem neugewählten Papst verdankten, verfolgten viel zu sehr ihre eigenen Interessen, als dass sie für eine enge und vertrauensvolle Mitarbeit bei der päpstlichen Politik in Frage gekommen wären. Dennoch hat Urban den Bogen überspannt: Seine wichtigsten Nepoten, Antonio, Taddeo und vor allem Francesco Barberini, erhielten in Windeseile eine Fülle von lukrativen Posten und konnten den gewaltigen Familienpalast errichten lassen. Hier stand auch der »Barberinische Faun«, jenes heute in der Münchener Glyptothek gezeigte antike Meisterwerk, das Maffeo Barberini wohl durch Bernini hatte restaurieren lassen – die Barberini waren zwar verschwenderisch, aber auch sehr kunstsinnig. Nach dem Tod des päpstlichen Onkels flüchtete sich der entmachtete Nepot Antonio Barberini nach Frankreich, das Urban sehr begünstigt hatte, aber Innozenz blieb ihm gleichsam auf den Fersen. Er veröffentlichte ein Breve, das besagte, wenn ein Kardinal Rom ohne Erlaubnis verließe, würde nach einem halben Jahr sein Vermögen eingezogen und er ginge seines Amtes verlustig. So geschah es den Barberini. Zur Ruhe kam der Konflikt mit ihnen dadurch allerdings nicht. Sie fanden in Frankreich einen mächtigen Beschützer in Kardinal Mazarin. Die französischen Drohungen zwangen den Papst, die Barberini nolens volens wieder in ihre Ämter und Güter einzusetzen. Eine fühlbare Bestrafung der Nepoten war gescheitert, und Innozenz X. begann nun selber, seine eigenen Verwandten mit Posten und Geld zu überhäufen, und die ganze Pamfili-Familie blühte auf und geriet in ein regelrechtes Baufieber. Der Nachfolger, Alexander VII. (1655–1667), wiederum strafte die Familienangehörigen des Pamfilipapstes ab, die einst übermächtige Papst-Schwägerin Olimpia musste Rom verlassen.

## Clemens IX. – verehrt und versteckt

Giulio Rospigliosi galt als kränklich. »Man meint,« so schrieb ein Kardinal, »dass er wohl noch zwei bis drei Jahre leben könne und eben dies sei es, das ihm am ehesten zur Wahl verhelfen kann.« Und Kardinal Harrach hatte recht, nach zwei Jahren und fünf Monaten verabschiedete sich

Clemens IX. (1667–1669) von dieser Welt und vom Papsttum, konnte jedoch in dieser kurzen Zeit viel Sympathie gewinnen, vor allem weil er sich höchst persönlich der Armenfürsorge annahm und zweimal wöchentlich die Beichte hörte. Auch als Friedensvermittler zwischen Frankreich und Spanien war er geschätzt. Der Papst starb im Quirinal, sein Leichnam wurde nach St. Peter überführt und dort vorläufig beigesetzt. Und was jetzt kommt, war nicht selbstverständlich. Das Volk eilte in Scharen herbei und verehrte den gütigen Papst wie einen Heiligen.

Noch für einige Jahre hielt die Verehrung an, sodass man Sorge hatte, die Leute könnten den Sarg öffnen, um daraus Reliquien zu entnehmen. Der Leichnam wurde deshalb im April 1675 an einen geheimen Ort gebracht, also regelrecht versteckt. Hatten die Nachfolger Angst vor soviel Popularität? Im Jahre 1680 kamen die Gebeine in die Kirche S. Maria Maggiore, wo sie ein einfaches Erdgrab mit einer Grabplatte fanden, dafür hatte sich der Verstorbene den Text gewünscht: »Hic iacent ossa Clementis IX.« (Hier ruhen die Gebeine Clemens' IX.). Die Inschrift wurde dann tatsächlich in Goldbuchstaben ausgeführt und zwar mit einem ausführlicheren Text. Der im Leben Bescheidene will es auch nach dem Tod sein.

Dritter Teil

# Die Grablege der Päpste von Petrus bis Johannes Paul II.

*Das Grabmal Pauls III. in St. Peter*

# Zehntes Kapitel

# Papstgräber – vom schlichten Erdgrab zum barocken Prunkmonument

Wer hoch oben auf der Engelsburg einen Espresso trinkt und seinen Blick hinüberschweifen lässt zur Peterskuppel, denkt nicht unbedingt daran, dass er in einem Grabmal sitzt und sein Blick ebenfalls auf ein Grabmonument gerichtet ist, denn St. Peter ist eigentlich eine Grabeskirche, eine Wallfahrtsstätte über dem Petrusgrab. Und die Engelsburg wurde ursprünglich erbaut als Mausoleum des Kaisers Hadrian, der zwar Heide war, aber als weiser und friedliebender Herrscher einen positiven Platz in der römisch-christlichen Tradition einnahm. Derartige Grabmonumente haben sich die Päpste nicht errichten lassen. Ihre Anfänge in Rom sind bescheiden. Die ersten Bischöfe Roms wurden in schlichter Weise bestattet, vermutlich nahe beim Petrusgrab, um das sich wohl bald ein Kult bildete. Es wird eine Art Gewohnheit, »ad sanctos«, bei den Heiligen, seine Ruhestätte zu finden. Für die Christen der ersten Jahrhunderte wie für ihre

*Grabmal Urbans VI.*

149

Bischöfe war der Tod allgegenwärtig; Phasen der Ruhe wechselten ab mit Zeiten blutiger Verfolgung. Als Friedhöfe für die junge Christengemeinde entstanden die Katakomben, und in einer entwickelte sich eine Papstgrablege, die Papstkrypta in der Calixtuskatakombe. Die römischen Bischöfe werden schlicht wie die anderen Toten in der Erde bestattet, für sie werden keine Mausoleen an der Via Appia errichtet wie das berühmte Grab der Cecilia Metella.

Im Lauf der Jahrhunderte bilden sich drei wesentliche Grablegen heraus: die Calixtuskatakombe, die Lateranbasilika (San Giovanni in Laterano), St. Peter.

## Das Petrusgrab

Wenn eine Pilgergruppe mit dem Bus zur Via Appia Antica hinausfährt, wird schon bei der unscheinbaren Quo vadis-Kapelle, die auf das 9. Jahrhundert zurückgeht, ein erster Halt eingelegt. Hier erzählt der Reiseführer regelmäßig die ergreifende Legende: Als zu Neros Zeit in Rom die Christenverfolgung wütete, konnte der zum Tode verurteilte Petrus aus dem Kerker fliehen und machte sich auf den Weg, um auf der Via Appia die Stadt zu verlassen. An dieser Stelle begegnete er seinem Herrn und Meister und stellte ihm die Frage: »Domine, quo vadis?« (Herr, wohin gehst du?), und er erhielt die Antwort: »Ich gehe nach Rom, um mich dort aufs Neue kreuzigen zu lassen.« Petrus verstand die Mahnung, machte kehrt und wanderte zurück in die Stadt, um hier den Märtyrertod zu finden. Aber war Petrus überhaupt in Rom?

Ein Aufenthalt des Apostels Simon Petrus in Rom wird im Neuen Testament nicht erwähnt. Allerdings ist in den Aufzeichnungen einiger Kirchenväter von Petrus' Wirken in Rom die Rede; diese Tradition reicht sehr weit zurück. Zumindest vor der Anwendung moderner Quellenkritik auf die Ursprünge des Christentums zweifelte innerhalb der katholischen Kirche niemand an der absoluten Glaubwürdigkeit der römischen Petrus-Überlieferung: Der Apostel Petrus verbrachte nach ihr seine letzten Lebensjahre in Rom und erlitt dort zwischen 64–67 nach Christus, auf Befehl Neros, den Kreuzestod. Die Legende ergänzt, Petrus habe in Erinnerung an seinen Meister gewünscht, nicht so wie er, sondern mit dem Kopf nach unten gekreuzigt zu werden. Neben dem Circus des Nero am Vatikanischen Hügel wurde sein Leichnam vermutlich in ein schlichtes Erdgrab gelegt, wie es

150

damals üblich war, und mit einigen Ziegeln bedeckt. Für die Römer war er ein Hingerichteter, der nur in einfachster Weise bestattet werden durfte. Und auch die junge Christengemeinde wollte kein Aufsehen erregen.

Später hat man an dieser Stelle ein Monument errichtet, Tropaion genannt, das aus zwei Säulen bestand. Davon berichtet um 200 der römische Priester Gaius: »Ich aber kann die Grabmäler der Apostel zeigen, denn wenn du an den Vatikan gehen willst oder auf die Straße nach Ostia, so wirst du dort die Grabmäler derer finden, die diese Gemeinde gegründet haben.« Reste dieses Tropaion haben Archäologen bei Ausgrabungen gefunden, die Pius XII. ab 1940 durchführen ließ. Bisher war der Bereich unter dem Papstaltar eine Tabuzone und wurde nie angetastet. Als man jetzt in die Tiefe vorstieß, kam eine groß angelegte Nekropole zum Vorschein. Die Forscher staunten nicht schlecht, als sie diese umfangreiche Begräbnisstätte Stück für Stück frei legten. Sie enthielt neben schlichten Erdgräbern auch ausgemalte Mausoleen, die ältesten Funde gehen bis ins 1. Jahrhundert zurück, es finden sich christliche und heidnische Gräber nebeneinander bis zum Anfang des 4. Jahrhunderts.

Dieser vorchristliche Friedhof unter dem Hauptaltar der römischen Peterskirche kann nach Anmeldung bei der Dombauhütte *Fabbrica di San Pietro* besichtigt werden. Der Abstieg zur Wiege des römischen Christentums ist ein eindrucksvoller Weg. Die bemalten Wände, Mosaiken, Stuckdekorationen, Urnen und Sarkophage zeigen, wie sehr Rom ein Schmelztiegel von Kulturen und Religionen war. Heidnische und christliche Symbole stehen nebeneinander, ein Goldmosaik zeigt Christus als Sonnengott, ein Zeichen der Auferstehung an diesem Totenort.

Eine andere weitgehend erhaltene Totenstadt aus der römischen Kaiserzeit ist seit Oktober 2006 für die Öffentlichkeit zugänglich. Sie wurde im Jahr 2003 durch Zufall bei Bauarbeiten für einen Parkplatz innerhalb der Vatikanstadt entdeckt. Seitdem wurde der Ort zu einem Museum umgebaut. Überdacht von einem einfachen weißen Gebäude können Besucher ungefähr 250 Grabstätten der Totenstadt auf Laufstegen besichtigen. Zu sehen sind unter anderem Urnen, Skelette, Grabbeigaben, wertvolle Mosaike und Säulen aus der Zeit zwischen Augustus und Kaiser Konstantin.

Ab etwa 330 ließ Kaiser Konstantin seine Petersbasilika genau über einem Gräberfeld erbauen und zudem noch am Abhang des Vatikanischen

Hügels, was umfangreiche Stützmauern erforderte. Man kann sich das nur so erklären, dass in der Mitte der Basilika das Tropaion seinen Platz finden sollte. Übrigens ließ sich dieses kleine Monument auf 160 datieren, darunter liegen Mauerreste aus dem 1. Jahrhundert. Auch eine rote Mauer kam zum Vorschein und darunter einige Gebeine, die manche Forscher vorschnell als Petrus-Reliquien ausgegeben haben. Der Name Petrus wurde zwar an einer Wand eingraviert entdeckt, aber damit sind die Gebeine nicht eindeutig identifiziert. Die Ausgrabungen lieferten keinen klaren Beweis für die Anwesenheit des Petrus in Rom, zeigten aber eine lange Tradition für ein Petrusgrab. Direkt unter der Peterskuppel befindet sich also ein Grab, das bald ein Denkmal, eine Memoria erhalten hat, und darüber ließ Papst Gregor der Große um 600 einen Altar errichten; der heutige Altar stammt aus der Zeit von Clemens VIII. (1592–1605).

Seit vielen Jahrhunderten ist das Apostelgrab Ziel von Pilgern aus aller Herren Ländern. An den für einen Bau des vierten Jahrhunderts gewaltigen Ausmaßen der Kirche und an ihrer prächtigen Ausstattung kann man die große Verehrung ablesen, die dem Grab entgegengebracht wurde. Die Pilgerströme nach Rom verstärkten sich nach der Einnahme des Heiligen Landes durch die Araber im 7. Jahrhundert. Reisen nach Jerusalem waren gefährlicher geworden, sodass immer mehr Menschen stattdessen nach Rom pilgerten.

## Die Calixtus-Katakombe

Das Tuffgestein machte es möglich. Man konnte relativ leicht in die Tiefe graben und hatte doch stabile Wände, sodass nicht ständig Einsturzgefahr herrschte. Ende des 2. Jahrhunderts wurde an der Via Appia Antica eine besonders große Grabanlage begonnen, die später nach Papst Calixt I. (217–222) benannt wurde, wobei er selbst gar nicht hier seine Ruhestätte fand. Über vier Stockwerke zieht sich ein Netz von Gängen hin mit ungefähr 20 Kilometern, und ein besonderer Raum gilt als Krypta der Päpste; offensichtlich gab es eine Tendenz, die Bischöfe Roms im Tod zu vereinen und für ihre Leichname eine gemeinsame Grablege zu schaffen. Aus Inschriften ist bekannt, wer hier bestattet wurde wie z. B. Pontianus, Anterus, Fabianus, Entychianus, Eusebius, Miltiades, überwiegend griechische Namen werden genannt. Auch in anderen Katakomben fanden sich Papstgräber. Wer heute hinabsteigt, sieht nur mehr leere Wandnischen, die Gebeine wurden aus

Furcht vor Plünderungen in die verschiedensten Kirchen verstreut. Eindrucksvoll ist auch der Blick auf die Wandmalereien. In diesen geheimnisvollen Räumen ist noch die spirituelle Atmosphäre der frühen Kirche zu spüren, die man im prunkhaften Rom der späten Päpste vergebens sucht.

Die Gebeine der frühen Päpste, die allesamt als Märtyrer Verehrung genießen, wurden im Mittelalter zu Reliquien und damit zu begehrten Objekten, Sie fanden ihren Weg auch in deutsche Kirchen, z. B. nach Gandersheim. Dieses berühmte Reichsstift am Fuße des Harzes wurde 852 vom sächsischen Grafen Liudolf, dem Ahnherrn der Ottonen, und seiner Gemahlin Oda gestiftet. Um Reliquien für den Altar zu erbitten, pilgerte das Stifterpaar zu Papst Sergius II. nach Rom. Dieser sicherte dem neuen Kanonissenstift Schutz und Segen zu und übergab den Stiftern die Gebeine der heiligen Päpste Anastasius und Innocentius, die von da an den Grundstock des Kirchenschatzes von Gandersheim bildeten.

## San Giovanni in Laterano

Um das Jahr 400 endet die Bestattung in den Katakomben; mit Leo I., dem Großen (440–461) wird der Platz vor St. Peter und bald die Kirche selber zur Hauptgrablege der Päpste. Davon gibt es sehr wohl Abweichungen, manche Päpste wünschten sich St. Paul vor den Mauern als Bestattungsort, z. B. Felix III., bestattet 492 vermutlich in einer Familiengrabstätte. Das Grab ist zwar verschollen, aber eine Marmorplatte gibt Auskunft über vier Namen. Erwähnt sind neben Felix, der vor seinem Pontifikat verheiratet war, seine Gemahlin Petronia, seine Tochter Paula und sein Sohn Gordianus.

So wie in den großen Grablegen der weltlichen Herrscher, z. B. im Dom zu Speyer, mehrere Könige nacheinander bestattet wurden, begann auch bei den Päpsten eine ähnliche Entwicklung, als sie im 11. und 12. Jahrhundert die Lateranbasilika als Grablege wählten. Wer damals in der gleichsam offiziellen päpstlichen Grabeskirche Aufnahme fand, erlangte damit auch eine postume Legitimation. Über zwanzig Oberhirten fanden in der Laterankirche ihre Ruhestätte.

## Das klappernde Grabmal

Er galt schon zu Lebzeiten als rätselhafte und geheimnisvolle Persönlichkeit, nach seinem Tod sollte sich das noch steigern. Der Aquitanier Gerbert von Aurillac war Abt von Bobbio, Erzbischof von Reims und Ravenna, wurde zum Lehrer und Berater Kaiser Ottos III. berufen und nach dem Willen des Kaisers auch zum Papst mit dem Namen Silvester II. (999– 1003) erhoben. Gerbert, Prototyp des mittelalterlichen Universalgelehrten, verstand viel von Mathematik und Astrologie und war durch einen Aufenthalt in Spanien auch mit den arabischen Wissenschaften in Kontakt gekommen. Eine seiner Erfindungen war eine Rechentafel, mit der er schwierigste Aufgaben lösen konnte. Wegen seiner umfassenden Kenntnisse, besonders der geheimen Künste, geriet er in den Ruf eines gefürchteten Magiers, über den man viele Geschichten erzählte, unter anderem auch, dass er mit dem Teufel einen Pakt geschlossen habe. Sein Ruf als Zauberer war weit verbreitet, beispielsweise dichtete Walther von der Vogelweide über ihn:

»Der Stuhl zu Rom ist wiederum

So wohl behütet

Wie von Gerbert, dem Zauberer, der einst darauf gewütet,

Doch jener hat sich selber nur Der Höll ergeben … « (Übersetzung: Karl Simrock)

Sein Grab erhielt Silvester II. 1003 im Lateran. Sergius IV. (1009–1012) ließ zu seinem Gedenken eine Marmorplatte mit einer Inschrift versehen:

»Iste locus mundi Silvestri Membra Sepulti venturo Domino conferet ad sonitum.«

(Dieser Ort der Welt wird die Glieder des begrabenen Silvester dem Herrn, wenn er kommen wird, zum Klang zubringen.)

Die Wendung »ad sonitum« hat die Fantasie beflügelt. Wenn der Tod eines Papstes bevorsteht, ist in Silvesters Grab ein lautes Klappern zu hören, und zugleich fängt die Platte zu schwitzen an und sondert Wasser ab. Vor 1000 Jahren nahm man solche Geschichten durchaus ernst, und Silvesters Grab war eine mysteriöse Attraktion. Es wurde übrigens einige Male verändert, von Borromini erhielt es eine barocke Gestalt, und 1910 bekam es das heutige Aussehen. Die originale Marmorplatte von Sergius IV. ist noch erhalten.

Das wachsende Selbstbewusstsein der Päpste und ihr Anspruch, dem Kaiser nicht nur gleich, sondern übergeordnet zu sein, zeigte sich auch bei ihren Grabmälern. Ein römischer Kaisersarkophag erschien ihnen durchaus angemessen. Innozenz II. (1130–1143) ließ den edlen Porphyrsarkophag des Kaisers Hadrian aus der Engelsburg in die Lateranbasilika bringen und bestimmte ihn zu seiner Ruhestätte. Das passte auch zur sonstigen imperialen Prachtentfaltung dieses Papstes. Der kostbare antike Schrein ist ein Zeichen kaisergleicher Würde und des im hohen Mittelalter verbreiteten Bestrebens, dem Rom der antiken Kaiserzeit politisch und kulturell nachzueifern. Begraben wie ein Kaiser, Innozenz erschien das attraktiv.

Und noch ein zweiter rotschimmernden Porphyrsarkophag fand im Lateran seine Aufstellung. Anastaius IV. (1153–1154), ließ den kostbaren Sarkophag Helenas, der hoch verehrten Mutter Kaiser Konstantins des Großen, im Lateran aufstellen und fand in diesem Schrein seine letzte Ruhestätte. Kaiserlicher Porphyr ließ Gräber in besonderem Glanz erstrahlen.

Längst nicht alle Grabmäler in der Laterankirche sind erhalten, etliche fielen den großen Feuersbrünsten von 1308 und 1361 zum Opfer.

## Papstgebeine im Eisenbahnabteil

In einem Alter, in dem andere noch auf das Papstamt warten, ereilte Papst Innozenz III. (1198–1216) der Tod, mit 56 Jahren musste er aus dieser Welt scheiden und fand sein Grab im Dom von Perugia, unter heftigen Turbulenzen, wie wir oben schon berichtet haben. »Ewige Ruhe« war ihm dort allerdings nicht beschieden. Bei Umbauarbeiten wurde sein Sarkophag zerstört wie auch die Gräber von Papst Urban IV. (1261–1264) und Martin IV. (1281–1285). Die Gebeine dieser Päpste wurden zusammen in einen Kasten gepackt und in der Sakristei aufbewahrt. 1615 erhielten sie zusammen ein neues Grabmal.

Einige Zeit herrschte nun Ruhe um das Innozenz-Grab, aber plötzlich vermisste man den mittelalterlichen Pontifex. Man wollte das Andenken dieses bedeutendsten Papstes des Mittelalters in Rom sichtbar an einer prominenten Stelle haben, und so ließ Leo XIII. (1878–1903), der vorher Erzbischof von Perugia gewesen war, ein monumentales Grabmal in San Giovanni in Laterano errichten und verfügte die Übertragung der Gebeine nach Rom.

Über das »Wie« wundert man sich; angeblich hat ein Kurienbeamter die Gebeine in einem Koffer nach Rom gebracht und zwar unauffällig in einem Zugabteil. So schildert es jedenfalls ein Bericht in der Frankfurter Zeitung von 1. Juni 1902. Wenn ein anderer Reisender mit im Abteil war, konnte er vielleicht das Klappern der Knochen hören; welch berühmte

Gebeine über seinem Kopf im Gepäcknetz lagen, konnte er natürlich nicht ahnen. Das geschah im Jahre 1883, das Grabmonument ist datiert auf 1891. Es wurde am Eingang zur Sakristei errichtet.

Leo XIII. war der bisher letzte Papst, der seine Ruhestätte in der Laterankirche fand. Nach seinem Tod 1903 wurde er wie üblich in St. Peter bestattet und erst 1924 in den Lateran überführt, solange zog sich die Errichtung des monumentalen Grabmales hin. Die Übertragung gestaltete sich geheimnisvoll und fand statt in der Nacht vom 22. auf den 23. Oktober 1924, still und leise und ohne Aufsehen sollte der Lateran erreicht werden; nach langwierigen Verhandlungen mit der italienischen Regierung hatte man sich auf diese Vorgehensweise geeinigt. Es gab dann auch keine Zwischenfälle. An einem Skandal war niemand interessiert, ebenso wenig wie an einer pomphaften, papstgemäßen Überführung.

### Die Hauptgrablege im Petersdom

Papstbestattungen fanden ursprünglich vor der Peterskirche statt, beim Eingang der Kirche oder in der Sakristei. Erst die Übertragung der Gebeine Leos I. (440–461) ins Querhaus der Basilika im Jahr 688 begründete die Bestattungen im eigentlichen Gotteshaus. In den letzten 500 Jahren wurde St. Peter der übliche Begräbnisort für Päpste, einige wenige überbrückten hier eine gewisse Wartezeit, bis ihr Grabmal in einer anderen Kirche Roms fertiggestellt war.

Wer ist nun im Petersdom bestattet worden? Auskunft gibt am Eingang zum Museum von St. Peter eine Marmorplatte mit der Inschrift: »Summi Pontifices in hac basilica sepulti« d. h. hier werden alle Päpste aufgeführt, die hier bestattet wurden, auch jene, die später umgebettet wurden in andere Kirchen; ungefähr 150 Päpste fanden hier ihre Ruhestätte. Beim Rundgang in St. Peter fallen einem noch drei Glassarkophage ins Auge, in denen Innozenz XI. (1676–1689), Pius X. (1903–1914)und Johannes XXIII. (1958–1963) ruhen. Vor dem Johannes-Grab ist jedes Mal eine größere Menschengruppe anzutreffen, wer freundlich auf Erden war, kann auch in der Nachwelt auf Freundlichkeit hoffen.

### Nicht für die Ewigkeit – die Papstgräber von Alt-St. Peter

Im Laufe der Jahrhunderte entwickelte sich die altehrwürdige Peters-basilika zu einer regelrechten Grabkammer, die meisten Päpste haben hier ihren Ruheplatz gesucht. Die Hoffnung auf ein ewiges Leben dürfte wohl alle erfüllt haben, die Hoffnung auf eine ewige Grablege konnte täuschen, denn bis auf geringe Ausnahmen wurden sie ganz einfach zerstört.

Der komplizierte Neubau der Peterskirche strebte seiner Vollendung entgegen, fast 100 Jahre stand ein Gemisch aus Alt- und Neu-St. Peter, jetzt half nur eine radikale Entscheidung. Ende September 1605 befahl Paul V., das Langhaus von Alt-St. Peter abzureißen, um Platz zu schaffen für ein neues. Sofort begann eine gewaltige Abbruch-Aktion, die vor nichts Halt machte. Pietät war nicht gefragt. Altäre und Grabmonumente wurden vernichtet, die Sarkophage geöffnet, schaurige Gerippe kamen ans Tageslicht, man nahm ihnen den Ring vom Finger, der in der Schatzkammer landete, Gewänder wurden weggeworfen und die Gebeine kamen in Sammelgräber und wurden in den Grotten verstaut. Dorthin kamen auch einige kostbare Sarkophage, auch Teile von Monumenten. Einige wenige Grabmonumente wie von Sixtus IV. und Innozenz VIII. wurden für die neue Kirche für würdig befunden. Im neuen Langhaus hatten die künftigen Päpste nun genügend Platz, sich in Stein zu verewigen.

## Papstknochen in der Kiste

Das klingt respektlos und scheint damit zur Ruhestätte der beiden Borgia-Päpste Calixt III. (1455–1458) und Alexander VI. (1492–1503) zu passen. Dieser hatte seinen Onkel Calixt in S. Maria della Febbre, einem Kapellenanbau an St. Peter, begraben und für ihn eine Gruft anlegen lassen. Dort wurde auch Alexander VI. selbst bestattet. Aber mit dem Neubau von St. Peter wurde diese Kapelle den Kanonikern von St. Peter als Sakristei übergeben, sie haben die Grabdenkmäler zerstört. 1585 wurden die Särge geöffnet und die Gebeine in eine Bleikassette eingeschlossen und im Vorraum einer Orgel aufbewahrt. Ein spanischer Protonotar der Kurie hat die Gebeine dann im Jahre 1610 in der Abenddämmerung still und unauffällig in die römische Kirche S. Maria di Monserrato (die Nationalkirche der Spanier in Rom) überführt, wo sie bis 1889 in einem verstaubten Winkel der Sakristei in einer Kiste blieben.

Aber spanische Adlige fanden den Aufbewahrungsort für die sterblichen Überreste der beiden einzigen spanischen Päpste doch unwürdig, und nicht ohne Nationalstolz ließen sie 1889 ein Grabmonument in der Seitenwand einer Kapelle mit den Porträt-Medaillons ihrer Landsleute errichten.

Eine Kommunität aus Valencia sorgte im Jahre 2000 für die Restaurierung dieser Kapelle mit dem Papstgrab. Fast 300 Jahre waren die Gebeine der beiden Päpste pietätlos in einem Winkel der Sakristei in einer staubigen Bleikiste abgestellt. Erst eine Privatinitiative schuf hier Abhilfe, das offizielle Rom, also die nachfolgenden Päpste, kümmerten sich nicht darum.

# Elftes Kapitel

# In Deutschland und anderswo – Papstgräber außerhalb von Rom

## Begräbnis am Sterbeort

Wegen politischer Unruhen residierten einige Päpste gar nicht in Rom und wollten auch im Tod nicht dort sein. So fand z. B. Lucius III. seine Ruhestätte in Verona, Urban III. in Ferrara und Gregor VIII. in Pisa. Wenn die Päpste in Viterbo oder Perugia residierten, wurden sie dort auch bestattet, Sterbeort ist fast immer auch Begräbnisort. Als Gregor X. auf der Rückreise vom Konzil von Lyon in Arezzo Station machte und als ihn hier der Tod ereilte, wurde er im dortigen Dom begraben und zwar im Jahr 1276. Martin IV. (†1285), der vor seinem Tod die Franziskanerkutte angezogen hatte, wollte in Assisi begraben werden, aber Klerus und Bürger von Perugia hielten den Leichnam in ihrer Kathedrale zurück, weil sich ein Wunder ereignet hatte. In der Hoffnung auf weitere Wunder konnte vielleicht eine Wallfahrt entstehen, und das Papstgrab ließe sich lukrativ vermarkten.

*Grabmal Clemens' II. – der deutsche Papst im Bamberger Dom*

Als Clemens IV. 1268 in Viterbo starb, wurde er in S. Maria beigesetzt, und man hatte auch schon mit einem Grabmal begonnen, als die Domherren Leiche und Grabmal in den Dom holten und zwar mit Gewalt. Es war von Wundern und Heilungen am Grab die Rede, und da gab es im Mittelalter kein Halten, ein derart prestigeträchtiges Objekt wie einen wundertätigen Leichnam wollte man im Dom haben. Ob sich das tatsächlich ausgezahlt hat, ist nicht überliefert.

Als der kaiserliche Gegenpapst Viktor IV. 1164 in Lucca starb, fand er hier auch seine Ruhestätte, aber das ständige Hin und Her zwischen echten und falschen Päpsten hatte manchen Hass aufgestaut, sodass Papst Gregor VIII. Viktors Grab öffnen und die Gebeine sehr pietätlos aus der Kirche werfen ließ. Die Papstgräber in Avignon wurden in den Wirren der Französischen Revolution fast ausnahmslos zerstört bis auf geringe Reste.

### Innozenz IV. in Neapel und Friedrich II. in Palermo

Sie waren im Leben unversöhnliche Feinde, der Papst und der Kaiser. Schließlich ging es um die Macht und den höchsten Rang in der mittelalterlichen Weltordnung. Bei der Bevölkerung genoss Papst Innozenz IV. († 1254 in Neapel) zu Lebzeiten besondere Verehrung. Allerdings ist heute davon nichts mehr zu spüren, anders als bei seinem großen Gegenspieler, dem Stauferkaiser Friedrich II. (1212–1250). Auf dem Konzil von Lyon sprach der Papst 1245 über den Kaiser die Exkommunikation aus. Als Friedrich wenige Jahre später, im Dezember 1250, überraschend den Tod herannahen fühlte, ließ er sich mit einer Zisterzienzerkutte bekleiden, um durch das Gebet dieser Mönchsgemeinschaft einen gnädigen Tod zu finden. Der greise Erzbischof von Palermo überwand den päpstlichen Bannfluch, sprach dem Kaiser das erlösende »Absolvo te« und reichte ihm die Sterbesakramente. Seine letzte Ruhestätte fand der Staufer im Dom seiner Hauptresidenz Palermo in einem Porphyrsarkophag, den er selber ausgewählt hatte. Die Wanne ruht auf vier Stützen, die als Löwen ausgebildet sind – der König im Reich der Tiere, Symbol der Stärke und des Edelmuts, sollte den verewigten Kaiser tragen. Den Sarkophag überwölbt ein von sechs Säulen getragener Baldachin. Friedrichs Herz wurde im Dom zu Foggia bestattet. Als 1781 der Sarkophag in Palermo geöffnet wurde, staunte man, statt der erwarteten Mönchskutte war der einbalsamierte Leichnam in kostbare Gewänder gehüllt, man sah ein weißes Gewand mit arabischen Schriftzeichen, eine Dalmatika aus roter Seide und einen bestickten Gürtel, einen roten Mantel mit Adlermotiven, auf dem Haupt eine Krone, an der Seite ein Schwert und einen schlichten Reichsapfel, hier lag ein Kaiser mit seinen Insignien, ähnlich hoheitsvoll wie ein Papst mit seinen Pontifikalgewändern.

Schon seine Zeitgenossen kamen aus dem Staunen nicht heraus, wenn sie ihn »stupor mundi« nannten, zu rätselhaft, zu vielseitig, für niemand fassbar war dieser römisch-deutsche Kaiser, der zugleich Herrscher in Apulien war. Er passte in kein Schema. Und hier geht das Staunen weiter, denn noch heute kann man immer wieder eine Besucherin beobachten, die wie selbstverständlich eine rote Rose an dem Porphyrsarkophag niederlegt: Auch nach über 750 Jahren wird der rätselhafte Kaiser noch bewundert und gleichsam als Zeitgenosse gesehen, dem Sympathie und Zeichen der Zuneigung und Verehrung gelten. Man muss Fantasie und Gefühle der Menschen anregen, um in der Nachwelt präsent zu bleiben. Das kaiserliche Grabmal ist kein toter Stein, sondern eine Attraktion der Gegenwart.

Das Staunen über Friedrich kommt an kein Ende, und als man im November 1998 den Sarkophag öffnete, war die Überraschung groß. Es befinden sich dort die sterblichen Überreste von insgesamt drei Personen, darunter auch von einer Frau. Ein großes Rätselraten begann, vermutet wird, dass seine Enkelin Beatrix ebenfalls in dem kaiserlichen Sarkophag bestattet wurde. Das Staunen der Welt umgibt bis heute den Kaiser und sein Grabmal.

Papst Innozenz IV., der sich über den legendären Stauferkaiser gestellt hatte, ist längst vergessen, und sein Grab im Dom zu Neapel findet bei niemand Beachtung.

## Grabplatz in bester Lage: ein abgesetzter Papst in Florenz

Auch Gegenpäpste oder abgesetzte Päpste fanden normalerweise in einer Kirche ihre Grablege. Von einem Grabplatz in bester Lage, einem wahrhaft prominenten Platz, soll im Folgenden die Rede sein.

Wer zu den Hunderttausenden zählt, die jedes Jahr ihren Fuß in das Baptisterium von Florenz setzen, wird, wenn er nach so viel Kunst noch nicht völlig ermattet ist, seinen Blick umherschweifen lassen und ohne Zweifel ein interessantes Grabmal entdecken, ein Meisterwerk von

161

Donatello und Michelozzo, seltsam genug an diesem Ort, hier in der Tauf-kapelle. An diesem Besuchermagnet hat sich ein Ex-Papst seine Ruhestätte gewünscht, die eine spannende Geschichte erzählen könnte. Es geht um Johannes XXIII. (Baldassare Cossa, 1410–1415). Und weil er als Gegen-papst gezählt wird, wurde sein Name noch einmal gewählt. Die Inschrift auf dem Epitaph klingt verwunderlich

Joannes quondam Papa XXIII obiit Florentiae / Anno Domini MCCCCXVIIII XI Kalendas Januarii

Dieser Johannes »quondam papa« war also einmal Papst, ist aber nicht als Papst gestorben, eher als Privatmann. Rom wollte die Inschrift geändert haben, aber die Florentiner blieben dabei, das »Papa« blieb geschrieben, sie hatten einen Papst, wenn auch einen abgesetzten. Wie es dazu kam, ist wieder eine eigene Geschichte.

Das 15. Jahrhundert beginnt mit einem heillosen Chaos. Drei Päpste, besagter Johannes, Gregor XII. und Benedikt XIII., hatten die Christenheit untereinander aufgeteilt, allerdings nicht friedlich, sondern jeder hatte den Bannstrahl gegen den anderen geschleudert. So konnte es nicht weiterge-hen. Unter dem Druck des deutschen Königs Sigismund berief Johannes XXIII. ein Konzil nach Konstanz ein.

Wenn nur die Hälfte dessen stimmt, was über ihn überliefert ist, dann war er eine bizarre Gestalt. Als Frauenheld stellte Johannes XXIII. den spä-teren Alexander VI. weit in den Schatten, von vielen Geliebten ist die Rede, er konnte sie wohl selber nicht mehr überblicken, ein Mann, der rück-sichtslos, egoistisch seine Ziele verfolgte. Geschichtsschreiber machten aus diesem Baldassare Cossa ein Scheusal, als junger Mann betätigte er sich als Seeräuber, war in der Nacht aktiv und schlief am Tag, eine Gewohnheit, die er als Papst beibehielt; man hat ihm nachgesagt, er habe Papst Alexander V. vergiftet und sein Papstamt gekauft.

Im Jahr 1402 wurde er Kardinal, 1410 Papst, unwürdig ohne Frage, er hoffte, auf dem Konzil als alleiniger Pontifex anerkannt zu werden, seine beiden Konkurrenten sollten abgesetzt werden, aber das Konzil setzte alle drei ab, ihn »wegen verabscheuungswürdigen Lebenswandels«. Als die all-gemeine Stimmung sich gegen ihn wandte, floh er als Landsknecht ver-kleidet aus Konstanz, wurde entdeckt, in Freiburg verhaftet und lebte als Gefangener des Pfalzgrafen Ludwigs III. auf der Burg Hausen bei Mannheim. Mit einem hohen Lösegeld kaufte ihn sein Förderer Cosimo de' Medici frei, und als der Expapst im April 1419 in Florenz eintraf, wurde er freundlich begrüßt. Hier unterwarf er sich dem neuen Papst Martin V., eine einsichtige Entscheidung, denn ein abgesetzter Papst bedeutete eine latente Gefahr für den amtierenden Pontifex. Die letzten Monate erlebte er die Freundlichkeit und Anhänglichkeit der Florentiner und starb im Dezember 1419, wie man sagt, an gebrochenem Herzen.

In letzter Zeit haben Historiker wie Walter Brandmüller kritisch die überlieferten Texte analysiert und rücken ab von der totalen Verachtung dieser Persönlichkeit. Baldassare Cossa bleibt ein machtbewusster Kirchenführer, er war kein gütiger Seelenhirt. Er ist eine schillernde Gestalt, ein Mann mit einem extravaganten Lebensstil, auf manchen Thron hätte er gepasst, nur nicht auf den Stuhl Petri.

## Papstgräber in Deutschland

Es geht um ein verschwundenes Grabmal, das in Bruchstücken wieder auftaucht und um ein real existierendes, dessen Inhalt man wissenschaftlich untersucht hat. Auch ein Wunschgrab ist zu erwähnen: Der deutsche Papst Viktor II. (Gebhard, 1055 – 1057) wollte in seiner ehemaligen Diözese Eichstätt bestattet werden. Viktor wollte im Tod dort sein, wo er seine Wurzeln sah. Keineswegs hatte es den deutschen Bischof nach Rom in die Lateranbasilika gezogen; nur auf Drängen des Salierkaisers Heinrichs III. übernahm er nach dem Tode Leos IX. das schwierige Papstamt, das zu einem Zankapfel zwischen der kaiserlichen und der römischen Partei zu werden drohte.

Im Juli 1057 reiste Viktor II. nach Arezzo. In der toskanischen Sommerhitze erkrankte er an einem Fieberanfall und starb in der bischöflichen Kurie am 28. Juli 1057. Laut älteren Quellen sollten seine Gebeine nach Eichstätt überführt werden, wurden jedoch von den Bürgern Ravennas geraubt und in der Marienkirche Santa Maria Rotonda (dem Mausoleum Theoderichs des Großen) bestattet. Heute weiß man, dass der Sarkophag leer und seine letzte Ruhestätte unbekannt ist.

## Ein Papst stirbt in Hamburg

Wenn Benedikt XVI. wieder einmal seine deutsche Heimat besucht, wird dann auch Hamburg auf seinem Programm stehen? Die protestantisch geprägte Hansestadt im Norden ist möglicherweise für eine Papstvisite nicht so attraktiv wie Köln oder München, aber immerhin hat sie schon

163

einmal einen Papst in ihren Mauern gesehen, er hieß auch Benedikt, lebte vor mehr als 1000 Jahren und war gleichsam die Nr. V. Er zog aber unfreiwillig aus Rom in die ferne »Hammaburg«, die damals an der Grenze der christlichen Welt lag, gefährlich nah an den Ländern der gefürchteten Wikinger. Wie kam der Papst nach Hamburg?

Im 10. Jahrhundert, dem Chaos-Zeitalter der Päpste, war nicht immer klar, wer der rechtmäßige Pontifex war. Manchmal gab es zwei Päpste, die einander heftig bekriegten. Und immer wieder griffen die deutschen Kaiser ein. Otto der Große ließ 963 Papst Johannes XII. absetzen und Leo VIII. als Nachfolger wählen. Die trotzigen Römer wollten sich dem nicht beugen. Nach dem Tod von Johannes wählten sie – die Papstwahl war ja ihr angestammtes Recht – Benedikt V. am 25. Mai 964 zu ihrem Oberhirten. Schnell war der Kaiser mit seinem schlagkräftigen Heer zur Stelle und sprach bei einer Synode in der Laterankirche ein Machtwort, woraufhin der von Otto I. begünstigte Papst Leo VIII. definitiv anerkannt wurde. Das Schicksal von Benedikt V. war damit besiegelt. Noch einmal zog der Papst der Römer in die Kirche ein, in seine festlichen Pontifikalgewänder gekleidet. Der Kaiser sprach ihm die Papstwürde ab, und schon eilten Helfer herbei, Benedikt seines Ornats zu entkleiden. Papst Leo nahm ihm den Hirtenstab ab und zerbrach ihn über Benedikts Kopf, eine schmerzhafte und demütigende Prozedur. Der Abgesetzte kam im übrigen glimpflich davon, er wurde »nur« zum Diakon degradiert, musste aber aus Rom verschwinden und sollte seine Tage, gut bewacht, im rauen Norden verbringen, abgeschnitten von seinen römischen Anhängern. Ganze vier Wochen hatte sein Pontifikat gedauert.

Es war Adaldag, der Erzbischof von Hamburg-Bremen, der den abgesetzten Papst in Gewahrsam zu halten hatte; der Kirchenfürst war einer der einflussreichsten Ratgeber des Kaisers und für diese verantwortungsvolle Aufgabe bestens geeignet. Der Expapst wurde in einem Kloster untergebracht. Schon am 4. Juli 965 (oder 966) starb Benedikt V., der seine Verbannung nie hatte verwinden können. Mitten im Chor des Hamburger Mariendoms wurde er bestattet. Im Jahr 999 ließ Kaiser Otto III. den Leichnam ins heimatliche Rom zurückbringen, seine Grablege fand er vermutlich in der Lateranbasilika. Hier verliert sich die römische Spur dieses unglücklichen Papstes.

Die Erinnerung in Hamburg aber ging nicht verloren. Lange Zeit wurde ein Jahresgedächtnis gehalten, das leere Grab um 1280 als eindrucksvolles

Kenotaph neu gestaltet. Dazu kam aus Frankreich eine Schiffsladung mit Fayence-Fliesen, die zu einer farbenprächtigen Platte zusammengesetzt wurden. Im 17. Jahrhundert hat ein Chronist dieses Grabmal bildlich dargestellt, sodass man sich sein Aussehen gut vorstellen kann.

Bei Umbauarbeiten 1782 wurde das Papstgrabmal zerstört, und 1807 der altehrwürdige Mariendom zur Gänze abgerissen. Das Papstgrab war damit als Monument endgültig verschwunden. Aber nicht für die Archäologen; bei Grabungen kamen Teile des Kenotaphs wieder zum Vorschein. Diese Entdeckung führte zu einer ungewöhnlichen Idee: Man will eine originalgetreue Nachbildung der Grabplatte als eine der Attraktionen des künftigen Archäologiezentrums auf dem Domplatz schaffen. Damit haben die Hamburger ihren Papst zurück, eine wenn auch bescheidene Erinnerung an ein wieder auferstandenes Papstgrab.

## Clemens II. in Bamberg – Blei in den Knochen

Eine Attraktion ist es gewiss, das einzige erhaltene Papstgrab nördlich der Alpen, und die Vermutung, in dem schlichten, strengen Sarkophag liege ein vergifteter Papst, steigert das Interesse noch gewaltig, denn um das Wort Gift können sich auch schöne Erzählungen ranken. Der Leichnam im Bamberger Dom hat eine lange Geschichte und einen langen Weg hinter sich. Clemens II. (Suidger, 1046–1047), ein Papst von deutscher Herkunft, war gerade auf Reisen, als ihn im Kloster S. Tommaso zu Foglia bei Pesaro der Tod überraschte, am 9. Oktober 1047, nach nur zehnmonatiger Amtszeit. Im Dom zu Pesaro hätte er sein Grab finden können oder aber in St. Peter in Rom, doch die Römer kannten ihn kaum und hatten ihn auch nicht gewählt. Es war vielmehr Kaiser Heinrich III., der den Bischof Suidger gegen den Willen mächtiger römischer Gegner als Pontifex durchgesetzt hatte. Es war vermutlich der sterbenskranke Clemens selbst, der sich Bamberg als seine letzte Ruhestätte gewünscht hatte. 1040 war er Oberhirte dieses Bistums geworden und hatte auch als Papst die Diözese behalten, er hing wohl gefühlsmäßig an ihr, sprach von seiner Diözese wie von einer geliebten Ehefrau: »Kein Ehemann hat jemals seiner Gattin reinere und flammendere Liebe entgegenbracht als ich Dir.« Sein geliebtes Bistum aber brachte ihm auch reiche Einkünfte und damit wirtschaftliche Unabhängigkeit, er war auf die Römer nicht angewiesen.

Offenbar tat man alles, um den letzten Wunsch des Verstorbenen zu erfüllen. Ein Leichentransport über weite Strecken war zwar kostspielig, erschien im Mittelalter aber ansonsten nicht als großes Problem, für eine »vornehme« Leiche war kein Weg zu weit. Herrscher und hohe Adlige sind nach ihrem Hinscheiden monatelang »gereist«; der in einem syrischen Bergbach ertrunkene Kaiser Friedrich Barbarossa und der in der Schlacht von Dürnkrut getötete Böhmenkönig Ottokar sind nur zwei berühmte Beispiele für reisende Leichname. Jedenfalls ist das Clemensgrab ab 1052 in Bamberg bezeugt.

Wer war Papst Clemens II.? Suidger oder Suitger entstammte dem sächsischen Adelsgeschlecht der Grafen von Morsleben und Hornburg, wurde Domherr zu Halberstadt, 1035 Mitglied der königlichen Kapelle. König Heinrich III. ließ ihn zum Bischof von Bamberg wählen, geweiht wurde er am 28. Dezember 1040 von Erzbischof Bardo von Mainz.

Der deutsche Papst, der als reformfreudig galt, brachte wieder etwas Ruhe in die Ewige Stadt, die turbulente Zeiten hinter sich hatte. Drei Päpste wollten zur gleichen Zeit auf dem Stuhl Petri sitzen, dieses »Schisma« war ein unhaltbarer Zustand! Auf der Synode von Sutri verzichteten zwei der rivalisierenden Päpste, aber der dritte, Benedikt IX., beharrte auf seinem Amt und wurde kurzerhand vom deutschen König abgesetzt. Damit war der päpstliche Stuhl frei. Natürlich war dieses Verfahren fragwürdig, aber es brachte wieder Ordnung in das kirchliche Chaos.

Heinrich III. nominierte nun den Bischof von Bamberg zum Papst und am Weihnachtstag 1046 inthronisiert, krönte Clemens II. den deutschen König Heinrich III. unmittelbar danach zum Kaiser.

Der abgesetzte Benedikt IX. sann auf Rache, und die Vermutung, dass er seinen Nachfolger vergiften wollte, ist durchaus nicht abwegig, allerdings auch nicht beweisbar. Ob ein solcher Mordanschlag gelungen ist, muss im übrigen offen bleiben. Als man im Oktober 1731 das Grab im Bamberger Dom öffnete, fand man einen sehr großen Mann mit blondem Haar. Im Juni 1942 wurde eine toxikologische Untersuchung vorgenommen, nach der Clemens eindeutig an Bleivergiftung gestorben ist. Mit Vorliebe wird eine moderne Erklärung angeführt, der Papst habe viele Jahre lang aus bleihaltigen Gefäßen getrunken und von daher stamme der Bleigehalt in seinen sterblichen Überresten. Der Tod des Papstes mit 41 Jahren trat aber entschieden zu früh ein, um eine schleichende Bleivergiftung als wirklich überzeugende Todesursache anzunehmen.

## Papsttod in Köln

Es ist eine verwickelte Geschichte, wieso ein Papst nach Köln kommt, um dort zu sterben. An der edlen Gesinnung von Johannes Gratianus zweifelte eigentlich niemand, er zahlte seinem Vorgänger Benedikt IX. eine ordentliche Abfindung, damit dieser den päpstlichen Stuhl für ihn freimachte, er kaufte einem unwürdigen Pontifex das Papsttum ab, um es selber mit besten Absichten zu verwalten. Es erscheint hier der eigenartig zwiespältige Fall, dass ein persönlich unsträflicher, hochangesehener, allen Reformbestrebungen nahestehender Priester durch einen simonistischen Handel die Papstwürde erlangte, um einem moralischen Tiefstand ein Ende zu bereiten. Darin liegt die menschliche wie geistliche Tragödie Gregors VI. (1045–1046).

Gregor ließ die Römer schwören, niemals einen anderen zum Papst zu wählen, solange er lebe. Er fand Anerkennung in Italien, Frankreich und Deutschland. Am 1. Mai 1045 übernahm er das Steuer der Kirche, aber Benedikt IX. reklamierte die verkaufte Papstwürde bald wieder für sich, und die Römer wählten zu alledem noch einen Gegenpapst Silvester III. Die schon erwähnte Synode in Sutri bereitete am 20. Dezember 1046 diesem Papst-Spektakel ein Ende. Gregors anderthalbjährige untadelige Amtsführung konnte den Makel des dubiosen Ämterkaufs nicht tilgen. Er wurde nicht abgesetzt, da nach allgemein anerkanntem Rechtssatz der römische Bischof von niemandem gerichtet werden konnte. Die Synode überließ es offenbar ihm selbst, das Urteil über sich zu sprechen. So erfolgte seine Absetzung in Form einer Selbstverurteilung.

Den Abgesetzten wollte der Kaiser nicht in Rom dulden, das erschien ihm zu riskant. Er verwies ihn mit Hildebrand, dem späteren Gregor VII., als seinem Begleiter in die Verbannung nach Deutschland, »ad ripas Rheni«, wahrscheinlich nach Köln. Im Frühjahr brachen sie auf, Ende des Jahres 1047 starb Gregor in Köln. Und hier verlieren sich die Spuren, ein Papstgrab ist nicht überliefert.

# Zwölftes Kapitel

# Papstgräber erzählen ihre Geschichte

Schon zu Lebzeiten trugen viele Päpste Sorge für das eigene Grabmal. Dieses sollte einem zumindest selber gefallen, was liegt näher, als es rechtzeitig, am besten noch zu Lebzeiten nach eigenem Willen gestalten zu lassen. Nicht wenige Oberhirten sahen sich selber als singuläre geschichtliche Gestalten, deren Andenken über viele Jahrhunderte sichtbar erhalten bleiben sollte, was vielen auch bis heute gelungen ist. Die Planung des eigenen Grabmals konnte daher keine Nebensache sein, man sah sich auch im Wettbewerb mit seinen Vorgängern, die hervorragende Beispiele hinterlassen hatten.

Ein Papst, Paul V. (Camillo Borghese, 1605–1621), hat es geschafft, dass noch zu seinen Lebzeiten sein Grabmal gleichsam termingerecht fertig wurde; er konnte seinen künftigen Nachruhm mit eigenen Augen überprüfen. Wer ein derart hohes Amt innehat, macht sich Gedanken um seine Zukunft. Die wahre Zukunft eines Christen wäre Gottes Reich, aber so weit

*Grabmal Urbans VII.*

voraus wollten manche nicht denken, sie hatten eher ein irdisches Fortleben im Visier, z. B. in einem eindrucksvollen Grabmal.

## Das Juliusgrabmal – Tragedia di una tomba

Das berühmteste Beispiel einer frühzeitigen Grabmalsorge bietet Julius II. (1503–1513) mit seinem Auftrag an Michelangelo. Ein grandioses Monument sollte entstehen, Papst und Künstler waren von Ehrgeiz beseelt. Nur wo ist es geblieben? Der heutige Besucher der Peterskirche, der am Vormittag in der Sixtinischen Kapelle des Papstes Fresken bestaunt hat, sucht vielleicht am Nachmittag eine Spur dieses Papstes, und er findet in St. Peter schlichtweg nichts. Julius II. hat zwar den Grundstein von Neu-St. Peter gelegt, er ist der eigentliche Initiator des monumentalen Dombaus, aber keine Gedenktafel verweist auf ihn. Viele haben sich verewigt mit Monumenten und Zeichen, wo bleibt Julius?

Im Jahre 1505, also zwei Jahre nach Pontifikatsbeginn, ließ Julius II. den schon damals berühmten Bildhauer Michelangelo (1475–1564) kommen und erteilte ihm den Auftrag für sein künftiges Grabmonument. Julius war 62 Jahre alt, sehr vital, robust und unternehmungslustig. An seinen baldigen Tod dachte er sicherlich nicht. Aber er wollte ein besonderes Grabmal. Michelangelo war nicht irgendjemand, er galt als der prominenteste Bildhauer der Zeit, von ihm durfte man mit Recht etwas Besonderes erwarten. Er machte sich sofort an die Arbeit, reiste nach Carrara und suchte sich geeigneten Marmor aus, der anschließend nach Rom transportiert wurde. Es sollen 60 Fuhren gewesen sein, die per Schiff angeliefert wurden. Mächtige Marmorblöcke lagerten auf dem Petersplatz, unübersehbar für alle, auch der Papst sah die Gesteinsmassen, die seinen Ruhm für die Nachwelt festhalten sollten. Hatte er mit dem Marmor auch seinen Tod vor Augen? Aber auch die Römer bekamen mit, welch gigantisches Werk der noch lebende Papst im Sinn hatte. Das Grabmal ereignete sich gleichsam in der Öffentlichkeit, vor aller Augen lag der Marmor. Der Papst denkt ans Überleben, an ein irdisches Überleben, an ein Denkmal nach seinem Tod.

Der Künstler entwarf ein grandioses Monument mit vierzig lebensgroßen Figuren, weit überdimensioniert, konzipiert in einen freien Raum hinein ohne geklärte Standortfrage. Dafür fand sich in Alt-St. Peter kein geeigneter Platz. Michelangelo selber suchte die Kirche ab, das Grabmal war zu gigantisch. und die Kirche war längst angefüllt mit Gräbern und Altären.

Schon Nikolaus V. (1447–1455) hatte begonnen, den Chor erweitern zu lassen, auf diese Idee kam man zurück, in einem neuen Chorraum mit Querschiff, einer Cappella Julia, konnte man sich das Grabmal vorstellen.

Der vom Papst eingeschaltete Architekt Bramante (1444–1514) entwickelte ein neues Konzept für das Juliusgrab, die wahre Antwort war eine neue Peterskirche. Bramante war ehrgeizig und sah seine Chance, etwas Einmaliges zu schaffen. Das Grab gab den Anstoß und wurde gleichsam zum Selbstläufer, wuchs über sich hinaus, sprengte alle Dimensionen, und schon 1506 legte Julius II. den Grundstein für Neu-St. Peter. Ein Papstgrab wird zum Auslöser für die neue Peterskirche, nicht Frömmigkeit, nicht Ehre Gottes oder Verehrung des heiligen Petrus, ein recht profaner Anlass, der Ruhm des amtierenden Papstes benötigt Raum, der dann auch geschaffen wird. Bramante konnte den Papst für einen Neubau begeistern. Davon ist Julius fasziniert, zunächst aber schiebt er sein Grabmal zur Seite, für alles gleichzeitig fehlt auch ihm das Geld. Er zögert und stoppt die Bezahlung an Michelangelo.

Im Frühjahr wollte der Künstler über das Grabmalprojekt mit Julius sprechen, aber der zeigte wenig Interesse, eine Audienz wurde nicht gewährt, Palastdiener wimmelten Michelangelo unsanft ab, Informationen aus zweiter Hand erreichten ihn, sodass er zu tiefst enttäuscht und wutentbrannt nach Florenz abreiste.

Bramante, der Architekt von Neu-St. Peter, hatte mehr Glück, die Bauarbeiten kamen gut voran, im Jahr 1511 wurden Gelder für einen Chor und eine Kapelle bewilligt, einen Tag vor seinem Tod sprach der Papst über die Ausgestaltung dieser seiner *Cappella Julia*, die Marmorwände bekommen sollte, einen Altar und sein Grabmal.

Nach dem Tod des Papstes wurde im Juli 1513 ein neuer Vertrag mit Michelangelo geschlossen, der sich sofort daran machte, die Statue des Moses zu schaffen. Dieses Abkommen sah bereits ein kleineres Monument vor und die Ausführung sollte in S. Pietro in Vincoli erfolgen. Warum gerade hier, in einer für Besucher abgelegenen Straße? Es handelt sich um die Titelkirche von Julius II., als er noch Kardinal war.

Vierzig Jahre schiebt Michelangelo das Projekt vor sich her, verliert immer wieder die Lust an dem Grabmal, verbittert spricht er von der »tragedia di una tomba«, aber er kommt auch nicht davon los. Nach Julius' Tod drängt der Neffe, Francesco Maria Della Rovere, Herzog von Urbino, auf Fertigstellung. Die Verwandten also, nicht die nachfolgenden Päpste kümmerten sich in der Regel um ein Grabmal. Der ursprüngliche Entwurf wurde abgespeckt, von vierzig Statuen waren es noch zwanzig, am Ende wurden sieben ausgeführt, drei davon eigenhändig von Michelangelo. Im Februar 1545 war das Grabmonument in San Pietro in Vincoli vollendet.

Entstanden ist ein zweigeschossiges Wandmonument, im Zentrum die Statue des Moses, des alttestamentlichen Führers des Volkes Israel, der so recht auch den Papst verkörpern kann. Ohne Zweifel erkannten die Menschen damals den Bezug zu Julius. Links und rechts von Moses sieht man zwei Frauengestalten, Rachel und Lea, die übrigen Figuren stammen von Gehilfen des Michelangelo. Der Pontifex selbst ist als Liegefigur dargestellt, die sich aufstützt und dem Betrachter ihr Gesicht zuwendet. Übrigens ruhen die Gebeine des großen Julius nicht in dem Sarkophag, sondern weiterhin unscheinbar in der Peterskirche. Wer sein Grabmal besucht, will vor allem ein Kunstwerk bestaunen, die Erinnerung an den Papst bleibt dabei nebensächlich.

## Michelangelos eigenes Grabmal

Auf die Idee, für sich ein prächtiges Grabmonument zu schaffen, kam der Künstler vermutlich nicht. Im Lauf der Jahre war er zu Reichtum gekommen – noch als alter Mann entwarf er die gigantische Kuppel des Petersdomes – und hätte sich eine fürstliche Grablege leisten können. Am 18. Februar 1564 stirbt er mit fast 89 Jahren. Ganze Scharen von Päpsten hat er überlebt, und jetzt im Tod wird er noch einmal sehr wichtig, seine Vaterstadt Florenz will sich mit ihm schmücken. Sein Leichnam, in Decken verpackt und verschnürt, wird heimlich durch das Stadttor aus Rom hinausgeschmuggelt, Cosimos Männer lagen schon Wochen vorher auf der Lauer, der Papst, es war Pius IV., wurde nicht gefragt. Den berühmtesten Künstler seiner Zeit wollten die Florentiner in ihren Mauern haben, aber auch Michelangelo selbst wollte in Santa Croce begraben sein, in einem Wandmonument, das auch eines Papstes würdig wäre.

## Das sittenlose Papstgrabmal

Ewiger Friede kann wohl nicht jedes Grabmal umgeben. Als Clemens VIII., frisch zum Papst gekürt, die Peterskirche im Juli 1592 etwas genauer inspizierte, stand er auch vor dem Grabmal des Farnesepapstes. Er traute seinen

Augen nicht, zu Füßen der machtvollen Papstgestalt lagen vier Frauen, schön geformte Gestalten, drei davon leicht bekleidet, eine aber völlig nackt. Unglaublich, dies an heiliger Stelle, und man meint den Papst zu hören, der entrüstet und geschockt seinen Unmut äußert. Die Frauengestalten verkörpern Tugenden; dass die Justititia (Gerechtigkeit) von einer nackten Liegenden symbolisiert wurde, wollte dem Papst nicht einleuchten. Seine lapidare Entscheidung war klar, entweder man bekleidete die Figur oder sie würde entfernt. Das lag natürlich ganz auf der Linie des Konzils von Trient, dessen Urheber Paul III. war. Nacktdarstellungen in Kirchenräumen waren danach eben nicht mehr tragbar, auch die nackten Figuren Michelangelos in der Sixtinischen Kapelle erhielten Lendenschürze gemalt, und noch heute fallen einem die verhüllenden Tücher direkt ins Auge.

Den Spruch des Papstes mussten Pauls Nachfahren, die Farnese, akzeptieren. Sie waren zwar zu dieser Zeit ein einflussreiches Fürstengeschlecht, Herzöge von Parma und Piacenza, verwandt mit dem spanischen Königshaus, und zudem hatten sie in Odoardo einen Kardinal in Rom. Der sträubte sich heftig, aber er musste nachgeben und bestellte 1595 ein Metallhemd, das der Justitia anzogen wurde.

Noch zu Lebzeiten des Papstes hatten die Planungen begonnen, und Paul III. hatte den Grabmalentwurf ausdrücklich gebilligt. 1547 erhielt Guglielmo Della Porta, ein bedeutender Bildhauer, den Auftrag. Anfang 1553 war die Ehrenstatue gegossen. Sie trägt keine päpstlichen Insignien, ist barhäuptig, ohne Mitra oder Tiara, hat Sandalen an, erinnert eher an einen römischen Kaiser als an einen Kirchenfürsten, religiöse Symbole oder Zeichen fehlen, aber sehr fromm war Paul wirklich nicht. Im Heiligen Jahr 1575 wurde das Monument feierlich eingeweiht. Papst Gregor XIII. fand rühmende Worte für das Grabmonument und störte sich nicht an der nackten Figur.

Die ersten Entwürfe sahen ein freistehendes Grabmonument vor im Mittelschiff der Peterskirche, ein derart dominantes Bauwerk war hier völlig deplaziert und im Heiligen Jahr stand es den Pilgermassen im Weg, wurde versetzt an den südöstlichen Kuppelpfeiler. Im Jahr 1628 fand Pauls Grabmal seinen heutigen Platz in der Apsis der Peterskirche, dabei wurden zwei Statuen in den Palazzo Farnese gebracht, geblieben sind »Prudentia« und »Justitia« die Allegorie der Gerechtigkeit mit dem verhüllenden Metallhemd. Die Frauen als Symbolfiguren für Tugenden sind ein geläufiges Bild und zu Füßen eines Papstes nicht ungewöhnlich. Sie haben im konkreten Fall natürlich die Fantasie angeregt, und da war Paul III. dann umgeben von Frauen aus seinem Leben, man dachte an seine Tochter Costanza, seine Mätresse Silvia Ruffini, seine Schwester Giulia und seine Mutter Giovannella. Die Papsttochter Costanza sah man in der Statue der Justitia.

## Paul V. – das rechtzeitig vollendete Grabmal

Paul V. wollte sich, was das eigene Totenmonument betraf, weder auf seinen Nachfolger noch auf seine üppig versorgte Verwandtschaft verlassen. Diese würden am Ende an seinem Grabmal knausern. Solange er selber Herr über die Einkünfte war, konnte er auch reichlich ausgeben, und so ließ er nicht nur ein paar Statuen in Auftrag geben, sondern einen farbenprächtigen, aufwändig gestalteten Kapellenraum, einen Anbau an die Basilika S. Maria Maggiore. Und er zeigte er sich großzügig, hier sollte Platz für zwei Päpste sein und deshalb gehörte eine Kapellenwand seinem Vorgänger Clemens VIII., und auch diese gute Tat ließ er schriftlich in Stein festhalten: »Papst Paul V., der Römer, stiftete der Seele des Papstes Clemens VIII. aus Dankbarkeit dieses Monument«.

Noch im Jahr seiner Papstwahl 1605 nahm Camillo Borghese dieses barocke Monumentalprojekt in Angriff, und er hatte es sehr eilig damit. Er konnte ja nicht ahnen, dass ihm über fünfzehn Jahre Amtszeit vergönnt waren. Regelmäßig inspizierte er die Bauarbeiten und spornte die Künstler zur Eile an. Mit sichtlicher Freude sah er das Werk wachsen, einen wunderschönen Raum, geplant als Grabkammer, die aber in all ihrer Pracht den Tod und auch den Toten leicht vergessen lässt. In Deutschland tobte indessen der Dreißigjährige Krieg mit all seiner Not für die Menschen, die den Tod ständig vor Augen hatten. Dem Papst in Rom war der reale Tod eher fern, aber sein Grabmal lag ihm am Herzen. Und eines Tages fuhr er in seiner Prachtkarosse zu S. Maria Maggiore und konnte lebend und gesund sein fertiges Totenmonument bestaunen, und auch das wurde in einer Inschrift festgehalten: »MORTIS MEMOR VIVENS, SIBI POSUIT«, er hat es sich selbst errichtet und konnte auf spätere Dankbarkeit verzichten. *Cappella Paolina* wird die gesamte Anlage genannt.

Paul V. scheute vor keiner Übertreibung zurück, wenn es galt, sich zu verewigen, in Stein gemeißelt für spätere Jahrhunderte. Sein Name grüßt

alle Besucher der Peterskirche, an der Fassade ist zu lesen »PAULUS V
BURGHESIUS ROMANUS«. Gegen diesen auf Nachruhm versessenen
Papst hatte wohl auch Petrus keine Chance, seinen Namen würden wir auf
der Hauptfassade eigentlich erwarten. Ein sympathischer Zug soll aber
nicht verschwiegen werden, seine Grabmalsfigur zeigt einen betenden
Papst, eine seltene, fast ungewöhnliche Darstellung. Seinen Tod könnte
man tragisch nennen, als Paul nämlich die Siegesnachricht der Katholischen Liga am Weißen Berg bei Prag erhielt, erlitt er vor freudiger
Erregung einen Schlaganfall und bald darauf, am 28. Januar 1621, einen
zweiten, den er nicht mehr überlebte.

### Der beste Platz für Urban VIII.

Bis zuletzt war unklar, ob er käme, aber dann konnte Lorenzo Bernini an
einem strahlend hellen Märztag des Jahres 1647 doch den Papst begrüßen,
der jetzt umgeben von elf Kardinälen vor einem Grabmal stand, das nun
enthüllt wurde. Innozenz X. war gewöhnlich wortkarg, missmutig, ein
schwieriger Mensch, Lobeshymnen erwartete niemand von ihm. Aber dass
er überhaupt persönlich zu dieser Enthüllung kam, um das Grabmal seines
Vorgängers in Augenschein zu nehmen und damit auch der Öffentlichkeit
zu übergeben, das ist erstaunlich. Es ist eine Ehre, wohl eher für den
Künstler, als für seinen verstorbenen Vorgänger, der mit einundzwanzig
Jahren Pontifikat natürlich ein Schwergewicht in der Papstreihe darstellt
und der sich entsprechend einen dominanten Platz in der neuen Peterskirche ausgesucht hat, für sich, für sein Grab, für seinen Nachruhm, wohl
auch für seine Familie; aber diese fehlte und das nicht ohne Grund. Die
Barberini-Neffen waren nach dem Tode ihres Oheims in Ungnade gefallen
und nach Frankreich geflohen; sie erfuhren nur durch Briefe von der
Ehrung. Einen Tag später strömten viele Leute nach St. Peter, um die neue
Attraktion zu begutachten und dies ganz im Sinne des Verstorbenen, dessen
Aufwand für sein Grabmal damit als gut angelegt erscheint.

Das Grabmal fand allgemeine Zustimmung, auch der Papst fand es
gelungen, viel Bewunderung gab es für den Künstler und für eines der teu-
ersten Grabmäler Roms. Bereits im Jahr 1628 und er war gerade sechzig
Jahre alt geworden, begann Urban VIII. mit der Planung seines Grabmals,
sechzehn Jahre vor seinem Tod. Die neue Peterskirche strahlte in vollem
Glanz, Nischen und Winkel gab es genug für Grabmäler, die prominenten

Plätze waren rasch vergeben, und Urban sicherte sich einen absolut herausragenden Platz. Er bestimmte dafür die rechte Nische in der Apsis der Kirche, und noch heute, wenn im Chorraum Gottesdienst gefeiert wird, geschieht dies nicht ohne Blick auf Urban. Der exponierte Platz erforderte einen genialen Künstler, und deshalb kam für das Prestigeprojekt eigentlich nur Lorenzo Bernini in Frage. Dieser kümmerte sich sofort um die Beschaffung des Marmors und um die Bronze, die er aus den Vorräten der päpstlichen Artillerie erhielt. Nach drei Jahren war die Ehrenstatue fertiggestellt. Als der Papst am 29. Juli 1644 im Alter von 76 Jahren starb, war das Grabmal fast fertig, und der Leichnam konnte in dem Marmorsarkophag beigesetzt werden. Die noch fehlenden allegorischen Figuren kamen dazu und so konnte drei Jahre später die feierliche Enthüllung des Grabmals stattfinden.

Bernini stellt das Monument in eine Nische; auf einem Sockel aus schwarzrotem Marmor ruht der Sarkophag, dahinter thront die Papstfigur, eine machtvolle Gestalt, mit dem Pluviale bekleidet und die Tiara auf dem Haupt, ein Papst wie er im Buche steht, ganz Pontifex, majestätisch, machtvoll; zu beiden Seiten des Sarkophags zwei allegorische Frauengestalten, Gerechtigkeit und Caritas, dazu gehören zwei Putten, die das Ganze lebendiger erscheinen lassen. Auf dem Sarkophag kauert ein Gerippe, das mit knöcherner Hand auf eine Schriftrolle schreibt: »Urbanus VIII Barberius Pont Max.« Hier muss man nicht lange nachdenken, ob es sich um ein Grabmal handelt, denn der Tod selbst tritt in Aktion.

Bernini hat die Gestalt Urbans idealisiert, sie zeigt nicht einen 76-jährigen Mann, von Krankheit und Alter gezeichnet. Der Barberini- Papst war immer auf sorgsame Imagepflege bedacht und es ist ihm in der Tat gelungen, sich durch sein Bronzestandbild der Nachwelt als hoheitsvoller Pontifex anzuempfehlen.

Nicht vergessen sei Bernini; der Schöpfer mächtiger Grabmonumente wurde in der Basilika S. Maria Maggiore begraben, seine Gebeine ruhen unter einer einfachen Bodenplatte beim Hauptaltar.

## Die Kapuzinergruft in S. Maria della Concezione

Urbans Bruder, der Kardinal Antonio Barberini, hat seine Ruhestätte in der von ihm finanzierten Kirche S. Maria della Concezione gefunden, und mit seltener Radikalität hat er für sich die Inschrift gewählt »Hic jacet pulvis, cinis et nihil«, hier ruht Staub, Asche und nichts. Und wer zum Thema Vergänglichkeit eine schauerliche Visualisierung erfahren möchte, muss in dieser Kirche nur ein paar Treppen hinuntersteigen; dann gelangt er in das Beinhaus *L'Antico Cimitero dei Frati Francescani Cappuccini*. Hier ruhen die Gebeine von viertausend Kapuzinermönchen, die zwischen 1525 und 1870 in Rom gestorben sind. Im Jahre 1631 hatten spanische Glaubensgenossen die Wände mit den exhumierten Überresten ihrer Brüder mosaikartig drapiert, um das Andenken an sie zu wahren. Ein langer Gang führt an den sechs Sälen vorbei. Decken und Wände sind mit Gebeinen, Wirbeln und Knochen in diversen Ornamenten verziert. Aus Ober- und Unterschenkelknochen angefertigte Kronleuchter und gestapelte Totenschädel sind zu sehen. Alles gemahnt an Tod und Vergänglichkeit, hier konnte der barocke Mensch seinen Vanitas-Gedanken nachgehen, und das gilt natürlich auch für den heutigen Besucher. Papst Urban VIII. hat das Knochen-Spektakel errichten lassen, ob seine Nachfolger öfter hier vorbeigeschaut haben, ist nicht bekannt.

Dreizehntes Kapitel

# Die päpstlichen Grabmonumente
# und ihre Botschaft

*Das Grab als Memoria*

Die Papstgrabmäler sind oftmals beschrieben und ihre Zeichenfunktion als Memoria ist vielfach gedeutet worden, zumeist mit kunsthistorischem Schwerpunkt; es fehlt aber weitgehend eine theologische Interpretation. In jüngster Zeit beschäftigte sich mit ihnen das Forschungsprojekt »Requiem – die römischen Papst- und Kardinalsgrabmäler der frühen Neuzeit«, ein an der Berliner Humboldt-Universität sowie an der Universität Fribourg angesiedeltes und von der Fritz-Thyssen-Stiftung gefördertes Unternehmen. Die Ergebnisse sind 2004 in dem Werk »Totenkult und Wille zur Macht« veröffentlicht worden; als Herausgeber zeichnen die namhaften Historiker Horst Bredekamp und Volker Reinhardt.

Die Grabmäler der Päpste hatten eine vielfältige Funktion, sie sollten den Toten dauerhaft vergegenwärtigen, den bleibenden Ruhm des Papstes

*Bernini, Grabmal Urbans VIII.*

verkünden, sie sollten auch die Bedeutung und den hohen Rang der Papstfamilie zur Schau stellen. Auf jeden Fall wollten die Päpste in Erinnerung bleiben und dies möglichst positiv, insofern sind ihre Darstellungen in aller Regel retuschierte Bilder.

Papstgrabmäler sind keine privaten Ruhestätten, die Päpste sehen sich im Tod in einer Legitimationsreihe, deshalb erfolgte auch die Konzentration auf den Lateran und die Peterskirche. Ähnliches gilt auch für die Herrschergräber des Mittelalters. Es ist nicht gleichgültig, wo der Leichnam begraben wird.

Viele Grablegen der weltlichen Großen wurden offiziell oder inoffiziell zu nationalen Gedenk- und Wallfahrtsstätten – sei es nun die Saliergrablege im Dom zu Speyer, die Kapuzinergruft in Wien, die Westminster Abbey, der Escorial, die Abteikirche von Saint-Denis oder der Invalidendom. Verständlich, dass sich auch die katholische Kirche einen Erinnerungsort für ihre ehemaligen Oberhäupter in der Peterskirche schaffen wollte, wobei aber große Unterschiede bestehen, wie weit ein Papst heute noch wahrgenommen wird, d. h. in welchem Maße sein Gedächtnis die Jahrhunderte überdauert hat. Manche Päpste haben sich schon zu Lebzeiten einen besonderen Platz reserviert, wollten auch *post mortem* noch alles selber festlegen, damit nichts fehlte an der imposanten Memoria. Im Wettbewerb um die besten Plätze hatte der jeweils amtierende Papst das Sagen.

In der Regel haben die Nachfolger das Gedächtnis ihrer Vorgänger nicht sehr gepflegt, sodass Jahrestage und Jubiläen einzelner Päpste kaum ins Bewusstsein des Kirchenvolkes gedrungen sind. Erst den Päpsten des 20. Jahrhunderts gilt mehr Aufmerksamkeit.

Ganz anders steht es bei weltlichen Herrschern und Herrscherdynastien. Ihre Jubiläen finden in der Öffentlichkeit starke Anteilnahme, den Ottonen, Saliern, Staufern und Habsburgern werden große Ausstellungen und Kongresse gewidmet. Erstaunlich auch die folgende Pressenotiz »Gedenkgottesdienst für den Salierkaiser im überfüllten Dom«.

Die Saliergesellschaft hatte eine rote Rose auf dem Sarkophag des Herrschers in der Kaisergruft niedergelegt, und im Dom selbst reichten die Sitzplätze bei weitem nicht aus: Mit einem Gottesdienst, den Weihbischof Otto Georgens hielt, gedachte Speyer am Sonntagabend Kaiser Heinrichs IV. Der Todestag des Salierherrschers – berühmt vor allem durch seinen

Gang nach Canossa – jährte sich am 7. August 2006 zum 900. Mal. Vergleichbares ist für bedeutende Päpste der Geschichte wie Innozenz III., Julius II. oder Paul III. bisher nicht bekannt geworden.

## Das Grabmal und seine soziale Funktion

Wer ein wenig in die Tiefen der italienischen Volksseele blicken will, sollte einige Stunden auf einem Friedhof verbringen. Als ich mehr zufällig auf dem Cimitero »La Villetta« in Parma in eine Trauergesellschaft geriet, konnte ich mit ansehen, wie eine Bestattung in einem Mausoleum erfolgt. Der Pfarrer stand irgendwo auf der Seite, als Hauptakteure betätigten sich zwei Maurer, wichtiger als Weihwasser und Weihrauch waren Mörtel und Kelle. Und es war ein eigener Ritus, bis der Sarg in einer Nische mit einer Marmorplatte fest verschlossen war. Marmor ist Trumpf auf diesem Friedhof, Mausoleen, Kapellen, wahre Grabhäuser, Tag und Nacht mit Sparlampen erleuchtet, monströse Gebäude mit wunderbar farbigem Marmor, innen mit Altärchen und großen Fotos, hier wird nicht nur ein Toter geehrt, hier feiern sich Familien; Ansehen und Prestige werden zur Schau gestellt. Von hier ist der Weg nicht weit zurück zu den jahrhundertealten Papstgräbern. Auch sie haben eine soziale Funktion, die Neffen und Nichten und alle Nachfahren sollten auf ihren berühmten Ahnen verweisen können und das Ansehen der großen Familien, der Farnese, Della Rovere, Borghese, Barberini war unübersehbar. Hier ließ sich eine gewisse Legitimation ableiten.

Die Erinnerung an den verstorbenen Pontifex ist zugleich eine Ehrung seiner Familie. Sie alle zehren vom Nachruhm des Papstes. Das Grabmal dient auch der Familienpropaganda, es wird zum Prestigeobjekt. Manche Päpste kamen aus einfachen Verhältnissen, und durch sie erlebten die vielen Verwandten einen rasanten Aufstieg bis in die oberen Adelsränge. Von einem Onkel auf dem Papstthron konnten Familien Jahrhunderte lang profitieren. Zugleich erwies sich das Grabmal als eine Mahnung für die Nachfolger, die Papstfamilie schonend zu behandeln. Im übrigen war die Sorge um das Grab oft den Nepoten überlassen. Wer sollte sich um das Grab kümmern? Die Nachfolger waren selten aktiv, ein würdiges Grab lag dagegen im Interesse der Familie. Wenn eine Familie nicht mehr über Einfluss verfügte, konnten die Gebeine ihrer Päpste ohne würdiges Monument in irgendeinem Winkel vor sich hinmodern, so wie es bei den Borgiapäpsten der Fall war.

## Hang zu Idealisierung und Theatralik

So machtvoll waren sie keineswegs, so fromm wie die gefalteten Hände anzeigen, wohl auch nicht. Manche Inschriften bieten regelrechte Tugendkataloge. Nicht wenige Päpste präsentieren sich als erfolgreich und bedeutsam, manches Grabmonument wirkt wie ein Altar, wie Heilige wollen sie ausschauen und hatten vielleicht doch einiges zu vertuschen. Ihre Grabmäler, zu Stein gewordene Eitelkeit und pompöse Selbstdarstellung, enthalten viel Theatralik, von der man sich leicht blenden lassen kann.

Ein deutliches Beispiel hierfür ist das Grabmal Gregors XV. (Alessandro Ludovisi, 1621 – 1623). Dieser Papst war im Leben eine schwächliche, hinfällige Gestalt, sein monumentales Grabmal in der Jesuitenkirche S. Ignazio strotzt dagegen von Glanz und Macht, so wie die ganze Kirche mit ihrer Farbenpracht den Geist der Gegenreformation ahnen lässt. Papst Gregor XV. thront auf einem hohen Sockel wie auf einer Bühne unter einem barocken Baldachin. Die Rechte zum Segen erhoben, wirkt er kraftvoll, strahlend, voll Energie, aber so war er im wirklichen Leben nicht. Während seiner nur zweieinhalbjährigen Regierungszeit wurde er immer wieder von Krankheitsanfällen, Fieber und Erbrechen gequält und überließ die laufenden Geschäfte daher seinem tatkräftigen Neffen Kardinal Ludovico Ludovisi. Düstere Prophezeiungen über sein baldiges Ende machten die Runde. Jeder Seufzer des Papstes, so wird berichtet, wurde als Anzeichen seines baldigen Todes betrachtet. Bösartige Gerüchte sprachen gar von seiner geistigen Unzurechnungsfähigkeit. Nach zeitweiliger Besserung seines Zustandes verschied Gregor am 8. Juli 1623. Sein Leichnam wurde vom Quirinal nach St. Peter überführt, wo auch die provisorische Beisetzung erfolgte. Im Juni 1634 wurden die Gebeine in die Kirche des Collegio Romano gebracht, dort gleichsam zwischen gelagert bis zur Fertigstellung der Chiesa di S. Ignazio, die der Nepot Ludovico allein finanziert hatte. Man sieht an dem prunkvollen Kirchenbau, über welch immense Einnahmen ein Kardinal verfügen konnte. Gregor XV. hatte ihm diese Anhäufung von Reichtum ermöglicht, und zum Dank setzte Ludovico seinem Onkel ein triumphales Grabmonument, in dem Putten den Papst umschweben und Engel mit Posaunen seinen Ruhm verkünden, vielleicht bläst einer ja auch zur Ehre Gottes.

S. Ignazio birgt am rechten Seitenaltar noch ein weiteres Grab, den kleinen in schimmerndem Lapislazuli gehaltenen Sarkophag des mit dreiundzwanzig Jahren verstorbenen heiligen Aloisius, und man sieht, wie jung man zum Heiligen werden kann. Der von den Frömmigkeitsidealen des heiligen Karl Borromäus geprägte Jesuitenzögling Aloisius (Luigi) starb bei der Pflege von Pestkranken; er stammte aus dem erlauchten Geschlecht der Gonzaga, wenn auch aus einer Seitenlinie. Trotz aller Bemühungen haben es die Gonzaga, aus deren Reihen etliche einflussreiche Kardinäle hervorgingen, nie zu einem Papst gebracht, dafür aber zu einem bis heute verehrten Heiligen, für die Familie vermutlich eine höhere Zierde als ein Pontifex, der nur zwei Jahre herrschen durfte und heute vergessen ist, trotz seines imposanten Grabmonuments.

## Kritische Beurteilung

Man kann natürlich mit der Bibel umhergehen und vor jedem Grabmal einen passenden Vers über irdische Vergänglichkeit und Eitelkeit vorlesen, aber so pharisäerhaft kann man den Päpsten auch nicht kommen. Die Kritik an ihnen kann nicht vom Standpunkt der modernen Theologie her geschehen, sondern eher aus geschichtlichem Verständnis. Ich gebe zu, als ich in jungen Jahren in der Peterskirche meinen Rundgang machte, packte mich bisweilen der Zorn und ich goss manchen Hohn über die Papstfiguren aus. Wenn man sie aber in Relation zu Königs- oder Bischofsgräbern sieht, wird man milder urteilen. Ein Amt, das sich ganz in der Welt eingerichtet und verwurzelt hat, dazu noch mit einem eigenen Staat, tut sich schwer, Künder einer unirdischen Botschaft zu sein. Das war die Crux der Päpste bis zum Ende des 19. Jahrhunderts. Die Grabmonumente des Barock mögen heute manchen Unwillen erregen, aber sie sind Zeichen ihrer Zeit und verraten zugleich die Amtsauffassung der dargestellten Figuren. Offensichtlich haben nicht wenige das Petrusamt sehr einseitig verkörpert, haben machtbewusst regiert und Kriege in ihrem Namen führen lassen, sie zeigen sich in ihren Grabmälern als Herrscher, als Fürsten. Sie erkannten die Zeichen der Zeit nicht, sie verstanden die Bibel nicht, sie traten formal als »vicarius Christi« auf, als Stellvertreter, aber keineswegs im spirituellen Sinn, die jesuanische Botschaft verkörpernd.

»Weh euch, ihr Schriftgelehrten und Pharisäer, ihr Heuchler! Ihr seid wie die Gräber, die außen weiß angestrichen sind und schön aussehen; innen aber sind sie voll Knochen, Schmutz und Verwesung. So erscheint auch ihr von außen den Menschen gerecht, innen aber seid ihr voll Heuchelei und Ungehorsam gegen Gottes Gesetz.« Mt. 23, 27-28

Vermutlich hat kein Papst bei einem Gräberbesuch an dieses Wort seines Herrn gedacht, aber dieser Weh-Ruf richtet sich an die damaligen religiösen Führer, an die geistliche Oberschicht und ist bis heute leicht interpretierbar, manch frommes Gehabe erweist sich als hohl und leer.

Einigen Grabmäler fehlt jeder Realitätsbezug, so z. B. bei Pius VII., der 1823 verstarb. In seinem Grabmonument ohne religiöse Symbole sitzt er auf einem mächtigen Thron und gewollt ist immer noch eine Macht-demonstration, wo nichts mehr zu demonstrieren war.

Manche Päpste, die besonders eindrucksvolle Grabmäler für sich errichten ließen, machen damit heute keine besonders gute Figur. Ihre Monumente sind hervorragende Kunstwerke, wie das Barberini-Grabmal von Bernini, aber es sind zugleich marmorne Zeugen der Verherrlichung, die eine Aura des Eigenlobs und der Selbstglorifizierung um sich verbrei-ten. Das gilt auch für die Monumente von Paul V. in der Cappella Paolina und Clemens VIII. in S. Maria Maggiore. Es sind Zeitdokumente, bei denen man geneigt ist, den Künstlern Lob zu spenden, den dargestellten Petrusnachfolgern aber mit deutlicher Kritik zu begegnen.

Unbestritten waren die Renaissancepäpste auf Nachruhm bedacht, sie wollten Zeichen hinterlassen, am besten gelungen ist dies wohl Julius II., als der Papst der Fresken ist er in die Geschichte eingegangen, während sein Onkel Sixtus IV. als Erbauer der Sixtinischen Kapelle sich einen blei-benden Namen gemacht hat. Allgegenwärtig sind die Familienwappen, die vor nichts halt machten wie die Barberini – Bienen, die an den Säulen des Papstaltares von St. Peter emporklettern. Als Mäzene sind die Päpste hervorragend in Erscheinung getreten, als große Theologen eigentlich nicht, und gering ist die spirituelle Hinterlassenschaft des 16. – 18. Jahrhunderts.

Was also haben sie hinterlassen? Oft Verbote, den Index verbotener Bücher, Verurteilungen, nichts für die persönliche Lebensführung, keine Schriftauslegung, weder ein Leo X. noch ein Clemens VII. wären in der Lage gewesen, eine Bibelübersetzung wie Martin Luther zu schaffen. Theologisch konnten sie ihm vermutlich kaum folgen. Sie regelten mit einem Breve oder einer Bulle kirchenpolitische Belange, für Fragen der Spiritualität sah man die Orden zuständig.

## Grabmäler und Verdienste

Keineswegs existiert ein durchgehender Zusammenhang zwischen erbrachter Leistung und dem Aufwand für die Grabanlage. Bei nicht wenigen Monumenten der Barockzeit führt dies zur Vorspiegelung einer falschen Bedeutung, die päpstlichen Auftraggeber bzw. ihre Familien konnten damals natürlich nicht ahnen, dass spätere Betrachter diese ehrgeizige Zurschaustellung kritisieren würden. Sie zielten auf die unmittelbar folgenden Generationen, nicht auf den kühl denkenden Menschen des 21. Jahrhunderts. Mich persönlich berührt der schlichte Sarkophag eines Marcellus mehr als die theatralische Komposition eines Alexander VII.

Spiegeln sich also Erfolg und Glanz eines Pontifikats in den Grabmonumenten wider? Keineswegs, manche kurze Regierungszeit wie die zwei Jahre des Alexander VIII. führte zu einem über die Maßen aufwändigen Grabmal, während Clemens XI. (1700–1721) für sich eine schlichte Grabplatte im Fußboden wünschte, eine Ausnahmeerscheinung. Urban VII. und Leo XI. grüßen von mächtigen Monumenten, beide haben ihr Amt nicht einmal einen Monat ausgeübt. An der Memoria sollte nichts fehlen.

## Wenn aus Gebeinen Reliquien werden

Das Grabmal eines Heiligen gewann natürlich einen besonderen Stellenwert. Die Begräbnisstätten der Märtyrer wurden schon früh Gegenstand wachsender Verehrung. Und der anfänglichen Scheu, Gebeine zu teilen, wich im Mittelalter eine überquellende Sucht, Reliquien zu sammeln und zu besitzen. Man vermutete übernatürliche Kräfte in den Gebeinen, und diese Wunderkraft übertrug sich auch auf das Grab, das einen Kult-Status erreichen konnte. Die Gebeine erhielten Verehrung, weil sie für die Auferstehung bestimmt waren und eine gewisse Verbindung zur Seele hatten. Wurden dann noch Wunder berichtet, konnte das Grab eine große Anziehungskraft entfalten. Ohne Frage galt das für die Apostelgräber, wobei neben dem Petrusgrab vor allem das Jakobusgrab in Santiago de Compostela eine hohe Faszination erreichte. Die Petrusnachfolger der letzten 1000 Jahre blieben dagegen im Schatten großer Heiliger wie z.B. des Bernhard von Claivaux oder des Franz von Assisi. Die Papstgräber vor allem der letzten Jahrhunderte sind eher ein Fall für die Kunstgeschichte. Die Verstorbenen haben sich selber inszeniert, aber sie haben weder Zulauf noch Verehrung auf sich gezogen, und kein Nachfolger wollte sie zur Ehre der Altäre erheben. Sie haben Ehre gesucht durch die Ausgestaltung und Pracht ihrer Gräber, die wirkliche Verehrung blieb ihnen im Allgemeinen versagt.

Der schon erwähnte Vergleich des Grabmals Innozenz' IV. in Neapel mit demjenigen Friedrichs II. in Palermo zeigt, dass der bloße Titel Papst oder Kaiser wenig Beachtung findet, wohl aber die Person, die dahinter steckt.

Die Botschaft der Papstgräber? Am Schluss ist die Frage zu stellen, sind sie anders und mehr als Herrschergräber, zeigt sich das spezifisch »Päpstliche« nicht nur in der beigefügten Tiara, zeigt sich an ihnen der Glaube an ein ewiges Leben, sind sie bloße Zeichen der Selbstverherrlichung oder Zeichen der Hoffnung und Auferstehung der Toten, sind sie das Grab eines Christen, das über sich hinausweist auf ein ersehntes Jenseits? Bei den Gräbern des 20. Jahrhunderts ist dies zu bejahen. Die Gegenwart der Toten unter den Lebenden, auch so könnte man die Papstgräber in der Peterskirche sehen.

# Vierter Teil

## *Das Sterben der Päpste vom 19. Jahrhundert bis zur Gegenwart*

*Das Grabmal Pius' XI. in den Grotten von St. Peter*

# Vierzehntes Kapitel

# Von Pius VI. bis Pius IX.

## Pius VI. – Tod als Gefangener

Der kranke Papst lag mehr in seiner Sänfte, als dass er saß, er war gefangen und wurde nun gewaltsam nach Frankreich abtransportiert. Als bibelkundiger Theologe mag Pius VI. (1775–1799) an das Wort Jesu gedacht haben, das dieser an seinen Jünger Petrus richtete: »Als du noch jung warst, hast du dich selbst gegürtet und konntest gehen, wohin du wolltest. Wenn du aber alt geworden bist, wirst du deine Hände ausstrecken und ein anderer wird dich gürten und dich führen, wohin du nicht willst.« (Joh. 21, 18)

Höchst schmerzhaft musste Pius VI. am eigenen Leibe spüren, was die »neue Zeit« bedeutete und wozu sie fähig war. Dass ein Papst in Gefangenschaft abgeführt wurde, wäre vorher ein ungeheuerliches Ereignis, ein Sakrileg, gewesen. Weltliche Herrscher hatten in aller Regel eine Scheu, den »vicarius Christi« aus Rom zu entfernen und seine geheiligte Person anzu-

*Mord im Vatikan – das Attentat auf den Papstminister Rossi*

tasten. (Lediglich im »dunklen Jahrhundert« und beim Attentat von Anagni hatten es weltliche Herrscher vereinzelt gewagt, Hand an »unwürdige« Päpste zu legen.) Mit der Gefangennahme von Pius VI. befinden wir uns jedoch im Zeitalter der Französischen Revolution. Den neuen Machthabern in Paris lag Rücksichtnahme auf die Würde des Oberhaupts der katholischen Kirche fern. Der Papst war für sie ein Überbleibsel des verhassten monarchischen Systems und Vertreter eines bigotten Klerikalismus.

Im Jahr 1796 wurde der Kirchenstaat von Truppen der Französischen Republik besetzt, die den Papst zwangen, einen Millionenbetrag als Kontribution zu zahlen. Da er sich mit Österreich und Neapel gegen Frankreich verbündete, wurde der Kirchenstaat erneut besetzt und der Papst nach Siena und dann nach Florenz verbannt. Schließlich sollte er nach Sardinien ins Exil gebracht werden. Am 7. Februar 1799 verfassten einige sehr angesehene Ärzte aus Florenz ein Attest, das ausführlich und fachkundig die Leiden des Papstes beschrieb. Mit seinen 81 Jahren litt er an Krampfanfällen, hohem Fieber und Atembeschwerden, sodass er nach ärztlichem Urteil keineswegs reisefähig war. Zwei französische Kommissäre inspizierten persönlich den Schwerkranken und fanden, er sei eher ein Leichnam als ein lebendiger Körper. Trotzdem erging der Befehl zur Abreise, die dann am 28. März begann. Vier Diener schleppten und hoben den Papst in den Reisewagen, und die Fahrt ging zunächst nach Parma. Beim Einzug dort hatte Pius nicht einmal die Kraft, die Hand zum Segen zu heben. Ohne jede Rücksicht wurde der Schwerkranke weiter geschleppt, zunächst nach Turin, von dort nach Susa. Hier wurde Pius in eine Sänfte gesetzt, und bei Kälte und Schneetreiben überschritt man am 30. April die italienisch-französische Grenze. Die Reise endete zunächst in dem Gebirgsort Briançon, wo Pius in einem schlichten Wohnhaus Unterkunft fand und von nun an als französischer Gefangener mit »citoyen pape« angeredet wurde. Der Papst war nun fast völlig gelähmt, man transportierte ihn durch die rauen Alpengebiete weiter nach Grenoble, wo er am 6. Juli ankam, und am 14. Juli endete die qualvolle Reise in Valence. Im sogenannten *Hôtel du Gouvernement*, einem verwahrlosten Gebäude, wurde Pius mit seinen Begleitern untergebracht, die Bewohner von Valence versuchten, es ihm einigermaßen wohnlich einzurichten.

Der körperliche Verfall des Papstes war unaufhaltsam. Am Morgen des 29. August 1799 ging mit dem Tod des Papstes das bisher längste Pontifikat von über vierundzwanzig Jahren zu Ende. Am Nachmittag erfolgte die Sektion und die Einbalsamierung der Leiche, die vier Stunden dauerte und an der die päpstliche Begleitung teilnahm. Dadurch sollte es leichter möglich sein, den Leichnam später nach Rom zu überführen, denn dies hatte Pius dringend gewünscht. Der Tote wurde in liturgische Gewänder gehüllt, in einen Bleisarg gelegt und dieser wiederum kam in einen Sarg aus schwarzem Nussbaumholz. Herz und Eingeweide wurden in eine Bleiurne gelegt. Der Sarg kam in die schlichte Burgkapelle und dann in eine Krypta darunter. Die Überführung nach Rom wurde zunächst von den Machthabern in Paris nicht genehmigt. Napoleon Bonaparte, der seit dem 9. November als Erster Konsul an der Spitze der Republik stand, erteilte im Dezember den Befehl, den Sarg zu bestatten.

Napoleon hatte also entschieden, dass der »Bürger Papst« in Frankreich seine letzte Ruhestätte finden sollte und zwar auf einem Friedhof, ein bisher einmaliger Vorgang. Dazu inszenierte man ein theatralisches Begräbnis, das eher für einen General gepasst hätte. Am 30. Januar 1800 rückte das Militär in Galauniform aus und transportierte den Sarg in einer Prozession zum Friedhof von St. Katharina, wo der Sarg und die Urne mit militärischen Ehren in eine Gruft gelegt wurden. Böllerschüsse verkündeten das große Ereignis, das ohne Priester und ohne Segen stattfand, keine Spur einer kirchlichen Beerdigung und das für einen Papst. Nicht wenige dachten, damit sei auch das Papsttum für immer begraben.

Fast ein Jahr sollte nun der päpstliche Leichnam in Frankreich ruhen. Am 24. Dezember 1801 wurde der Sarg samt der Urne wieder aus der Gruft gehoben, fast die ganze Nacht über dauerte die Exhumierung, eine seltsame Arbeit für einen Weihnachtsabend! Der Sarg wurde in die Präfektur gebracht, dort in einem Zimmer aufbewahrt, und am 11. Januar setzte sich der Leichenzug in Bewegung, zunächst nach Marseille, von dort mit dem Schiff nach Genua und dann über Pisa, Florenz und Siena nach Rom. Vierhundert Fackelträger geleiteten den Leichnam am 17. Februar zur Peterskirche, wo er von Papst Pius VII. und den Kardinälen empfangen wurde. In der Nacht wurden Sarg und Urne geöffnet und die Leiche mit neuen päpstlichen Gewändern bekleidet. Seine endgültige Ruhestätte fand Pius in den Grotten von St. Peter, und dort sieht der Besucher heute eine gewaltige Statue dieses Papstes.

Die Bleiurne mit den Eingeweiden wurde wieder nach Valence zurückgebracht und in einem großen Festzug in den Dom geleitet. Außerdem wurde ein Denkmal für Papst Pius errichtet, und im Oktober 1811 wurde darin die Urne mit Herz und Eingeweiden untergebracht.

## Pius VII. – der unbeugsame Gefangene

Als Barnabà Chiaramonti am 14. März 1800 die Wahl zum Pontifex annahm, gehörte eine gute Portion Mut dazu. Viele hielten das Ende des Papsttums für gekommen. In einem viermonatigem Konklave, das auf der romantischen Laguneninsel S. Giorgio Maggiore bei Venedig unter österreichischem Schutz stattfand, suchten die 34 Kardinäle mühsam und einander blockierend den Richtigen und fanden ihn.

Pius VII. (1800–1823) hatte keineswegs die Absicht, vor Napoleon zu kuschen, der die Macht in Paris übernommen hatte; hier war das Machtzentrum Europas, und der neue Papst trug dieser veränderten Situation Rechnung, indem er 1801 ein Konkordat mit Frankreich schloss und damit seiner Kirche wenigstens einen kleinen Zipfel ihres in der Revolutionszeit verloren gegangenen Einflusses zurückholte. Als Napoleon zum Kaiser gekrönt werden sollte, war der Papst zur Stelle und bot seine Dienste an, aber der Kaiser setzte sich am 2. Dezember 1804 selber die Krone auf und degradierte den Papst zum Statisten. Pius gab sich weiterhin versöhnlich und suchte ein Auskommen mit Napoleon, aber vergeblich. Auf die Besetzung Roms durch französische Truppen am 2. Februar 1808 und die Vereinigung des Rest-Kirchenstaates zunächst mit dem Königreich Italien, dann mit dem Kaiserreich Frankreich im Mai 1809 antwortete Pius VII. mit der Exkommunikation Napoleons im Juni 1809. Der Bannspruch galt dem »Räuber des Patrimonium Petri«, der Kaiser wurde nicht direkt mit seinem Namen genannt. Napoleon reagierte sofort; am Morgen des 6. Juli 1809 drangen die Franzosen mit Gewalt in den Papstpalast ein und entwaffneten die päpstliche Garde. Pius erwartete sie sitzend, mit der Stola bekleidet. Ein General stand mit zwanzig Offizieren vor ihm und fragte ihn nach minutenlangem Schweigen verlegen, ob er auf seinen Staat verzichten wolle, was Pius entschieden ablehnte. Hierauf verkündete ihm der General seinen Auftrag, den Papst als Gefangenen abzuführen. Eine halbe Stunde wurde ihm zur Reisevorbereitung gewährt, und Pius nahm lediglich ein Kreuz und sein Brevier mit, bevor er einen fest verschlossenen Wagen bestieg.

In der Sommerhitze fuhr der Gefangenentransport vierzig Tage in nördlicher Richtung. Überall erkannte man die verhängte Papstkutsche, und die erzwungene Reise wurde zu einem Triumphzug, denn die Bevölkerung liebte den Papst und brachte ihm Ovationen dar. Am 17. August traf Pius in Savona ein.

Wenn die Behandlung auch gut war, so wurde er doch aufs Strengste bewacht und von der Außenwelt abgeschirmt. Nur mit behördlicher Erlaubnis durfte er Briefe empfangen oder schreiben. Da er sich weigerte, eine kaiserliche Apanage anzunehmen, besaß er nichts Eigenes. Die Bevölkerung steckte ihm so viel Geld zu, dass er davon noch die Armen der Stadt beschenken konnte. Die moralische Macht des gefangenen Papstes war enorm gestiegen, die Stadt Rom aber verödete zusehends.

Um ihn stärker beeinflussen zu können, überführte man den nierenkranken Greis am 9. Juni, kurz vor Mitternacht, ins Schloss Fontainebleau. Doch war er so geschwächt, dass er unterwegs die Letzte Ölung erhielt und für transportunfähig erklärt wurde. Kaiserliche Zuwendungen verschmähte er und gab sich mit zwei kleinen Zimmern zufrieden. Als der Stern des Kaisers zu sinken begann, versuchte dieser, sein Ansehen unter den kirchentreuen Bürgern, vor allem bei der bäuerlichen Bevölkerung, durch eine konziliantere Haltung gegenüber dem Papst zurückzugewinnen. Napoleon begab sich zum Papst und unterzeichnete mit ihm ein Abkommen, welches dem Papst die Nutzung seiner Güter, die noch nicht veräußert waren, zugestand. Im Gegenzug erhielt Napoleon die Vollmacht, zahlreiche Bischofsernennungen vorzunehmen. Das Ganze war für den Vatikan ein Reinfall, und als das dem Pontifex bewusst wurde, versank er in eine tiefe Depression. Letztendlich nahm er dieses Konkordat als »schlechte« Tat zurück, woraufhin er sich wieder zu erholen begann.

Als Kaiser Napoleon durch seine gescheiterten Kriege das Spiel verloren hatte, verfügte er am 22. Januar 1814 die Rückkehr des Papstes nach Rom; der Papst sollte nicht seinen Feinden in die Hände fallen. Überall auf seinem Reiseweg begleiteten den Piuspapst Stürme der Begeisterung. Bereits am 10. März hatte Napoleon zudem die Rückgabe der päpstlichen Güter und Länder angeordnet, sodass der Papst am 19. März von Savona nach Rom weiterreisen konnte, wo ihm die Bevölkerung am 24. Mai mit Palmen in den Händen entgegen zog. Während der »Hundert Tage« Napoleons floh Pius jedoch wieder aus Rom und hielt sich in Viterbo auf, konnte aber bald wieder in den Vatikan zurückkehren.

Die Jahre der Leiden waren an Pius nicht ohne Spuren vorbeigegangen. In steigendem Maße stellten sich Alterserscheinungen ein, Verfall der körperlichen Kräfte und Apathie. Seit März 1822 nahm die Gesundheit des Papstes mehr und mehr ab. Nach einer Spazierfahrt am 6. Juli entließ er seine Diener. Allein im Zimmer, verlor er beim Aufstehen das Gleichgewicht und stürzte zu Boden. Die Ärzte stellten einen Bruch des Hüftknochens fest, hielten dies jedoch eine Woche vor ihm geheim. Als sie es ihm mitteilten, ließ er sich die Sterbesakramente spenden. Auch den Brand der Paulusbasilika am 16. Juli teilte man ihm nicht mehr mit, da man seine Betrübnis nicht noch vermehren wollte. Am Morgen des 20. August 1823 entschlief Pius VII. im Alter von 81 Jahren und nach einem Pontifikat von mehr als 23 Jahren – trotz der Gefangenschaft eine Zeitspanne, um die ihn viele Vorgänger beneidet hätten. Mit seinem Widerstand gegen Napoleon hatte das Papsttum an moralischer Autorität gewonnen.

## Pius IX. – Steinwürfe nach dem Tod

Ob Pius IX. (1846–1878) die »Seligkeit« verdient hat – er wurde am 7. Februar 2000 selig gesprochen –, wird bis heute kontrovers diskutiert. Allerdings, er hat einiges durchgemacht, der Kirchenstaat ist ihm abhanden gekommen, und die letzten Lebensjahre verschanzte er sich tief beleidigt als »Gefangener« hinter den Mauern des Vatikan. Einunddreißig Jahre Pontifikat, das längste der Kirchengeschichte, am Ende war er gefangen in den engen Mauern seines festgefahrenen Denkens.

Schon lange gärte es im Kirchenstaat, die Kräfte des *risorgimento*, des Kampfes der Italiener für Einheit und Freiheit, waren nicht mehr zu bremsen. Dabei hatte für Pius alles so gut angefangen: 1846 wurde er überraschend zum Papst gewählt, er galt als Reformer, war offen für Neuerungen, gewann den Ruf eines liberalen Oberhirten, und die Leute nannten ihn liebevoll »Pio nono«. Aber das Blatt wendete sich schnell, als die Revolution auf den Kirchenstaat übersprang. Wie prekär die Lage sich zuspitzte, zeigt das Schicksal des leitenden päpstlichen Ministers Pellegrino Rossi. Am 15. November 1848 war dieser unterwegs zum Palast der *Cancelleria*, seine Kutsche fuhr in den Innenhof, und Rossi wollte die Treppe hinaufsteigen, da wurde er von Männern umringt, und auf einmal ertönten Rufe »Abbasso Rossi! Morte a Rossi!« Der Minister hatte keine Chance, von einem Dolch getroffen sank er tot zu Boden. Und das in einem päpstlichen Palast! Dieses Attentat war ein mehr als deutliches Zeichen, wie sehr die Freiheitsbewegung ernst machte. Bald pfiffen auch Kugeln in einige Zimmer des Quirinalpalastes, in dem Pius residierte, ein Bischof wurde dabei getötet. Der Papst war zutiefst betroffen und schickte sich an, seine rebellische Stadt zu verlassen, in der die Republik ausgerufen wurde. Eine Bürgergarde umstellte den Quirinal, Pius war zum Gefangenen geworden. Seine Flucht war ein waghalsiges Unternehmen, hätten ihn Aufständische in der Stadt erwischt, die Würde des Papstes hätte ihn vor nichts schützen können.

Der bayerische Gesandte Karl von Spaur übernahm die Organisation der Flucht.

Pius kleidete sich wie ein einfacher Priester, wurde in einen geheimen Gang geführt, kam aber an eine versperrte Tür, und es dauerte lange, bis jemand den Schlüssel fand. Unauffällig konnte er die Kutsche des Botschafters besteigen und verließ gleichsam unter diplomatischem Schutz am 24. November Rom. Ungeschoren kam die Kutsche des Botschafters durch das streng bewachte Stadttor. Außerhalb in Aricia kam die Gräfin von Spaur mit ihrem Sohn dazu, und von da an saßen der Papst und die Gräfin mit ihrem Sohn in der Kutsche, der Graf mit einem Diener auf dem Kutschbock. Auf diese Weise gelangte Pius unerkannt nach Gaeta, wo er zunächst in einem einfachen Hotel absteigen musste. Am nächsten Tag erschien Ferdinand, der König von Neapel, und bot dem Papst Wohnraum an im königlichen Palast. Weit über ein Jahr blieb der Papst in Gaeta, mit Hilfe französischer Truppen kehrte er am 12. April 1850 wieder nach Rom zurück und konnte in gewohnter Weise noch zwei Jahrzehnte weiter regieren, obwohl Teile des Kirchenstaates an das neue Königreich Italien fielen und der Papst unter wachsenden politischen Druck geriet. Am 20. September 1870 drangen italienische Truppen durch die Porta Pia in die Stadt ein und stellten Papst Pius vor vollendete Tatsachen. Damit war das Ende des Kirchenstaates gekommen, die nationale Einigung Italiens war vollendet, und Rom konnte zur Hauptstadt des neuen Staates werden. Ob aber auch der Vatikan, der Amtssitz des Papstes, zum italienischen Staatsgebiet gehörte, blieb mehr als ein halbes Jahrhundert umstritten und sorgte immer wieder für Konflikte. Pius verließ den Vatikan nicht mehr, aber noch im gleichen Jahr verkündete er auf dem ersten Vatikanischen Konzil die Unfehlbarkeit des Papstes, eine bis heute umstrittene Glaubensaussage, ein Ärgernis für manche Kirchenkritiker.

Im Januar 1878 erkrankte der Papst, und fälschlicherweise wurde in Rom schon öffentlich sein Tod gemeldet. Am Morgen des 8. Februar 1878 klopfte Kardinal Pecci dreimal mit einem kleinen Silberhammer auf die Stirne von Pius und rief ihn bei seinem Taufnamen Giovanni. Pius IX. war mit 86 Jahren dahingeschieden. Er hatte 31 Jahre, 7 Monate und 22 Tage regiert. Sein Leichnam wurde in St. Peter aufgebahrt, in einer Kapelle mit den Füßen an einem Gitter. Drei Tage zog die Menge am Gitter vorbei, um dem toten Pontifex die Füße zu küssen. Danach fand er seine Ruhestätte in einem provisorischen Grab. In seinem Testament hatte er bestimmt, in S. Lorenzo fuori le Mura bestattet zu werden, vielleicht suchte er die Nähe zu den frühchristlichen Papstgräbern. Bis zum Ende seines Lebens hat er den Papstpalast nicht verlassen und sah sich als »Gefangener im Vatikan«. Ausgerechnet sein Leichnam sollte nun auf Reisen gehen, ein brisanter Wunsch, denn die Überführung seiner Leiche durch italienisches Hoheitsgebiet konnte als Provokation verstanden werden. Als drei Jahre später, 1881, die Überführung stattfand, und dies geschah aus Vorsicht mitten in der Nacht, bewarfen fanatische Nationalisten den Trauerwagen mit Steinen und drohten, den Leichnam in den Tiber zu stürzen. Aber schließlich erreichte dieser unbeschadet San Lorenzo.

Allerdings waren die Katholiken in aller Welt über die Tumulte um das Begräbnis des Papstes so erzürnt und entsetzt, dass sofort eine Sammelaktion für das Grabmal begann, bei der die Spenden reichlich flossen; am Ende erhielt Pius eine Prunkkapelle im byzantinischen Stil, passend für den Herrscher eines Staates, der, einer alten Zeit verhaftet, die neue nicht mehr begreifen konnte.

Für Pius war der Verlust des Kirchenstaates ein schwerer Schock, heute kann man das durchaus als glückliche Fügung ansehen. Die Aggressoren des Kirchenstaates wurden mit dem Kirchenbann belegt; zu ihnen zählte auch König Vittorio Emanuele II., dem nur eine kurze Regierungszeit vergönnt war und der erst 58jährig bereits am 9. Januar 1878 in Rom verstarb. Sein Leichnam wurde aufgebahrt im Quirinalpalast, in dem die Päpste so gerne den Sommer über residiert hatten und in dem auch mancher Papst aufgebahrt worden war. Nun lag hier aber der neue König, zu dessen

Abschied viele Zehntausende anstanden, um einen letzten Blick auf ihren Herrscher, den Einiger Italiens, zu werfen.

In Anbetracht der höchst gespannten Beziehungen zwischen dem italienischen Staat und der katholischen Kirche war das Sterben des Monarchen zu einem schwierigen Problem geworden. Er war ja exkommuniziert, hatte sich aber trotzdem stets als guter Katholik gefühlt. Pius zeigte sich großmütig und schickte dem schwerkranken König seinen eigenen Beichtvater, dieser aber wurde nicht vorgelassen, die Regierung hatte den König hermetisch abgeschirmt. So übernahm der Hofkaplan die religiöse Betreuung des Sterbenden, bei ihm konnte der König beichten und auch die Kommunion empfangen und zwar nach einigen Hindernissen, weil der zuständige Pfarrer die konsekrierte Hostie nicht herausgeben wollte. Am Ende kam der Hofkaplan gerade noch rechtzeitig an das Sterbebett des Monarchen.

Und wo sollte Italiens erster König begraben werden? Die bekannten großen Kirchen Roms kamen dafür nicht in Frage, der Papst war dagegen, und die Beerdigung hielt auch kein Kardinal oder Bischof, sondern ein einfacher Pfarrer. Aber trotzdem veranstaltete der neue Staat einen pompösen Trauerzug, wie es ihn bisher für einen Papst nie gegeben hatte, und mit großer Feierlichkeit wurde Vittorio Emanuele im Pantheon beigesetzt. Mitten in Rom und nahe bei seinem Volk, während der Papst, der einen Monat später diese Welt verließ, einen abgelegenen Ort wählte für sein Grab, draußen vor den Mauern, in San Lorenzo fuori le mura.

# Fünfzehntes Kapitel

# Von Leo XIII. zu Paul VI.

Nach dem Verlust des Kirchenstaates wird das geistliche Profil des Petrusamtes klarer, die Päpste werden persönlich frömmer, ihr Tod – keine Staatsangelegenheit mehr – findet Trauer und Betroffenheit bei vielen Gläubigen. Die Päpste selber können beseelter ihren Tod erwarten, der Sympathie und Anteilnahme auslöst, vorbei sind die Zeiten bissiger Satiren und Pamphlete.

Drei Päpste des 19. Jahrhunderts konnten als langlebige Kirchenführer amtieren, einer durfte noch ins 20. Jahrhundert eintreten, der agile und geistig offene Leo XIII. (1878–1903). Er selber konnte damit nicht rechnen, bei seiner Wahl im Februar 1878 war er richtig erschüttert, seine achtundsechzig Jahre ließen ein mäßig langes Pontifikat erwarten, er wirkte wie ein zarter, kränklicher alter Mann, brach in Tränen aus, und man hatte Sorge, dass er ohnmächtig würde. Manche meinten, er werde seine Krönung nicht erleben. Zur allgemeinen Überraschung konnte er die Kirche

*Johannes XXIII. von der »Pforte des Guten und Bösen« von Luciano Minguzzi*

fast sechsundzwanzig Jahre leiten. Als ihm jemand wünschte, er möge 100 Jahre alt werden, da konnte er heiter und gelöst antworten »Wir wollen der göttlichen Vorsehung keine Grenzen ziehen!« Dreiundneunzig Jahre waren ihm dann tatsächlich beschieden, als er am 20. Juli 1903 verstarb.

Die Zeit für große päpstliche Politik war endgültig vorbei, was lag näher, als sich mit den einfachen Christen zu beschäftigen, Leo schrieb eine Enzyklika, die sich mit sozialen Themen befasste. Während er sich eher als Aristokrat und Schöngeist fühlte, machte sein Nachfolger Pius X. (1903–1914) nie ein Hehl aus seiner einfachen Herkunft. In seinem Testament hat er dies noch einmal festgehalten: »Arm bin ich geboren, arm habe ich gelebt, arm will ich sterben.« Sein Grabmal fand er zunächst in den Grotten von St. Peter; inzwischen als Heiliger verehrt, ist sein Leichnam oben in einem Glasschrein in der Peterskirche zu bestaunen.

Einen Schönheitspreis muss ein Pontifex gewiss nicht gewinnen, und bei der Wahl im September 1914 am Beginn des Ersten Weltkrieges, kam es auf das Äußere gewiss nicht an. Giacomo della Chiesa, Kardinal von Bologna, mit einem typisch schönen italienischen Namen, hatte an der Kurie schon einen Spitznamen »Il Piccoletto«, das Männlein oder der Knirps, er war so klein, dass er in keine vorbereitete Soutane passte, zudem litt er unter einer Verkrümmung der Wirbelsäule, war schmächtig und sah immer blass aus. Aber mit großer Arbeitsdisziplin versah Benedikt XV. (1914–1922) sein Pontifikat, das in der Zeit des mörderischen Ersten Weltkrieges für den Papst eine große Herausforderung darstellte. Er nannte den Weltkrieg eine »grauenhafte Schlächterei«, und sein unermüdlicher Einsatz für die Versöhnung brachte ihm den Ehrentitel »Friedenspapst« ein. Am 22. Januar 1922 fiel er einer Lungenentzündung zum Opfer, mit 67 Jahren ein früher Tod nach einem Pontifikat von sieben Jahren, vier Monaten und zwanzig Tagen. In einigen Papstbüchern wird über Gift gemunkelt, aber dafür existieren keine ernsthaften Anhaltspunkte.

Gerüchte über Mord tauchten auch nach dem Tod des Nachfolgers, Pius XI. (1922–1939), auf. Francesco Petacci, der Vater der Geliebten Mussolinis, war zu dem herzkranken Papst gerufen worden und hatte ihm eine Injektion verabreicht. Am frühen Morgen lebte Pius XI. nicht mehr. Beweise für eine Vergiftung wurden jedoch nicht erbracht.

*Pius XII. – hohes Ansehen zu Lebzeiten, Kritik nach dem Tode*

Zu Lebzeiten war Pius XII. (Eugenio Pacelli, 1939–1958) hoch geachtet und verehrt, seine asketische Gestalt verkörperte einen edlen Amtsträger, der sich bis zum Äußersten aufopferte, die Aura eines fast Überirdischen umgab ihn bei seinen Audienzen. Er war geborener Römer, besuchte die kuriale Diplomatenschule und durchlief die klassische Laufbahn als Diplomat. Viele Jahre verbrachte er als Nuntius in Deutschland, »Il Tedesco« wurde er genannt auch wegen seines Arbeitseifers und seiner peniblen, bürokratischen Arbeitsweise.

Nach seinem Tod geriet Pius immer neu in die Schlagzeilen, durch Rolf Hochhuths Drama »Der Stellvertreter« (1963) wurde eine Problematik sichtbar, die so einfach nicht zu lösen war. Aus heutiger Sicht hätte der Pontifex das Hitler-Regime in aller Schärfe verurteilen müssen, damals hielt er sich zurück, um die deutschen Katholiken vor Rache zu schützen. Bis die Vatikanischen Archive endgültig geöffnet werden für eine gründliche wissenschaftliche Analyse, kommt dieses Thema nicht zur Ruhe. Vergangenheitsbewältigung ist auch für die Spitze der Kirche eine neue, bisher kaum geübte Aufgabe.

Ein sehr persönliches Bild von ihm zeichnet Sr. M. Pascalina Lehnert, eine bayerische Ordensfrau, die mit einigen Mitschwestern über vierzig Jahre für Pacelli den Haushalt besorgte und in ihrem Buch »Ich durfte ihm dienen« Einblick gewährt in das Leben in der Papstwohnung. Mehr als jeder andere kannte sie den Papst, diskret und unauffällig beherrschte sie den Tagesablauf in den päpstlichen Privaträumen, kümmerte sich um Ernährung und Medikamente. Wenn man die penetranten Lobsprüche beiseite lässt, erfährt man auch viel über Pacellis Lebensgewohnheiten. Als Nuntius stieg er gern aufs Pferd und ritt mit Begeisterung durch Wald und Flur, später als Papst zwang er sich jeden Tag zu einem stündlichen Spaziergang. Ansonsten gönnte er sich kaum Entspannung, als Perfektionist feilte er lange an seinen vielen Reden, ließ den Posten des Kardinalstaatssekretärs unbesetzt und zwang sich zu unermüdlicher Arbeit.

In den letzten Lebensjahren spürte der Pacelli-Papst, der an seinem Arbeitseifer auch als Achtzigjähriger keine Abstriche machte, die Beschwerden des Alters; mancherlei Krankheiten setzten ihm zu, vor allem ein lästiger Schluckauf. Seine Behandlung lag in den Händen seines langjährigen Leibarztes Dr. Riccardo Galeazzi-Lisi, über Gesundheit und

Krankheit des Pontifex drang nichts an die Öffentlichkeit. Man wusste nur, dass Pius wenig aß und dementsprechend sehr schmal und untergewichtig wirkte, er betrieb seit Jahren Raubbau an seiner Gesundheit, mit zu wenig Schlaf und zu viel akribischem Aktenstudium.

Anfang des Jahres 1954 verschlechterte sich der Gesundheitszustand dramatisch, Pius lag schwerkrank danieder, am 5. Februar 1954 gab Galeazzi-Lisi ein ärztliches Bulletin heraus, er hatte den Papst schon aufgegeben, der keine Nahrung mehr zu sich nehmen konnte, und die Kurie stellte sich auf den Papsttod ein. Vermutlich war es Schwester Pascalina, die bei Dr. Paul Niehans anrief und ihn ans Krankenbett des Papstes bat.

Gastritis und Magenblutungen, verbunden mit einem schlimmen Schluckauf waren Niehans' Diagnose, mit viel Sorgfalt erreichte er eine Besserung und begann dann mit seiner Zelltherapie. Schon seit vielen Jahren arbeitete er mit Frischzellen, eine durchaus umstrittene Heilmethode. Niehans war durch sie zum Prominenten-Arzt geworden, eine Art Guru für die Erhaltung der Vitalität. Nicht wenige berühmte Persönlichkeiten ließen sich von ihm behandeln, unter ihnen auch Konrad Adenauer und Kaiser Hirohito.

Beim Patienten Pius hatte Niehans, der ungefähr vier Monate in der Nähe des Papstes verbrachte, Erfolg, und das bedeutete zugleich einen großen Werbeeffekt. Von Niehans ist folgender Ausspruch überliefert:

»Der Höhepunkt meines Lebens war es, dass die göttliche Vorsehung mir vergönnte, Seiner Heiligkeit in seiner schweren Krankheit beizustehen.«

Der päpstliche Leibarzt hat das natürlich nicht gerne gesehen, lange Zeit galt er als Freund und Berater Pacellis, war nicht ohne Einfluss, Leibärzte erteilen ja nicht nur Rat für einzelne Krankheiten, sondern für die gesamte Lebensführung und darüber hinaus. Neid machte sich breit.

Im Dezember 1954 erlitt der Papst in Castel Gandolfo einen Zwerchfellbruch mit schlimmen Magenschmerzen und erneut Schluckauf. Niehans kam ans Krankenbett, auch drei italienische Spezialisten wurden hinzugezogen. Letztere plädierten für eine Operation, Niehans war dagegen und konnte sich durchsetzen. Und wiederum hatte er einen Heilungserfolg, Pius konnte wieder seine Aufgaben übernehmen.

Im August 1958, wiederum lebte Pius in Castel Gandolfo, ging es mit seiner Gesundheit rapide bergab, am 5. Oktober konnte der Zweiundachtzigjährige nur mit Mühe seine letzte Messe feiern, hielt noch eine Audienz und kam in seine Privaträume mit dem Ausspruch »Adesso non posso più«, jetzt kann ich nicht mehr. Am Abend betete er wie jeden Tag mit den Schwestern den Rosenkranz, es sollte sein letzter Arbeitstag sein. Durch den ständigen Schluckauf fand er wenig Schlaf, am Morgen kam der Leibarzt, um ihm den Magen auszupumpen, danach brach er bewusstlos zusammen. Ein Priester spendete ihm in aller Eile die Krankensalbung. Sein Zustand besserte sich wieder, aber er musste im Bett bleiben und sich in seine Hilflosigkeit ergeben. Gegen Mittag war Dr. Niehans aus Paris eingetroffen, von Pius erfreut begrüßt, aber auch Niehans sah keine Heilungschancen mehr, blieb aber ständig in der Nähe des Schwerkranken.

Am Morgen des 8. Oktober sagte der nun Sterbenskranke zu Pascalina »Mi sento tanto, tanto male«, die Ärzte versuchten es mit Sauerstoff, und Pascalina hielt das Röhrchen an den leicht geöffneten Mund. Verwandte, Kardinäle, Bischöfe kamen ins Sterbezimmer und alle warteten auf den Tod des Papstes. Auch Kardinaldekan Eugène Tisserant eilte herbei, Pius hatte keinen *Camerlengo* ernannt, so übernahm Tisserant diese Aufgabe. Zeitlebens haben sich Papst und Kardinal nicht als Freunde gesehen, lebten in kühler Distanz, jetzt aber war Tisserant beim Sterben des Papstes zugegen, nicht einmal in den letzten Stunden kann sich der hilflos Sterbende aussuchen, wer ihn in den Tod begleitet. Schon voreilig, noch vor dem Tod des Papstes, hat Tisserant das Arbeitszimmer versiegelt, während Mutter Pascalina mit ihren Mitschwestern sich um den Sterbenden sorgte und an seinem Bett betete.

In den Morgenstunden des 9. Oktober 1958 verschied Papst Pius XII. nach einem Pontifikat von neunzehn Jahren. »Dann traten alle an das Sterbelager und küssten die noch fieberheißen Hände des hohen Heimgegangenen,« so M. Pascalina.

Die Überführung seines Leichnams von Castel Gandolfo in die Peterskirche am 11. Oktober geriet zu einem großen Triumphzug, eine unübersehbare Menschenmenge säumte die Straßen, vor allem die Römer waren betroffen und trauerten um einen großen Pontifex, der gleichsam auch ihr Mitbürger gewesen war und dessen durchgeistigte Gestalt starke Faszination ausgestrahlt hatte. Zunächst wurde der Sarg nach San Giovanni im Lateran gebracht, und von dort formierte sich ein Prozessionszug durch die Stadt nach St. Peter, wo der Leichnam bis zum 13. Oktober aufgebahrt wurde. Mittags um 12 Uhr schlossen sich die Pforten der Petersbasilika und Pius wurde beigesetzt in den Grotten dieser Kirche. In einem schlichten, schmucklosen Sarkophag ruhen seine Gebeine.

In seinem Testament sprach er von den Unzulänglichkeiten, den Mängeln und Fehlern eines so langen Pontifikats und betonte, dass ihm seine eigene Unwürdigkeit immer vor Augen war. Übrigens war Pascalina die einzige, die um das Testament wusste und dem Kardinaldekan die entsprechende Schublade im Schreibtisch aufschloss.

Pius XII., die hohe asketische Gestalt auf der Sedia gestatoria, wird auf dem Sterbebett wieder Eugenio Pacelli, der Mensch ohne Tiara, leidend, bittend, erlöst im Tod von der Mühsal eines freudlosen Amtes.

Todesnachricht und Dementi folgten einander. Während der Papst noch mit dem Tode rang, meldete der Rundfunk allzu früh das Ableben des Papstes und musste das bald darauf korrigieren, das war aber nicht alles an Peinlichkeiten, die den Piustod umgaben. Manche an der Kurie konnten ihre Freude über den Tod kaum verbergen. Pius war bei ihnen nicht beliebt, er war ein autoritärer Herrscher, schroff und unpersönlich im Umgang. Nicht überall also herrschte Trauer.

Das Sterben des Papstes war von Indiskretionen und Sensationsgier überschattet, und dabei ging es auch um viel Geld. Eine unrühmliche Rolle spielte der päpstliche Leibarzt. Die Agonie in allen Einzelheiten wurde im Rundfunk übertragen, und Galeazzi bot der Sensationspresse Berichte und Fotos des Sterbenden und des Leichnams. Der Leibarzt nutzte das Papststerben zum Geldverdienen aus und kannte dabei keine Skrupel, Details zu veröffentlichen und damit das Sterben des Papstes einem abstoßenden Voyeurismus preiszugeben. Schon vorher hatte er einmal Illustrierten ein Foto angeboten, das den Papst im Schlafanzug zeigte, wie er Übungen machte.

Die Öffentlichkeit erfuhr also, dass Pius am 6. Oktober zwei Gehirnschläge erlitt, zwei Tage später einen dritten. Unsagbar peinliche Details kamen in die Presse, wie z. B. »Es war nicht notwendig, den Katheterismus zu wiederholen, da der Heilige Vater spontan eine ausreichende Menge Urin ausgesondert hat.« Blutdruck, Puls, Atmung alles wird in haarsträubender Weise vor der Öffentlichkeit ausgebreitet. »Um 3 Uhr 52, sagt jemand der Anwesenden, er ist tot. Ich antworte: nein, er lebt. In der Tat macht er noch zwei weitere Atemzüge, dann floss ein kleines Rinnsal schwärzlichen Blutes aus dem linken Mundwinkel herunter, schließlich neigte er sein Haupt.«

Galeazzi kannte bei seinen Indiskretionen keine Grenzen, und der Arzt schockierte nur wenige Tage nach dem Ableben des Papstes mit einem Bericht in der römischen Tageszeitung »Il Tempo« die Öffentlichkeit. Unter der Schlagzeile »Vier Tage am Bett des mit dem Tode ringenden Papstes Pacelli« gab Galeazzi-Lisi eine peinliche, minuziöse Beschreibung des Todeskampfes wieder.

Die Empörung in der Öffentlichkeit wuchs, als Fotografien des sterbenden Pontifex auftauchten – eine zeigte Pius XII. mit einer Sauerstoffkanüle im Mund. Galeazzi-Lisi hatte die Aufnahmen heimlich mit einer Miniaturkamera gemacht. Der Leibarzt präsentierte einen Tag nach der feierlichen Beisetzung des Papstes auf einer Pressekonferenz Farbfotografien, welche die einzelnen Stadien des Einbalsamierungsprozesses dokumentierten.

Viel Freude hatte der Leibarzt an seinem als Sensationsreporter verdienten Geld nicht. Die römische Ärztekammer schloss ihn aus und verurteilte sein Handeln scharf als unvereinbar mit der ärztlichen Schweigepflicht. Zugleich erhielt er Hausverbot im Vatikan.

*Johannes XXIII. – der Tod eines »Papstes der Menschen« –*
*ein Sympathieträger verlässt die Welt*

Johannes XXIII. (1958–1963) begann als Verlegenheitskandidat, als »papa di passaggio«, so hat er sich selber gesehen. Die wählenden Kardinäle wollten einfach Zeit gewinnen für eine spätere Entscheidung. Der neue Pontifex würde es ein paar Jahre machen, und weiter würde nicht viel passieren, so mochte mancher denken. Er galt als gutmütige, altersmilde Vaterfigur, die an der Kurie keinen Ärger bereiten würde. Johannes XXIII. war zwar alt, aber er war fähig zu Visionen. Dass er einmal Papst werden würde, daran hat er im Ernst nie gedacht.

Geboren wurde er im Jahr 1881 in Sotto il Monte bei Bergamo als Angelo Giuseppe Roncalli. Er wuchs in bescheidenen Verhältnissen auf und kannte die Sorgen und Nöte der kleinen Leute. Fünfzehn Jahre arbeitete er als Sekretär des Bischofs von Bergamo, 1918 war er Sanitätssoldat, dann Militärgeistlicher, 1925 erhielt er die Bischofsweihe und wurde als Apostolischer Visitator und Delegat nach Bulgarien geschickt, ab 1935 war er Delegat für Griechenland und die Türkei mit Sitz in Istanbul. Auch für ihn war es klar, dass er sich hier auf einem Abstellgleis befand; Pius XII. konnte ihn nicht besonders gut leiden. Als der für Paris vorgesehene Nuntius nicht antreten wollte, beorderte man in aller Eile Roncalli nach Frankreich, wo er am 1. Januar 1944 seinen Dienst antrat. Er war hier die zweite Wahl, gewann aber bald durch seine Leutseligkeit viele Sympathien. Er kannte keine Berührungsängste. Am 15. März 1953 hielt er seinen Einzug als neuer Patriarch in Venedig, und mit seinen 72 Jahren sah er dieses hohe Amt als seinen letzten Posten an. Und plötzlich war er Johannes XXIII. Auch dieser Name erschien unpassend, wurde seit 1415 nie mehr verwendet, weil es da schon einmal einen Johannes XXIII. gab, der vom Konzil von Konstanz abgesetzt wurde. Ein geschichtlich belasteter, heikler Name ohne Zweifel!

Roncalli kreierte einen neuen Stil, er wollte unter die Menschen, besuchte ein Gefängnis, ein Kinderkrankenhaus. Er war kontaktfreudig, machte Besuche in Rom. Übertriebene Reaktionen oder tosender Beifall erschreckten ihn eher, seinem Sekretär sagte er: »Warum schreien die nur so?«

Nicht wenige an der Kurie dachten, dass bei dem neuen Papst ruhige und gemütliche Zeiten anbrechen würden. Er sah nicht wie ein Asket aus, und der kleine rundliche Mann würde sich schon einfügen. Aber bereits nach drei Monaten kam ein Paukenschlag, mehr als eine Bombe schlug die Nachricht ein.

Am Sonntag, den 25. Januar 1959 besuchte Johannes die Paulsbasilika draußen vor den Mauern, wie es heißt. Nach dem Gottesdienst hielt er eine Ansprache an die Kardinäle, die sich in die Länge zog, und unvermittelt kamen ein paar einfache Sätze, er plane eine Diözesansynode in Rom und ein Ökumenisches Konzil für die ganze Kirche.

Und er erwartete nun wohlwollende Kommentare, nichts regte sich, die hohen und niederen Würdenträger im Vatikan schwiegen vor sich hin. Sie nahmen es an wie ein Urteil, ja wie eine Verurteilung. Sie meinten ja, bisher sei die Kirche bestens regiert worden, wozu der Aufwand, die Unruhe. Am anderen Tag erschien eine kleine Notiz im »Osservatore Romano«, ein Paukenschlag, und niemand wollte ihn hören. Die Kurie stand Kopf, eine Unfülle an Bischöfen in Rom, ein gigantischer Aufmarsch, wo sollten die alle wohnen, und überhaupt, konnten sie schlagartig alle ihren Arbeitsplatz rund um die Welt verlassen? Johannes wollte einen Aufbruch, er wollte Bewegung und seine Bemerkung: »Wir sind keine Museumswächter« verrät dies. Am 11. Oktober 1962 wurde das II. Vatikanische Konzil eröffnet, der harmlos aussehende Johannes hatte ein erstes Ziel erreicht.

Am 7. März 1963, drei Monate vor seinem Tod: Er hatte keine Berührungsängste, empfing im Vatikan Chruschtschows Schwiegersohn Alexej Adschubeij und dessen Frau Rada. Ein Atheist, ein Kommunist im Vatikan, viele Kurienvertreter waren dagegen, man hielt den Papst für politisch etwas naiv. Am 11. April 1963 erschien seine Enzyklika »Pacem in Terris« (Frieden auf Erden), sein Vermächtnis, das Testament eines Sterbenskranken, er forderte Abrüstung und Ächtung des Krieges.

Von Jugend an führte Johannes ein geistliches Tagebuch, ein »Giornale dell' Anima«, das veröffentlich wurde und Einblick gewährt in sein Denken und Empfinden. Hier spricht er auch freimütig von seinen Fehlern und Schwächen und schreibt:

»Ich komme auch nicht in Versuchung, eitel oder selbstgefällig zu werden.«

Ein Leben lang hat er sich mit dem Tod beschäftigt. Er konnte ohne Scheu und Dramatik über sein Sterben öffentlich sprechen, so im März des Jahres 1961: »Es ist eine unbestreitbare Gewissheit, dass wir eines Tages den Besuch unseres Bruders Tod erhalten werden, wie Franziskus von Assisi ihn genannt hat. Er pflegt sich zuweilen auf schroffe und unerwartete Art einzustellen.« Und im Tagebuch schreibt er: »Es ist eine vordringliche Aufgabe, das Testament in Ordnung zu bringen als Vorbereitung auf den vielleicht schon nahen Tod. Der Gedanke daran ist mir vertraut. Ich werde Sorge tragen, dass alles gut geregelt ist: das Testament eines armen und einfachen Papstes, selbst in seinen schriftlichen Verfügungen. Ohne ein gutes Testament zu sterben bedeutet für jeden Geistlichen ein großes Unrecht und ist Grund zur Furcht angesichts der Ewigkeit.«

Im November 1961 trug er in sein Tagebuch ein: »Das achtzigste Lebensjahr erreicht, ja bereits vollendet zu haben, beunruhigt mich in keiner Weise, sondern schenkt mir im Gegenteil Ruhe und Vertrauen. Ich bemerke in meinem Körper den Anfang irgendeiner Störung. Das ist in meinem Alter wohl ganz natürlich. Ich ertrage sie in Frieden, wenn sie mir auch bisweilen lästig wird, auch weil ich fürchte, sie könnte sich verschlimmern.«

Ein Leben lang ein gesunder Mensch, konnte er sich einiges an Strapazen zutrauen, auf dem Land aufgewachsen, war er nicht zimperlich. Im September 1962 spürte er die Krankheit, er klagte über Magenschmerzen und ließ sich gründlich untersuchen.

Im November 1962 stellte sein neuer Leibarzt Professor Antonio Gasbarrini aus Bologna mit anderen Spezialisten eine klare Diagnose und die hieß Magenkrebs, ein Leiden, das in der Familie Roncalli häufig auftrat. Eine Operation schien nicht ratsam, die Ärzte gaben ihrem berühmten Patienten noch ein halbes Jahr.

Ende Mai 1963 fühlt sich Johannes elend, er sieht sein baldiges Ende auf sich zukommen, lebt die letzten Tage ohne Illusionen, er wird künstlich ernährt, erhält Bluttransfusionen. Am Fest Christi Himmelfahrt zeigt er sich zum letzten Mal den Menschen auf dem Petersplatz.

In der Nacht vom 30. auf den 31. Mai 1963 zeichnete sich das baldige Ende ab. Er erlitt innere Blutungen und empfand starke Schmerzen, der herbeigerufene Arzt Prof. Mazzoni gab ihm ein Medikament, um die Schmerzen zu lindern. Die Ärzte Valdoni und Mazzoni erklärten übereinstimmend, dass keine Chancen auf Heilung mehr bestünden. Sein Privatsekretär Loris Capovilla fasste sich ein Herz und sagte es dem Papst; seine Frage, ob eine Operation noch möglich sei, musste verneint werden.

Guido Gusso und dessen Bruder Paolo waren die engsten Bediensteten und bekamen alles mit. Der Schmerz wurde manchmal so heftig, dass er kaum mehr atmen konnte. Trotz vieler schlafloser Nächte, versuchte er, sein Arbeitspensum weiterhin zu erledigen. Seine engste Umgebung bat er: »Helft mir zu sterben, wie es sich für einen Papst gehört.«

Am Freitag, dem 31. Mai, benachrichtigte man seine Geschwister in Sotto il Monte. Sein Bruder Xaverio beschreibt die Situation: »Mein Bruder hatte das Bewusstsein verloren, er atmete schwer und bekam Sauerstoff. Unwillkürlich dachte ich an unsere drei Geschwister, die an Krebs gestorben waren. Mitten in der Nacht wurde die Sauerstoffmaske abgenommen, er hatte die Augen geöffnet. Wo seid ihr, fragte er mit leiser Stimme, bist du es Xaverio. Schaut mich nicht so an, als wäre ich ein Gespenst ... Gestern war ich tot, heute bin ich lebendig. Er schlief wieder ein, war immer wieder bei Bewusstsein.«

Der Papst wollte nochmals beichten, dann empfing er die Heilige. Kommunion. Am Samstag, dem 1. Juni, fiel der Papst für längere Zeit ins

Koma. Am Nachmittag wieder bei Bewusstsein, verlangte er einen Kaffee, dann verlor er wieder das Bewusstsein, wurde erneut etwas wach, ohne noch einmal zu sprechen. Am Montag, den 3. Juni 1963 um 19.49 Uhr, verstarb Papst Johannes, während auf dem Petersplatz eine große Menschenmenge zum Gottesdienst versammelt war.

Sein Tod ruft weltweit tiefen Schmerz hervor. Viele Menschen sind erschüttert und betrauern einen Pontifex, der sein Amt mit Herzlichkeit und Wohlwollen ausgeübt hat und für den auch viele Nichtkatholiken große Sympathien empfanden. Er wollte den Menschen nahe sein, und seine Botschaft wurde verstanden. Er hat seine Kirche aus einer langen Phase der Lethargie herausgerissen und ihr einen Aufbruch zugemutet, den sie bis heute noch nicht völlig eingelöst hat. Es bleibt die Erinnerung an einen sympathischen Kirchenführer.

Am 3. September 2000 wurde Angelo Roncalli zusammen mit Pius IX. (1846 – 1878) zum Seligen erklärt und sein Leichnam aus den Grotten in die Peterskirche überführt. Ob diese so rasche Seligsprechung überhaupt in seinem Sinne war, man darf es sich immerhin fragen. Johannes hat nie wie ein Asket gewirkt, hatte nichts Büßerhaftes an sich, war sich seiner Schwächen wohl bewusst und wird eines Tages einen liebenswürdigen Heiligen abgeben.

## Paul VI. – Erlösung im Tod von der Last seines Amtes

Ein schweres Erbe hatte Paul VI. (1963–1978) anzutreten, es galt die Euphorie des Konzils in langfristige Bahnen zu lenken und die Gegensätze, die auf dem Konzil offen ausbrachen, auf einen Mittelweg einzuschwören. Giovanni Battista Montini übernahm diese undankbare Aufgabe; er war eigentlich ein stiller und zurückhaltender Mann, kein Kirchenlenker der großen Worte. Geschickt führte er das Konzil zu Ende, zeigte sich weltoffen, ging auf Reisen, unter anderem auch ins Heilige Land und nach Manila, wo er am 27. November 1970 nur knapp einem Attentat entging. Auf dem dortigen Flughafen hatte sich unter die Wartenden ein Maler eingeschlichen. Er war in einen Talar gekleidet und trug in der Hand ein Kreuz, das in Wirklichkeit ein Stilett war. Er näherte sich dem Papst, begrüßte ihn und versuchte, ihn zu erstechen. Zum Glück wurde Paul VI. nur leicht verwundet, sein Sekretär Macchi drängte den Angreifer zurück, und hier tat sich auch der hünenhafte Paul Marcinkus hervor, der den

Papst auf seinen Reisen begleitete und damals am Anfang seiner Karriere als späterer Erzbischof und Direktor der »Vatikanbank« stand.

Mit zunehmenden Jahren litt Paul unter Alterskrankheiten, am 16. Oktober 1977 feierte er seinen 80. Geburtstag, vor allem eine Arthrose quälte ihn, das Gehen bereitete ihm Schwierigkeiten, seine öffentlichen Auftritte wurden anstrengender und mühseliger. Schon im Jahr 1967 hatte er sich einer urologischen Operation unterziehen müssen, dazu war im Vatikan ein Raum als Operationssaal eingerichtet worden.

Mit 81 Jahren ereilte Paul VI. der Tod, draußen in Castel Gandolfo am Sonntag, den 6. August 1978, als seine letzten Worte hörte man ihn murmeln: »Wir sind am Ende angekommen.«

Über das Alter machte er sich keine Illusionen, es war auf jeden Fall auch für einen Papst sehr mutig, als er verfügte, dass Bischöfe mit 75 Jahren ihren Rücktritt einreichen müssen, und vollends verordnete er den Kardinälen, dass sie ab dem 80. Lebensjahr von der Papstwahl ausgeschlossen sind. Für manchen rüstigen Kirchenfürsten war das sicher eine herbe Zumutung. Das päpstliche Dokument von 1970 beginnt mit »Ingravescentem aetatem«, mit dem schwerer werdenden Alter. Paul hat der Vergreisung eines hohen Amtes Einhalt geboten. Von manchen gebrechlichen und nicht mehr amtsfähigen Bischöfen ging der Spruch »Er segnet alles, nur nicht das Zeitliche«. Verärgerte Kardinäle taten kund, wenn schon Rücktritte und Altersbegrenzung, dann solle der Papst auch an sich denken, aber Paul wies einen Rücktritt weit von sich. Der Papst – ein Methusalem, ihm sind keine Grenzen gesetzt.

Vier Päpste hintereinander, von Pius XI. bis Paul VI., haben ein Alter über 80 Jahre erreicht, das Papstamt verheißt also in der Regel ein langes Leben.

Die moderne Medizin wird künftigen Päpsten wahrscheinlich ein sehr hohes Alter ermöglichen und schafft damit eine Problematik, die heute viele Menschen bedrängt, die letzten Lebensjahre könnten durch Demenz oder Alzheimer geprägt sein, um als Pflegefall dahinzusiechen. Ein Amt, das auf die gesamte Lebensdauer angelegt ist, kann hier in eine heftige Problematik geraten. Die Frage der Amtsfähigkeit kann sich eines Tages stellen, und am Vatikan wird man sich dann auch mit Palliativmedizin beschäftigen. Johannes Paul II. hat ernsthaft über einen Rücktritt nachgedacht, seine engsten Berater haben ihn davon abgehalten, man wollte keinen Präzedenzfall schaffen. Paul VI. hat durch eine radikale Verordnung das Bischofsamt vor überalterten und amtsunfähigen Würdenträgern geschützt, vielleicht wird ein künftiger Pontifex auch seinem eigenen Amt eine Grenze ziehen; denn wieso sollte sich ein schwerkranker Mensch mühselig plagen, während genügend Jüngere schon längst bereit stehen.

Sechzehntes Kapitel

# Von Johannes Paul I. zu Johannes Paul II.

*Der plötzliche Tod von Johannes Paul I. – ein Schock für die Kurie,*
*ein Verlust für die Kirche*
Beim Lesen von Todesanzeigen stößt man immer wieder auf Notizen wie
völlig überraschend, plötzlich, und da wurde einer jäh aus dem Leben
gerissen, eine besondere Betroffenheit wird spürbar, wenn ein Angehöriger
gleichsam ohne Abschied gegangen ist, und wenn man Alter und Berufe
betrachtet, dann liest man, allzu früh, es sind fünfzig- und sechzigjährige
Männer, ein Chefarzt z. B., von dem vermutet wird, er kannte sich aus, er
wusste um Vorsorge und kannte die Anzeichen eines sich ankündigenden
Herzversagens. Und die Angehörigen stellen Fragen, warum und die gleichen Fragen begleiten den plötzlichen Papsttod, war es mangelnde ärztliche Überwachung oder Ärger und Stress?
    Seit vielen Jahren wurde Albino Luciani von seinem persönlichen Arzt
Antonio da Ros betreut, einem Arzt für Allgemeinmedizin in Vittorio

*Der aufgebahrte Leichnam Johannes Pauls I.*

209

Veneto. Dieser besuchte nun seinen besonderen Patienten kurz nach der Papstwahl und fand, dass er in guter körperlicher Verfassung sei, jedenfalls sah er keine behandelnswerten Symptome. Wegen der geschwollenen Beine gab der Arzt den Rat, sich mehr zu bewegen.

Aber in Wahrheit war der neue Papst als kranker Mann nach Rom gekommen, er litt an massiven Herz- und Kreislaufproblemen. Freimütig konnte er über seine persönliche Krankengeschichte sprechen, z.B. bei einer Ansprache im Petersdom an Kranke: »Ihr sollt wissen, ich selbst habe schon achtmal im Krankenhaus gelegen und musste mich viermal operieren lassen.« Von dem seelischen Druck auf seinen Schultern sprach er natürlich nicht.

Am 26. August 1978 wählte der frische gekürte Albino Luciani den Papstnamen Johannes Paul I. und als das seine Schwester am Radio hörte, erschrak sie nicht wenig. Entsetzt und voll Mitleid soll sie ausgerufen haben »Armer Albino, armer Albino«. Kurz nach der Wahl rief dieser seine Geschwister in dem Bergdorf Canale d'Agordo bei Belluno an und lud sie zu seiner Inthronisationsfeier ein, sie sollten ihn seelisch unterstützen. Ihr Albino war in Armut aufgewachsen, kannte die Sorgen und Nöte der kleinen Leute, sein Vater war Sozialist und der Sohn ein erfrischend natürlicher Vertreter der Kirche, kein finsterer Inquisitor, kein kaltherziger Moralprediger, die Menschen sahen für einige Tage einen lächelnden Papst.

Zum Lachen gab es allerdings nicht viel in den vatikanischen Mauern, ein volles Arbeitsprogramm belastete den neuen Pontifex, Audienzen, Ansprachen, Personalentscheidungen, Aktenstudium, eine nahtlose Kette von Verpflichtungen hüllte ihn ein, und schon am 5. September sah er dem Tod ins Angesicht. Der russisch-orthodoxe Metropolit Nikodim von Leningrad und Nowgorod war zu einer Privataudienz bei Johannes Paul I., und während des Gesprächs erlitt der Achtundvierzigjährige einen Herzinfarkt und starb in den Armen des Papstes, ein seltsames Ereignis – ein Orakel?

Der 28. September 1978, ein Donnerstag, drückende Schwüle lag über der Stadt. Nach Messfeier und Breviergebet, begann ein gewöhnlicher päpstlicher Arbeitstag. Audienzen am Vormittag, Studien der Akten am Nachmittag, über alles informiert sind die beiden Sekretäre Diego Lorenzi und John Magee. Ein Jahr später hat Don Diego Lorenzi in der Zeitung

»Il Gazzettino« vom 28. September 1979 einen Bericht verfasst. Demnach verbrachte der Papst den Nachmittag mit Lesen; gegen 17.00 Uhr ging er auf die Terrasse, um das Gebet oder die Lektüre mit etwas körperlicher Bewegung zu verbinden; diesen Spaziergang absolvierte er fast täglich und zwar immer allein. Um 18.30 empfing er Kardinal Villot in Audienz, der über eine Stunde bei ihm blieb. Villot amtierte als Kardinalstaatssekretär und hatte das Amt des *Camerlengo* inne, der beim Tod eines Papstes eine besondere Rolle spielt. Gegen 20.00 Uhr traf sich Johannes Paul mit seinen beiden Sekretären im Speisezimmer zum Abendessen. Anschließend versuchte Diego Lorenzi eine Verbindung zum Erzbischof von Mailand, Kardinal Colombo, herzustellen, was nach einigen Versuchen auch gelang. Der Papst telefonierte mit dem Mailänder Kardinal und gegen 21.30 erschien er – wie jeden Abend – in der Tür bei seinen Sekretären und wünschte ihnen eine gute Nacht. John Magee sagte: »Also Heiligkeit, gute Nacht, Sie scheinen müde zu sein!« Er antwortete: »Ja, ich habe Kopfschmerzen. Ich habe zuviel gelesen.« Luciani hatte häufig Kopfschmerzen. Die Frage, ob man einen Arzt holen solle, verneinte der Papst.

Der Tag, es ist der 29. September, begann wie immer. Schwester Vincenza, die mit einigen Mitschwestern den päpstlichen Haushalt besorgte und die Albio Luciani schon seit fast 20 Jahren kannte, stellte wie jeden Morgen gegen 4.30 Uhr ein Kännchen Kaffee in das Arbeitszimmer, klopfte an die Schlafzimmertür und wünschte, wie gewohnt, »Guten Morgen, Heiliger Vater.« Eine Antwort vernahm sie an diesem Tag nicht. Als sie nach einiger Zeit wiederkam und den Kaffee unberührt sah, war sie nicht nur verwundert, sondern machte sich Sorgen, Albino Luciani hatte bisher nie verschlafen. Sie klopfte lauter an die Schlafzimmertür und als keine Antwort kam, tat sie das einzig Naheliegende, sie trat ein und fand den Papst reglos im Bett sitzend. Er hatte seine Brille auf, der Kopf war zur Seite geneigt und hing etwas nach unten, der Mund war leicht geöffnet, in den Händen einige Blätter bedruckten Papiers, die Leselampe brannte, das Ganze ein Bild der Friedens und der Ruhe, der ewigen Ruhe. Schwester Vincenza fühlte den Puls, spürte kein Lebenszeichen mehr, die Hand war steif und kalt, der Papst war tot, während des Lesens im Bett friedlich eingeschlafen. Albino ruhe in Frieden!

Aber von Friede kann ab jetzt keine Rede mehr sein. Hektik setzt ein, ein Drama bahnt sich an. Vincenza weckt die beiden Sekretäre, die ins

Sterbezimmer eilen, tief betroffen vor allem Don Diego Lorenzi, der sich mit dem Verstorbenen besonders verbunden fühlte und von dem ein authentischer Bericht stammt. Als erster wird Kardinal Jean Villot verständigt, er ist als *Camerlengo* für alle praktischen Fragen ab jetzt zuständig, und er bestimmt, was zu geschehen hat. Für ihn stellt sich das Problem, wie sagt man das der Öffentlichkeit; zunächst verhängt er ein absolutes Schweigegebot und legt fest, was man nach außen berichten soll. Und was geschah wirklich?

Lorenzi verständigte telefonisch Pia Luciani, die Nichte des Papstes, mit der strikten Forderung, niemand etwas zu sagen. Der amtliche Leibarzt Dr. Renato Buzzonetti wurde angerufen und eilte sofort herbei. Der Arzt stellte nach einer eher oberflächlichen Untersuchung einen akuten Myokardinfarkt als Todesursache fest. Als ungefährer Zeitpunkt des Todes wurde 23.00 Uhr festgelegt. Kardinal Villot ließ auch noch am frühen Morgen die Männer zum Waschen und Einbalsamieren des Leichnams kommen, schon am Nachmittag sollte dieser in der Aula Clementina des Papstpalastes aufgebahrt werden. Und was nun weiterhin zu folgen hat, war durch Paul VI. bereits geregelt, und es konnte alles seinen Lauf nehmen wie üblich.

Am nächsten Tag – es ist Samstag, der 30. September – wird gegen Abend in einer feierlichen Prozession der Leichnam Albino Lucianis in die Peterskirche überführt, damit dort die Menschen von ihm Abschied nehmen konnten und sie kamen in Scharen; bis dahin war eine derartige Anteilnahme noch nie gesehen worden. Die Todesnachricht löste Bestürzung und tiefe Trauer aus. Viele Menschen hatten hohe Erwartungen an den freundlichen Papst, das Gefühl einer neuen Zeit in der katholischen Kirche lag in der Luft. Der lächelnde Papst, der sich in den wenigen Tagen seines Pontifikates große Sympathien erworben hatte, ließ mehr Menschlichkeit erahnen. Am 4. Oktober fand der Trauergottesdienst auf dem Petersplatz statt; ca. 100 000 Menschen nahmen daran teil. Anschließend wurde der Leichnam in einem Marmorsarkophag in den Grotten beigesetzt.

Die Wahrheit kommt an den Tag. Kardinal Villot war vor dieser Wahrheit total überfordert und begann, eine eigene und frisierte Geschichte zu verbreiten. Er meinte, es sei unstatthaft und mache einen schlechten Eindruck, dass eine Nonne den Papst tot im Bett gefunden habe. Wer hätte ihn eigentlich sonst finden sollen? Dass Nonnen den Haushalt im Papstpalast besorgten, verwunderte niemand – wer sonst sollte das eigentlich tun? Um Küche, Wäsche, Bad und WC kümmern sich keine Prälaten und italienische Männer sowieso nicht. Warum also verdrehte man die Sache? Villot ließ verbreiten, der Sekretär Magee habe den toten Papst gefunden, und aus den Blättern in den Händen machte man schnell etwas Würdiges, der Papst habe in dem alten Erbauungsbuch »Die Nachfolge Christi« des Thomas von Kempen gelesen. Man nahm Zuflucht zu Legenden und verbreitete handfeste Lügen, eine üble Geschichte, die weitreichende Folgen zeitigte. Und man machte noch einen gewaltigen Fehler.

Dass an der Todesursache Zweifel entstanden, war zu erwarten. Auf jeden Fall hätte man durch eine Autopsie Ursache und Zeitpunkt des Todes exakt bestimmen können, bei einem derart prominenten Toten eigentlich ein absolutes Muss. Seit Jahrhunderten war kein Papst schon einen Monat nach seiner Wahl gestorben – da war es fast unvermeidlich, dass Gerüchte über die Todesursache aufkamen. Nach der offiziellen Verlautbarung starb er an einem Herzinfarkt infolge einer Überdosis eingenommener Herzmedikamente. Er sei beseitigt worden, weil er angeblich die mächtige römische Kurie grundlegend reformieren wollte, weil er in der in undurchsichtige Geschäfte verwickelten Vatikanbank aufräumen wollte, ja sogar, weil er radikale Kursänderungen der Kirche geplant habe. Verlautbarungen ließen darauf schließen, dass Johannes Paul I. umfangreiche personelle Veränderungen plante. Man hielt es für möglich, dass er von seinem Recht Gebrauch machen könnte, die ganze Kurienspitze auszuwechseln.

Schnell tauchten die ersten Gerüchte über Mord auf. Ein Priester wurde mit den Worten zitiert: »Der Heilige Geist habe uns da einen guten Dienst erwiesen, er habe die Kirche von Luciano befreit, bevor er zu großen Schaden anrichtete.«

Die These vom Mordkomplott erhielt Auftrieb, als der britische Journalist David A. Yallop sie 1984 in seinem Buch »In God's Name« mit politischen Fakten unterlegte. Das Buch, das 1984 auch in Deutsch unter dem Titel »Im Namen Gottes« erschien, wurde sehr rasch in sechs Millionen Exemplaren und in vierzig Sprachen publiziert und entwickelte sich zu einem reißenden Bestseller. Der Autor verfasste eine Kriminalgeschichte, in der er Fakten und Vermutungen bunt durcheinander mischte, in der er plakativ Behauptungen aufstellte, die keinerlei Beweiskraft hatten; mit einer sorgfältigen historischen Beschreibung hat das Ganze nichts zu tun. Yallop bringt spätere Skandale in Zusammenhang mit dem Tod des Papstes, Morde und Selbstmorde im Bereich der Mafia, der Loge P 2, unsaubere Finanzgeschäfte und Affären um die Bankiers Michele Sindona und Roberto Calvi, dessen aufgehängte Leiche am 18. Juni 1982 unter einer Londoner Brücke gefunden wurde. Auch der skandalträchtige Erzbischof Paul Marcinkus, damals Chef der Vatikanbank, die wegen ominöser Bankgeschäfte ins Gerede gekommen war, wird mit dem Tod von Albino Luciani in Verbindung gebracht. Yallop stellt seine These in den Raum: »Ich bin vollkommen davon überzeugt, dass Papst Johannes Paul I., Albino Luciani, ermordet worden ist.«

Für diese Behauptung sammelt er nun wahllos Beweise, wie er es nennt, vage Vermutungen wäre die bessere Formulierung. Er beklagt sich, dass er im Vatikan den Totenschein nicht einsehen durfte, zitiert wörtlich Texte aus ärztlichen Gutachten – man fragt sich hier nach dem Datenschutz –, und kommt zu dem Ergebnis, dass dem Papst Gift verabreicht wurde und zwar mit seinen Medikamenten.

Der Tod des 33-Tage-Papstes bleibt mysteriös und ist bis heute nicht restlos geklärt. Der renommierte Kirchenhistoriker Georg Schwaiger kommt zu dem Ergebnis:

»Der natürliche Tod muss als gesichert gelten. Die wilden Gerüchte über eine angebliche Ermordung in der Nacht gehen vor allem auf Sensationsgier zurück, waren aber durch unverzeihliches Fehlverhalten vatikanischer Informationspolitik entscheidend mitverschuldet. Der schwerste Vorwurf trifft dabei den Kardinalstaatssekretär und Camerlengo Jean Villot.«

John Magee, der Sekretär, der täglich Umgang mit ihm hatte, hat über den Tod des Papstes so geurteilt: »Er ist zusammengebrochen unter einer Bürde, die zu groß war für seine schmalen Schultern, und unter der Last seiner unermesslichen Einsamkeit.«

Ende Oktober 2006 wurde im Staatsfernsehen RAI der TV-Zweiteiler »Papa Luciani« mit großem Erfolg ausgestrahlt und das Sterben dieses Papstes entfachte neue Diskussionen. In einem Exklusivinterview meldete sich auch der Papstbruder Edoardo Luciani zu Wort und bemerkte: »Die

Seherin von Fatima hat Albino etwas sehr Schlimmes über sein Leben gesagt. Als er aus Fatima zurückkam, verhielt er sich wirklich so als wisse er, was geschehen würde.« Er schien, als hätte er Sicherheit, dass er sterben würde, so Edoardo Luciani. Am 31. Oktober 2006 brachte Radio Vatikan diese Notiz. Und noch etwas wurde im Oktober 2006 berichtet, das Verfahren für eine Seligsprechung wurde in der Diözese Belluno abgeschlossen und die Unterlagen wurden nach Rom geleitet.

## Johannes Paul II. – Sterben und Tod als globales Ereignis

Vor Jahren war Leben und Sterben eines Papstes vor allem Sache der Römer, heute nehmen Millionen Menschen daran teil, Tod und Begräbnis finden weltweites Interesse, und schon zu Lebzeiten sah sich Johannes Paul, der »Medienpapst«, sehr oft im Mittelpunkt.

Als er mit 58 Jahren in den Vatikan einzog, tat er dies mit flotten und energischen Schritten, ein kraftvoll und gesund wirkender Mann, der im Winter zum Skilaufen fuhr und mit seiner vitalen Ausstrahlung viele Jugendliche in seinen Bann zog. Er konnte mit jungen Leuten polnische Lieder singen und am Lagerfeuer sitzen, man sah einen fröhlichen und zum Feiern aufgelegten Pontifex.

Ermüdendes Aktenstudium war seine Sache ebenso wenig wie langatmige Konferenzen oder komplizierte theologische Reflexionen, bei Zweifeln konnte er schlicht feststellen »Ich bin der Papst«. Seine Personalpolitik fand Widerspruch, schadete aber keineswegs seiner Popularität. Er fuhr keinen Schmusekurs mit dieser Welt, seine Ansprachen hatten oft den gleichen Inhalt, die klare Lehre der Kirche wie gehabt; schon der Ansatz einer Missdeutung war ihm suspekt, und so zwang er die deutschen Bischöfe zum Ausstieg aus der staatlich subventionierten Schwangerenberatung. Er zeigte ihnen klar, wer der Papst ist und wer in der Kirche bis ins Detail seinen Willen durchsetzt.

Karol Woytila hatte Freude an seinem Amt, ging gerne auf Reisen und ließ sich feiern, erwartete viel Zulauf bei seinem Kommen, war ein Meister von Großveranstaltungen. Viele Gottesdienste wurden vor die Peterskirche verlegt, alles war fernsehgerecht aufbereitet, sein Ostersegen »Urbi et Orbi« wurde weltweit übertragen.

Und er hatte viel Zeit zum Gestalten, das zweitlängste Pontifikat der Geschichte, mancher Papst in früheren Zeiten hätte gerne ein paar Jahre von ihm gehabt, er hat einer Epoche seinen Stempel aufgedrückt, hat die wesentliche Führungselite der katholischen Kirche ernannt und die Weichen weit in die Zukunft gestellt.

*Das Attentat – unerwartet und ungeklärt*

Die Bilder gingen um die Welt, als das offene Auto mit dem freundlich winkenden Papst über den Petersplatz fuhr, Jubel wie immer, plötzlich hört man Schüsse, Johannes Paul II. sinkt in sich zusammen, liegt im Auto, das sofort davonbraust in Richtung Gemelli-Klinik, wo das Leben des Papstes in letzter Minute durch eine Notoperation gerettet werden kann. Es ist der 13. Mai 1981, ein bis heute unvergessenes Datum in Rom und vor allem bei den Sicherheitsleuten der Ewigen Stadt, ein Alptraum für jeden Personenschützer. Der Attentäter wird gefasst und gibt von Anfang Rätsel auf.

Jahrelang und mit Erfolg versuchte der türkische Papstattentäter Ali Agca, alle Spuren zu verwischen. Ob gezielt oder aus Unkenntnis: Agca hat es fertig gebracht, dass bis heute ein undurchdringlicher Schleier über dem Mordversuch vom Petersplatz liegt. Vor der italienischen Justiz, die ihn zu lebenslanger Haft verurteilte, beschuldigte der Türke zunächst den bulgarischen Geheimdienst. Bald aber verstrickte er sich in Widersprüche, entwickelte immer neue Theorien und Versionen von Tathergang. Mal präsentierte er sich als irrer Einzelgänger, dann als religiös motivierter Weltenretter, schließlich erschien er als Auftragskiller der türkischen Mafia.

Gemäß dem Motto, dass der erste Schein nicht trügt, gewinnt die allererste Version der mehr als hundert Attentats-Theorien wieder an Wahrscheinlichkeit: die »bulgarische Spur«. Danach kam der Mordauftrag aus dem damaligen Ostblock; Handlanger waren die Geheimdienste aus Bulgarien, vielleicht auch aus Rumänien. Und die eigentlichen Drahtzieher dürften demnach in Moskau, im Kreml, ganz oben an der Spitze des KGB und des Politbüros gesessen haben. In der italienischen Presse erschienen Schlagzeilen wie »Stand Breschnew hinter dem Papst-Attentat?«

Und auch Mitglieder eines italienischen Untersuchungsausschusses vertraten eine ähnliche Meinung. Der sowjetische Geheimdienst wies die Vorwürfe als »total absurd« zurück. Wie schon bei allen früheren Justiz-Entscheidungen im Fall Agca äußerte sich der Vatikan auch diesmal nicht. Das wolle der Heilige Stuhl den befassten Gerichten überlassen, sagte

Vatikansprecher Joaquín Navarro Valls. Für den Vatikan war der Fall abgeschlossen, seit Johannes Paul II. seinem Attentäter wenige Tage nach dem Anschlag verzieh und ihn später im Gefängnis besuchte. Für die Strafverfolgung war ohnehin die italienische Justiz zuständig, da der Mordversuch auf dem Petersplatz erfolgte. Allerdings glauben viele Vatikan-Prälaten nach wie vor an die Spur aus dem Osten, die über Sofia nach Moskau führte. Aber vielleicht wird in den Archiven der ehemaligen Ostblockstaaten einmal gründlich gesucht, ob sich Indizien für das Attentat auf den Papst aus Polen finden.

Knapp 25 Jahre nach den Schüssen vom Petersplatz kommt einer der prominentesten Attentäter der Gegenwart auf freien Fuß. Ein türkisches Gericht entschied am Sonntag, dem 8. Januar 2006, dass Ali Agca aus dem Gefängnis entlassen werden solle. Nach seiner vorzeitigen Begnadigung durch den italienischen Staatspräsidenten im Sommer 2000 verbüßte der inzwischen 47-jährige Papstattentäter in seinem Heimatland eine Reststrafe wegen des Mordes an einem Journalisten.

Für den Schutz des Papstes zuständig war Camillo Cibin, Leiter der Vatikanischen Gendarmerie, ein großer athletischer Mann, im blauen Anzug und weißen Haaren und immer in der Nähe des Papstes, um ihn zu schützen. Es war Cibin, der beim Papstattentat am 13. Mai 1981 Ali Agca fasste, wie Photoaufnahmen beweisen. Auch rettete Cibin den Papst, als 1982 in Fatima ein verwirrter Mann mit einem Messer auf Johannes Paul II. losging. Dank der schnellen Reflexe des Gendarmen wurde der Papst nur leicht verletzt, und eine Tragödie konnte verhindert werden.

## Krankheiten setzen dem Papst zu

Die neunziger Jahre des Papstes sind gezeichnet durch mancherlei Krankheiten, wobei er weiterhin mit Energie und Zähigkeit auf seinen vielen Reisen weltweit unterwegs war. Nach der Entfernung eines Darmtumors im Jahre 1992 erlitt Johannes Paul ein Jahr später Knochenbrüche, die Hüftoperation von 1994 und die 1996 erfolgte Blinddarmoperation. Seinen Polenbesuch von 1999 musste er wegen heftiger Fieberanfälle abbrechen.

Bis in die jüngste Vergangenheit galten die Ärzte, denen die Sorge um den Papst anvertraut war, als äußerst verschwiegen. Sie mieden jeglichen Kontakt mit den Medien. Erst in den letzten Jahren haben mehrere nichtvatikanische Ärzte, in deren Behandlung sich Papst Johannes Paul II. begeben musste, eine in früheren Zeiten unvorstellbare Beredsamkeit an den Tag gelegt, die oft schon die Frage nach der ärztlichen Schweigepflicht aufkommen ließ. Schon früh fiel hier das Wort von der Parkinsonschen Krankheit. Alle Informationen wurden von den Medien begierig aufgegriffen. Der Pressesprecher des Heiligen Stuhls, Dr. Joaquín Navarro Valls, selbst Mediziner, war redlich bemüht, die Privatsphäre des Papstes zu schützen.

## Die ärztliche Betreuung – der päpstliche Leibarzt

Verantwortlich für die medizinische Betreuung war der päpstliche Leibarzt Doktor Renato Buzzonetti, der für seine Diskretion und Bescheidenheit bekannt ist. Noch nie hat Buzzonetti ein Interview gegeben. Was sollte er auch sagen? Der 81-Jährige lässt sich gern mit den Worten zitieren: »Der Papst ist mein Patient. Ich rede nie über die Gesundheit meiner Patienten.« Seit dem Beginn von Johannes Pauls Pontifikat war der Mediziner an der Seite des Kirchenoberhaupts, und auf vielen Fotos von den Auslandsreisen des Papstes ist Buzzonettis inzwischen ergrautes Haupt mit der dicken Brille zu sehen. Als einfacher Patient galt Johannes Paul II. nicht, und es war Doktor Buzzonetti, der ihn Anfang Februar zum Gang ins römische Gemelli-Krankenhaus bewegte. In seinen Verantwortungsbereich fällt die Wahl der Chirurgen, die Hand an den Papst legen dürfen. Nach dem Attentat auf dem Petersplatz 1981 suchte er den Arzt aus, der dem Papst die Kugeln aus dem Leib operierte. Außerdem hält sich der Doktor immer über die neuesten Behandlungsmethoden für die Parkinsonkrankheit auf dem Laufenden, die dem Papst in den vergangenen Jahren zusehends zusetzt. Der Arzt gilt als Teil des Vatikanischen Haushalts, des engsten Zirkels um Johannes Paul II., dem der Kammerdiener Angelo Gugel und fünf polnische Nonnen angehören, von denen eine, Schwester Tobiana, Medizin studiert hat.

Dreißig Jahre lang arbeitete Dr. Buzzonetti im römischen Spital San Camillo, zuerst als Assistenzarzt und dann als Oberarzt für die Innere Medizin. Parallel zu dieser Arbeit begann er seit 1965 auch eine Tätigkeit im Vatikan. Dort stieg er bald zum Direktor des Gesundheitsdienstes des Kirchenstaates auf. In manchen Medien war zu lesen, der Papst sei ein schlechter Patient gewesen, ein ungeduldiger Kranker, mit der Tendenz, sich allzu schnell wieder an die Arbeit zu machen, statt zu ruhen. Renato Buzzonetti rückt diese Bild nun zurecht. Im Gespräch mit Radio Vatikan sagte er: »Johannes Paul war ein guter Patient. Er ließ sich bereitwillig untersuchen, sagte genau, was ihn wo schmerzte. Überhaupt war er ein höchst aufmerksamer Beobachter seiner größeren und kleineren Leiden. Denn er wollte schnell gesund werden und dem Arzt helfen, einen Ausweg aus dem Geflecht seiner Krankheiten zu finden. Wie alle Patienten mochte Johannes Paul keine Injektionen. Aber der Rest der Behandlungen, auch wenn sie eigentlich schwerer zu ertragen waren als Injektionen, nahm er in Gelassenheit an, selbst den Luftröhrenschnitt. Er bat mich, ihm zu erklären, was dabei geschieht, und nach einigen Minuten des Nachdenkens und der Stille stimmte er zu.«

In einem im März 2006 erschienen Buch »Lasciatemi andare: La forza nella debolezza di Giovanni Paolo II« hat Buzzonetti seine Erinnerungen an die Zeit mit dem sterbenden Papst aufgeschrieben. Das in Protokollform gehaltene Buch bietet keine neuen Erkenntnisse, sondern stellt im Wesentlichen eine gestraffte, überarbeitete Dokumentation des vatikanischen Amtsblattes dar, das der Vatikan im September 2005 veröffentlicht hatte. In einem Interview sagte Renato Buzzonetti : »Meine Erinnerungen an Johannes Paul reichen von fröhlichen, unbeschwerten Momenten bis hin zu extrem schwierigen. Eine Erfahrung, die mein Leben geprägt hat, war natürlich, als Arzt und als Christ den Tod des Papstes zu begleiten. Ich hatte das Privileg, die Ehre, seine Hand zu halten. Den Körper des sterbenden Papstes zu berühren, das bedeutete auch, seine Wunden zu berühren. Von diesen blutenden Wunden ist später nie gesprochen worden.«

Buzzonetti betont, er habe viel von Johannes Paul gelernt: »Er hat mir geholfen, ein besserer Arzt zu werden. Durch ihn habe ich wirklich verstanden, dass der Arzt dem Menschen dient. Durch ihn habe ich auch glauben gelernt, etwas von seinem tiefen Geist des Glaubens mitgenommen.«

## »Lasst mich ins Haus des Vaters gehen!«

Die Fingerzeige über die Hinfälligkeit des Papstes wurden immer deutlicher. Am Anfang als »Athlet Gottes« apostrophiert, waren seine letzten Jahre von Krankheiten überschattet, und der physische Verfall schritt mit erschreckender Geschwindigkeit voran. Das Endstadium der Parkinson-

Erkrankung zeichnete sich ab. Man sah den Körper des Papstes, der gleichsam auf den Seziertisch der Neugier gelegt wurde. Etwas mehr Diskretion hätte man den engsten Mitarbeitern empfehlen mögen. Aber wer hat das Sagen, wenn der Papst zusehends hilflos wird? Offenbar wollte der 84-Jährige trotz anderer Empfehlungen seiner Ärzte nicht auf die Begegnung mit den Gläubigen verzichten. Schon Wochen vor dem 2. April zeichnete sich das Ende des Papstes ab und der Vatikan veröffentlichte fortlaufend Details über den Gesundheitszustand des sterbenden Karol Wojtyla.

All das ist nachzulesen in einer Sonderausgabe des Amtsblatts «Acta apostolicae sedis» über Krankheitsverlauf, Tod und Beisetzung von Papst Johannes Paul II., veröffentlicht mit Datum vom 17. April 2005; in dieser Dokumentation sind auch das Testament des Papstes sowie die Beileidsschreiben von Bischöfen, Religionsführern und Staatsoberhäuptern aus aller Welt enthalten. Vorangestellt ist ein rund vierseitiges Protokoll, beginnend mit der Einlieferung des 84 Jährigen in die Gemelli-Klinik am 31. Januar bis zu seinem Tod am 2. April. Am 31. Januar teilte der Pressesaal des Heiligen Stuhls mit, dass die für jenen Tag vorgesehenen Audienzen wegen Symptomen einer Grippeerkrankung des Heiligen Vaters abgesagt wurden. Das Krankheitsbild komplizierte sich durch eine akute Kehlkopf- und Luftröhrenentzündung und die durch einen Kehlkopfkrampf ausgelöste Krise, die sich am Abend des 1. Februar verschlimmert hatte. Das machte die Noteinlieferung in die Gemelli-Klinik erforderlich. Dort wurde Johannes Paul den Therapien zur Behebung der Atembeschwerden und den erforderlichen klinischen Kontrollen unterzogen. Der klinische Verlauf war positiv. Der Papst feierte in seinem Krankenzimmer täglich die Heilige Messe. Am Aschermittwoch streute sein Sekretär dem Heiligen Vater während der Eucharistiefeier die von ihm gesegnete Asche auf die Stirn.

Nach Abschluss aller diagnostischer Untersuchungen, einschließlich einer Computertomographie, kehrte der Heilige Vater am 10. Februar in den Vatikan zurück. In den folgenden Tagen kam es zu einem Rückfall der Atemwegserkrankung und zum erneuten Auftreten von Anfällen akuter Atemnot. Der Papst wurde erneut in die Gemelli-Klinik eingeliefert, wo ein Luftröhrenschnitt vorgenommen wurde. Die postoperative Phase verlief ohne Komplikationen: Es wurde schon bald die Rehabilitation der Atmung und der Stimmbildung aufgenommen und am Sonntag, den 13. März, kehrte der Papst in den Vatikan zurück.

Die Privatwohnung des Papstes wurde komplett mit Apparaten und Instrumenten ausgestattet, die allen technischen Anforderungen moderner Medizin entsprachen. In den folgenden Tagen ging die langsame Erholung des Gesundheitszustands weiter, wurde aber erschwert durch die großen Schwierigkeiten beim Schlucken und die sehr beschwerliche Stimmbildung, durch die mangelnde Nahrungsaufnahme und den merklichen Kräfteverfall. Am Sonntag, dem 20. März, und Mittwoch, dem 23. März, zeigte sich der Heilige Vater am Fenster seines Arbeitszimmers, blieb stumm und beschränkte sich auf den Segen mit der rechten Hand. Am Ostersonntag, 27. März, verweilte der Papst einige Minuten am offenen Fenster über dem Petersplatz, auf dem sich die Gläubigen dicht gedrängt in Erwartung der Osterbotschaft eingefunden hatten. Er versuchte erfolglos, die Worte des Apostolischen Segens zu sprechen, und erteilte schweigend mit der rechten Hand der Stadt Rom und dem Erdkreis den Segen.

Am 30. März wurde in einem Kommunique mitgeteilt, dass durch Daueranbringung einer Nasen-Magen-Sonde die künstliche Ernährung eingeleitet sei. Am selben Tag, einem Mittwoch, zeigte sich der Heilige Vater am Fenster seines Arbeitszimmers und segnete, ohne zu sprechen, die Menge und dies war sein letzter öffentlicher Auftritt.

Am Donnerstag, den 31. März, kurz nach 11.00 Uhr, bekam der Papst, der sich zur Feier der Heiligen Messe in die Kapelle begeben hatte, einen Schüttelfrost, gefolgt von einem Fieberanstieg. Darauf erlitt er einen schweren septischen Schock mit Kreislaufkollaps infolge einer Infektion der Harnwege. Sofort wurden alle erforderlichen therapeutischen Maßnahmen und eine Herz-Atmungshilfe eingeleitet. Der Kardinal der Lateiner von Lemberg spendete ihm die Krankensalbung.

Am Freitag, den 1. April, feierte der Papst um 6.00 Uhr morgens bei vollem Bewusstsein und gelassen die Heilige Messe. Die Situation war von beträchtlichem Ernst, da sich eine alarmierende Veränderung der biologischen und lebenswichtigen Parameter abzeichnete. Es entstand ein sich verschlimmerndes Krankheitsbild, das auf ein Versagen des Herz-Kreislaufsystems, des Atmungsapparates und der Nieren hinwies.

Am Samstag, den 2. April, wurde um 7.30 Uhr die Heilige Messe in Anwesenheit des Heiligen Vaters gefeiert, der Anzeichen eines beginnenden Bewusstseinsverlustes erkennen ließ. Am späten Vormittag empfing er zum letzten Mal den Kardinal-Staatssekretär. Danach kam es zu einem plötzlichen Anstieg der Körpertemperatur. Gegen 15.30 Uhr bat der Heilige Vater, mit ganz schwacher Stimme murmelnd, auf Polnisch: «Lasst mich ins Haus des Vaters gehen.»

Kurz vor 19.00 Uhr fiel er ins Koma. Der Monitor zeigte das fortschreitende Verlöschen der Lebensfunktionen an. Einer polnischen Tradition gemäß erleuchtete eine kleine Kerze den im Halbdunkel liegenden Raum, wo der Papst im Sterben lag. Um 20.00 Uhr begann sein Sekretär Stanislaw Dziwisz im Sterbezimmer die Feier der Heiligen Messe mit einigen polnischen Geistlichen und den Nonnen. Polnische religiöse Gesänge begleiten die Messfeier, und so erlebte Johannes Paul ein fast privates Sterben im kleinen Kreis, als Karol Wojtyla hört er polnisch, nicht Kirchenlatein, Lieder in der Sprache seiner Kindheit begleiten ihn aus dieser Welt.

Um 21.37 Uhr entschlief Johannes Paul II. im Herrn.

Der von Dr. Renato Buzzonetti ausgefertigte Totenschein hat folgenden Wortlaut:

»Feststellung des Todes von Seiner Heiligkeit Johannes Paul II. Ich bestätige, dass Seine Heiligkeit Johannes Paul II. (Karol Wojtyla), geboren in Wadowice (Krakau, Polen) am 18. Mai 1920, wohnhaft in der Vatikanstadt, Vatikan-Bürger, am 2. April 2005 um 21.37 Uhr in seiner Wohnung im Apostolischen Palast (Vatikanstadt) gestorben ist an Septischem Schock und irreversiblem Herzkreislauf-Kollaps.

Der Betroffene litt an: Parkinson-Krankheit, Akuter fortschreitender Atemnot und nachfolgendem Luftröhrenschnitt, Gutartiger Prostata-Vergrößerung verstärkt durch Harnwegentzündung, Bluthochdruck und Blutarmut.

Die Feststellung des Todes ist durchgeführt worden mittels eines EKG zur Todesbestätigung, das über 20 Minuten dauerte. Ich erkläre, dass die Todesursache nach meinem Wissen und Gewissen die oben genannten sind.

Vatikanstadt, 2. April 2005.

Der Direktor der Leitung des Gesundheits- und Hygienedienstes des Staates der Vatikanstadt

Dr. Renato Buzzonetti«

An diesem Samstagabend hatte sich der Petersplatz immer mehr mit Menschen gefüllt, eine eigenartige Stimmung machte sich breit, das Rosenkranzgebet klang verhalten über den Platz, während die Menschen nach oben schauten zu den berühmten Fenstern der Papstwohnung, die plötzlich hell erleuchtet waren, und gegen 22.00 Uhr tritt Erzbischof Sandri an das Mikrophon, um der schweigenden Menge mitzuteilen, »il Santo Padre ha tornato alla casa del Signore«, der Heilige Vater ist in das Haus des Herrn eingekehrt. Die ganze Nacht über bleiben Menschen hier, vor allem auch viele Jugendliche.

## Zeremoniell und Ritus

Was nun zu geschehen hat, ist alles genau geregelt, die einzelnen Abläufe hat der Verstorbene in einer Konstitution festgelegt und wesentlich vereinfacht. Danach muss der *Camerlengo*, es ist dies der spanische Kardinal Eduardo Martínez Somalo, offiziell den Tod des Papstes feststellen. Anschließend versiegelt der *Camerlengo* das Arbeitszimmer und die Privaträume des verstorbenen Papstes. Zudem müssen der Fischerring und das Bleisiegel vernichtet werden, mit denen die Apostolischen Schreiben versehen wurden. Der Leichnam wird mit den liturgischen Gewändern bekleidet, unter anderem mit einem roten Messgewand und einer weißen Mitra. Über die Einbalsamierung wurde nichts veröffentlicht, es liegt aber nahe, dass sie von den bekannten Brüdern Signoracci vorgenommen wurde. Von ihnen wurden die letzten drei verstorbenen Päpste z. B. mit einer 15 %-igen Formalinlösung anstelle des Blutes konserviert. Der Leichnam von Johannes XXIII. war nach 37 Jahren noch erhalten wie am ersten Tag, konnte der Präparator Massimo Signoracci feststellen.

Zwölf Männer trugen das Kirchenoberhaupt auf einer offenen Bahre durch die Gänge und über die Treppen des Apostolischen Palastes. Der letzte Weg des Papstes, von den Gesängen der Allerheiligen-Litanei begleitet, führte über die »Scala Nobile« und die »Prima Loggia«, die erste Etage des Vatikan-Palastes, in Richtung Sixtinischer Kapelle. Dann stieg der Zug über die »Scala Regia« zum Petersplatz herunter. Angeführt wurde der Zug vom *Camerlengo* und dem Päpstlichen Zeremoniar, Erzbischof Piero Marini. Schweizergardisten mit Helmbusch und Hellebarde flankierten die Bahre; daneben gingen Mitglieder einer Bruderschaft mit Kerzen.

Beim Eintreffen der Prozession, die den Petersplatz durch das Bronzetor betrat, brandete – nach italienischer Sitte – Applaus auf. Unter den Gläubigen waren auch viele Besucher aus der polnischen Heimat des Papstes, die ihre Flagge schwenkten. Der aufgebahrte Leichnam wurde durch das

Mittelschiff des Petersdoms bis zum Papstaltar getragen, vor dem er auf einem Katafalk niedergelegt wurde. Schweizergardisten übernahmen die Ehrenwache. Kardinal Martínez ehrte den Toten mit Weihrauch und besprengte ihn noch einmal mit Weihwasser.

## Millionen nehmen Abschied

Vier Millionen Menschen nahmen in den folgenden Tagen im Vatikan vom toten Papst Abschied und ließen die Trauerfeierlichkeiten zu einem globalen Ereignis werden, das in alle Welt übertragen wurde. Die Stadt Rom meisterte den Massenandrang bravourös. Tage lang zog eine stille Menschenkolonne zum Petersdom. Am Katafalk mit dem aufgebahrten Leichnam fanden sich Kirchenführer und Spitzenpolitiker aus aller Welt ein, darunter drei US-Präsidenten. Von nun an ist Rom im Ausnahmezustand, noch nie waren so viele Menschen unterwegs zur Peterskirche. Lange Wartezeiten und viele Einschränkungen galt es für jene zu überwinden, die einen kurzen Blick auf den toten Pontifex werfen wollten. Es bleibt ein Rätsel, wieso derart viele Jugendliche sich emotional so stark mit Papst Johannes Paul II. verbunden fühlten. Viele Tausende übernachteten im Freien, um an den Trauerfeierlichkeiten teilnehmen zu können. Bis zu letzt haben Jugendliche dem Sterbenskranken ihre Sympathie bezeigt, seine Identität von Amt und Person ließen ihn zum Weltstar werden, er war ein Mensch mit Charisma, der Enthusiasmus entfachen konnte. Und gerade die jungen Leute ließen die trübe Stimmung einer Beerdigung vergessen, weil ihre Anwesenheit als ein Zeichen der Hoffnung wirkte.

Der Freitag, der 8. April, begann mit einer schlichten Zeremonie. Der päpstliche Privatsekretär Stanislaw Dziwisz bedeckte das Gesicht des Toten mit einem weißen Seidentuch. Bevor Dziwisz den Sarg schloss, legte er ein Säckchen mit Bronze- und Silbermünzen aus der Zeit des 26-jährigen Papst-Pontifikats und eine Rolle mit dessen Lebensdaten in lateinischer Sprache hinein. Als dann der nur mit einem Kreuz und dem Buchstaben M für Maria verzierte Zypressensarg ins Freie getragen und vor dem Altar auf den Boden gestellt wurde, kam Beifall auf. Auf dem Sarg lag das Evangelienbuch, in dessen Seiten der Wind spielte, in seiner schlichten Natürlichkeit ein ergreifender Anblick. Die Totenmesse, das feierliche Requiem, zelebrierte der Kardinaldekan Joseph Ratzinger gemeinsam mit seinen Kardinalskollegen. Während er in bewegten Worten über Johannes

Paul II. sprach, konnte er natürlich nicht wissen, dass er seinen Vorgänger zu Grabe geleitete.

Die eigentliche Beerdigung fand im engsten Kreis weniger Kardinäle in den Vatikanischen Grotten statt. Der Sarg mit den sterblichen Überresten des Papstes befindet sich in einem Erdgrab nur wenige Meter vom Grab des Apostels Petrus entfernt, in dessen Nachfolge sich die Päpste sehen. Der Papst selbst hatte in seinem Testament ausdrücklich einen Marmorsarkophag abgelehnt. Über der Grabstätte steht auf einer schlichten weißen Marmorplatte: »Johannes Paulus II 1920 – 2005«.

# Fünfter Teil

## *Der Papst und das Jenseits*

»Ich bin die Auferstehung und das Leben. Wer an mich glaubt,
wird leben, auch wenn er stirbt und jeder, der lebt und an mich glaubt,
wird auf ewig nicht sterben«. Joh. 11,25

*Michelangelo, »Das Jüngste Gericht«. Die Auferstehung der Toten*

# Siebzehntes Kapitel

# *Santo Subito – Heiligkeit für die »Heiligen Väter«*

Die Trauerfeierlichkeiten für Johannes Paul II. waren eine Sache des Volkes; hier lief nicht nur ein feierliches Zeremoniell ab, hier waren Menschenmassen beteiligt, engagiert, Sympathie wurde offenkundig, Emotionen wurden frei, man hatte ihn bewundert und geliebt, es wurde geweint, und alle staunten über die vielen Transparente »Santo Subito«; macht aus ihm einen Heiligen und zwar sofort!

Im Empfinden seiner Verehrer ist Johannes Paul II. längst heilig; gewissermaßen dem »Druck der Straße« und den »Santo-Subito«-Rufen Zehntausender von Gläubigen auf dem Petersplatz folgend, hat Benedikt XVI. die üblichen fünf Jahre Wartezeit außer Kraft gesetzt und bereits im Juni 2005 den Seligsprechungsprozess auch formell eröffnet. Seither sammelt und sichtet man im polnischen Krakau und in Rom viele Tausende von Hinweisen, die für die Heiligkeit Karol Wojtylas sprechen. Viele hofften schon, Johannes Paul II. könnte an seinem ersten Todestag selig gesprochen werden.

*Johannes Paul II.*

»Der Weg ist noch lang, wir haben noch viel Arbeit vor uns«, sagte der Postulator für die Seligsprechung von Johannes Paul II., Slowomir Oder, kürzlich. Es werde »nach den Modalitäten, wie sie für den üblichen Verlauf eines jeden Selig- und Heiligsprechungsverfahrens gefordert werden, fortgesetzt«.

## Anschwellende Verehrung

November 2001. Kein Besuch in Rom ohne Peterskirche, und für mich heißt das, ich suche das kleine Hinweisschild, das den Weg hinab zu den Grotten anzeigt. Auf einer schmalen Treppe komme ich hinunter in das Totenreich, zum Ruheort vieler Päpste, die zwar oben durch teilweise porträtartige Denkmäler verewigt sind, unten jedoch lagern ihre sterblichen Überreste. Fünf bis zehn Menschen gehen an diesem Vormittag in den Grotten umher. Es ist ein meditativer Ort, ein weites Areal mit Sarkophagen und Überesten von Alt-St. Peter.

November 2005. Wieder will ich in die Grotten, aber heute wollen das Tausende, es herrscht Bahnhofsatmosphäre, die Ruhe ist dahin. Der Weg zu den Grotten ist ein Pflichttermin für alle Rombesucher, ein magischer Anziehungspunkt, die aktuelle Attraktion der Ewigen Stadt. Schon vor dem Haupteingang der Peterskirche weisen große Hinweisschilder nicht mehr »Zur Krypta«, sondern nur noch »Zum Grab von Johannes Paul II.«. Auf der rechten Seite der Kirche führt ein eigener Eingang zu den Grotten und ein direkter Weg zur eigentlichen Attraktion, dem Grab von Johannes Paul II. Die Besucher eilen und hasten, Nachfolgende drängen, sie sehen nicht nach rechts oder links, nur ein Ziel treibt sie an. Wenn gerade ein Stau entsteht, hat man Zeit, das eine oder andere wahrzunehmen, rechts die Liegefigur von Bonifaz VIII., links den grauen, wuchtigen Sarkophag von Johannes Paul I., und auf der rechten Seite einen Marmorsarkophag, an dessen Vorderseite eine Bronzeplatte einen seltsamen Gast unter den toten Päpsten verrät: »Corpus Christinae Alexandrae Gothorum Svecorum Vandalorumque Reginae«, hier hat eine Frau ihre letzte Ruhe gefunden, nämlich Königin Christina von Schweden (1626–1689), deren außergewöhnliches Leben ich in meinem Buch »Die Päpste und die Frauen« nachgezeichnet habe. An dem Grab dieser höchst bemerkenswerten Frau schieben sich die vielen Tausenden vorbei, denn keine fünf Meter weiter hat der letztverstorbene Papst sich sein Grab ausgesucht.

Auch nach seinem Tod sorgt er noch für Rekorde. Mehrere hundert Meter lange Warteschlangen vor dem Petersdom nehmen die Menschen in Kauf, um einen kurzen Blick werfen zu dürfen auf das Grab des verstorbenen Papstes, mit einem schnellen Gedenken und natürlich mit einem Bild auf der Handykamera.

Zügig winken die Aufseher die Pilger und Touristen durch. »Avanti, avanti! No Stop, please, no stop!« Beter dürfen etwas länger verweilen, hinter einer drei Meter entfernten Absperrkordel, um den Verkehr nicht aufzuhalten. Schließlich wollen täglich 12.000 bis 15.000 Menschen diese letzte Ruhestätte sehen, an Spitzentagen bis zu 20.000. »In einem Jahr haben ungefähr vier Millionen Menschen das Grab von Johannes Paul II. besucht«, berichtet Erzbischof Angelo Comastri.

Ich habe zwei Kleriker in pausenlosem Einsatz gesehen, die mitgebrachte Rosenkränze und Devotionalien kurz auf die Grabplatte legen. Viele Menschen hinterlassen dort Zettel mit Fürbitten und Gebeten; um den zukünftigen Heiligen entwickelt sich jetzt schon eine starke Verehrung.

## Beginnender Reliquienkult

Wenige Monate nach Eröffnung des Seligsprechungsprozesses rühmt sich eine Warschauer Kirche, eine Art »Reliquie« des verstorbenen Papstes zu besitzen. Wie eine polnische Zeitung weiter berichtete, brachte Kardinal Josef Glemp das Tuch, mit dem Ärzte und Priester dem sterbenden Kirchenoberhaupt an dessen Todestag das Gesicht abwischten, nach Polen. Das Tuch wird demnach in einem symbolischen Grab im Heiligtum der Göttlichen Vorsehung in Warschau aufbewahrt. Da noch Handwerker in der Kirche arbeiten, kann das symbolische Papstgrab bisher nur in Gruppen nach dem Gottesdienst besichtigt werden.

Millionen Gläubige denken am 2. April 2006 an den verstorbenen Papst und von den USA bis zu den Philippinen beten sie für Karol Wojtyla. In Rom versammelten sich am Abend mehr als hunderttausend Menschen mit Kerzen in den Händen auf dem Petersplatz zu einer Gebetswache. Kurz vor 21 Uhr 37, dem Todeszeitpunkt Johannes Pauls, erschien Benedikt XVI. am Fenster des Apostolischen Palastes, um mit der Menge den Rosenkranz zu beten. Benedikt würdigte in ergreifenden Worten seinen Vorgänger und dessen immenses Erbe. Er erinnerte an dessen mehr als hundert Auslandsreisen und den langen, öffentlichen Todeskampf. Selbst als er nicht mehr sprechen konnte, habe er die Menschen noch mit seinen Gesten erreicht und bewegt.

Inzwischen ist das polnische Anhörungsverfahren, ein Teil des Seligsprechungsprozesses für Papst Johannes Paul II., abgeschlossen. Der Erzbischof von Krakau, Kardinal Stanislaw Dziwisz, sprach sich bei einer Gedenkmesse für den Verstorbenen zugunsten einer raschen Seligsprechung aus. Seine Landsleute ermahnte er anlässlich des ersten Todestags des polnischen Papstes, ihre tiefen politischen Spaltungen zu überwinden.

*Heiligkeitsbilanz – schwaches Ergebnis für die Päpste*

Es ist in der Tat zunächst das Volk, das Selige und Heilige macht. Das Volk zeigt Anteilnahme, bezeugt Verehrung, besucht das Grab, bittet um Fürsprache, erzählt von Erhörungen und Wundern und alles, was man dafür hält, das eigentlich ist der klassische Weg zur Heiligsprechung. In den ersten tausend Jahren der Kirchengeschichte lief es nur so, man brauchte keinen Papst, das Volk suchte sich seine Heiligen selber. Bischof Ulrich von Augsburg war dann der erste, der vom Papst in einer feierlicher Zeremonie zum Heiligen proklamiert wurde.

Bei Johannes XXIII. überlegten einige Konzilsväter, ob die anwesenden Bischöfe ihn nicht per Akklamation zum Seligen erklären könnten, natürlich mit Zustimmung von Paul VI. Hinter den Kulissen regte sich Widerstand, nicht alle Bischöfe hielten die Sache mit dem Konzil für einen glücklichen Einfall, eher sahen sie darin ein Zeichen von Altersstarssinn, und wenn schon, dann müsste vorher Pius XII. kanonisiert werden. Man nahm davon Abstand, man wollte die gewohnten Verfahren nicht außer Kraft setzen. Und diese amtliche Vorgehensweise sieht heute ein gleichsam zweistufiges Verfahren vor:

Ein Diener Gottes, wie ein Aspirant auf die Heiligsprechung genannt wird, muss eine gründliche postume Untersuchung über sich ergehen lassen, eine Art Prozess, in dem überprüft wird, ob keine triftigen Gründe gegen seine Erhebung zum Seligen sprechen. Die erste Seligsprechung erfolgte Mitte des 17. Jahrhunderts bei Franz von Sales, es ist also eine Erfindung der jüngeren Kirchengeschichte. Dem Seligen wird lokale Verehrung zuteil, während ein Heiliger für die ganze katholische Kirche gedacht ist. Übrigens konnte eine Kanonisierung auch früher schon schnell gehen: Der 1226 verstorbene Franz von Assisi wurde schon 1228 zum Heiligen erklärt, und auch Klara von Assisi war zwei Jahre nach ihrem Tod schon eine offizielle Heilige.

Johannes Paul II. betätigte sich als der große Heiligmacher und hat seine Behörde fast wie am Fließband Verfahren durchziehen lassen und sie zur Eile angetrieben. 483 Heilige und 1268 Selige hat er ernannt, ein absoluter Rekord, damit hat er mehr Heilige kreiert als seine Vorgänger in den letzten vierhundert Jahren. Mit den Päpsten allerdings ging er sparsam um, lediglich zwei erfuhren die besondere Würdigung als Selige, nämlich Pius IX. und Johannes XXIII.

Von der Statistik her machen die Päpste als Heilige eine ausgesprochen schlechte Figur. Ein Blick rückwärts zeigt, dass die Päpste äußerst zurückhaltend waren, einen ihrer Vorgänger zur Ehre der Altäre zu erheben. Keine Spur von Eigenlob; allerdings drängt sich auch der Gedanke auf, ob es vielleicht nur bei wenigen möglich war, sie heilig zusprechen. Die Bischöfe von Rom bis zum Jahr 600 werden fast alle pauschal als Heilige angesehen ohne förmliches Verfahren. Im 9. und 10. Jahrhundert finden sich einige Male wahre Schurken auf dem Stuhl Petri, und manche Renaissancepäpste hätten zwar als weltliche Fürsten eine glänzende Figur abgegeben, zeigten aber von Heiligkeit keine Spur. Im 20. Jahrhundert ändert sich das sehr deutlich.

Insgesamt werden 78 Päpste als Heilige bezeichnet, davon 73 im ersten Jahrtausend, die fünf für das zweite Jahrtausend lauten:

Leo IX. † 1054

Gregor VII.† 1085

Coelestin V. † 1294

Pius V. † 1572

Pius X. † 1914

So wenige heilige Päpste, das ist, wenn man so will, ein mageres Ergebnis für das höchste Amt der Kirche. Der persönlich heilige Papst ist also in der Regel ein Wunschtraum geblieben, zu viel irdische Macht und persönliche Eitelkeit waren offenbar mit diesem Amt verbunden. Der engelgleiche Papst, die große mittelalterliche Sehnsucht, konnte auch mit Coelestin V. nicht gelingen, der zwar als Heiliger verehrt wird, aber als Papst an seinem Amt gescheitert ist. Das Papstamt ist also keineswegs ein günstiger Weg zur Heiligkeit.

Stets blieb es ein Kreuz mit päpstlichen Heiligen. Pius V. befolgte im genussfreudigen Rom der Spätrenaissance einen einfachen, bescheidenen Lebenswandel, war ein tief frommer Mann und Asket, aber eben auch ein Eiferer, und Glaubenseifer kann schnell umschlagen in gnadenlose Verfolgung. Sein Pontifikat war keine gute Zeit für Juden und der Ketzerei Verdächtige. Von daher erweist es sich vielleicht als Vorteil, dass nicht mehr Petrusnachfolger einen Heiligenschein erstrebten.

Vor etwas mehr als 50 Jahren wurde (als bislang letzter heiliger Papst) Pius X. kanonisiert. Nach seinem Tod soll ein Prälat gesagt haben »Nicht schon wieder einen Heiligen!« Der Umgang mit einem potentiellen Heiligen kann sich als schwierig erweisen. Pius hat sich Verdienste erworben durch innerkirchliche Reformen, führte aber nach außen die Kirche in eine Sackgasse, denn er wollte die Abschottung gegen alle liberalen Tendenzen. Von jedem einzelnen Priester verlangte er den sogenannten Antimodernisteneid.

In journalistischer Manier wird oft gefragt: Wer waren nun die besten Päpste? Es ist gewiss ein Unding, eine Rankingliste zu erstellen nach Erfolg oder Tugend, zu kompliziert bei einem geistlichen Amt wäre eine solche Eingruppierung. Ich möchte auch keinen Papsthimmel malen, mit verschiedenen Etagen und sichtbaren Abstufungen von Seligkeit. Hier ist an ein Jesuswort bei Matthäus zu denken:

»Wer bei euch der Erste sein will, der soll euer Sklave sein. Denn der Menschensohn ist nicht gekommen, um sich dienen zu lassen, sondern um zu dienen und sein Leben hinzugeben als Lösepreis für viele.« Mt. 27-28

Ja und wer war der schlechteste Papst? Hier hat sich eine verbreitete Ansicht gebildet, diesen zweifelhaften Ehrentitel Alexander VI. zuzuerkennen, dem Mann des Borgiagiftes, der Raffgier und der ungehemmten Sexualität. Wir werden weiter unten auf dieses gnadenlose Verdammungsurteil gegen den Borgiapapst ausführlicher eingehen. Aber war Alexander VI. seiner erklecklichen Kinderschar nicht auch ein fürsorglicher Vater? Und wie wäre dies zu bewerten?

*Vostra Santità – Eure Heiligkeit*

Über Jahrhunderte hinweg hat sich diese Anrede eingebürgert, ist heute selbstverständlich geworden und wird allgemein akzeptiert. Man muss dabei auch nicht fragen, wie heilig waren die Heiligen Väter wirklich. Diese

Bezeichnung meint keine persönliche Befindlichkeit, sondern die sogenannte Amtsheiligkeit, das heilige Amt strahlt auf seinen Inhaber aus, aber das könnte man von einem Bischof auch sagen.

Dass er von einer besonderer Heiligkeit umgeben war, meinte ganz sicher Papst Gregor VII., und zwar argumentierte er, dass die Verdienste des heiligen Petrus ergänzend der Heiligkeit des Papstes zu Gute kommen. Heute ist wieder Bescheidenheit angesagt, Benedikt XVI. nennt sich einen schwachen Arbeiter im Weinberg des Herrn. Heiliger Triumphalismus liegt ihm fern.

# Achtzehntes Kapitel

# Aus dem Himmel verbannt? –
# Die Päpste und das Jüngste Gericht

## *Dante und seine Papsthölle*

In seiner »Divina Commedia«, die von der Reise des Dichters in die Reiche der außerirdischen, der jenseitigen Welt handelt, zeigt uns Dante Alighieri (1265–1321) auch einige Päpste, die im Inferno für ihre bösen Taten büßen und fürchterliche Qualen zu erleiden haben. An den Eingang zur Hölle stellt er die Worte »Durch mich geht man hinein zu ewigem Schmerz« und »lasciate ogni speranza«, lasst alle Hoffnung fahren, und das ganze Szenario wird ausgemalt in eindrucksvollen Bildern. Dante hat natürlich eine eigene Sicht der Dinge. Auf Vergils Rücken, beschrieben im XIX. Gesang des »Inferno«, gelangt der Dichter hinunter in den Dritten Graben des Achten Höllenkreises, wo die Simonisten, die mit Ämtern der Kirche Handel getrieben haben, kopfüber in Felsenlöchern stecken, aus denen ihre brennenden Füße baumeln. »Um des Goldes willen haben sie

*Michelangelo, Aus seinem Fresko »Das Jüngste Gericht«*

geschändet,« nun stecken sie wie ein Pfahl in der Erde, darunter auch jene Päpste, die Dante nicht leiden konnte. So findet sich im Höllenpfuhl Nikolaus III., der von sich sagt »Ich trug den großen Mantel,« und als Dante ihn anspricht, hält er ihn versehentlich für Bonifaz VIII., und ruft: »Stehst du denn schon dort oben, stehst du denn schon dort oben, Boni-fazio?« Und ein weiterer Sünder wird angekündigt, der aus dem Westen kommt, aus Frankreich, gemeint ist Clemens V.

Im XI. Gesang seines »Inferno« schildert Dante, wie aus einem Abgrund ein schauderhafter Gestank strömt und zwar bei einem großen Grabstein, auf dem die Inschrift zu lesen ist »Hier liegt Papst Anastasius«, † 498.

Im XIX. Gesang des »Purgatorio« sieht Dante im Fegfeuer den Papst Hadrian V., † 1276, der bekennt »Ich war ein Elender, getrennt von Gott und ganz und gar dem Geiz ergeben. Nun werde ich, wie du siehst, dafür bestraft.«

Sogar den heilig gesprochenen Coelestin V., den »papa angelico«, dessen Abdankung ihm missfiel, siedelt Dante in der Hölle an. Im III. Gesang sieht er einen, »der feig den großen Auftrag von sich wies«. Und unter den Feiglingen trifft ihn die gerechte Strafe:

»Unselige, die nie lebendig waren,
Sie liefen nackt herum und sehr zerstochen
Von Wespen und von großen Mückenschwärmen,
Sodass ihr Blut hernieder rieselte,
Vermischt mit Tränen über das Gesicht
Bis auf die Füße, wo's die Würmer leckten.«

## Damnatio memoriae – Alexander VI. und die inszenierte Verachtung

Das Gegenteil von Heiligsprechung widerfuhr Alexander VI. (1492–1503). Seine »damnatio« beginnt bereits bei seinem eigenen Zeremonienmeister, Johannes Burckardus, der sich in seinem Tagebuch den Frust von der Seele schreibt und dem vor allem die Hochzeitsfeiern im Vatikan ein Dorn im Auge waren. Kaum hatte der Papst die Augen geschlossen, setzte eine unbegreifliche Dämonisierung ein; so schrieb der Herzog von Mantua: »Sieben Teufel sollen das Bett des Papstes umlauert haben, in der Todes-stunde stiegen Dämpfe aus seinem Mund und er rief den Ausgeburten der Hölle zu ›Wartet, ich komme‹.«

Papst Julius II. (1503–1513) urteilt in abgründigem Hass über seinen Vorgänger, er sei ein *Marrane* gewesen, also ein nur oberflächlich getaufter spanischer Jude, also kein wahrer Christ und damit natürlich auch kein echter Papst. Von da ist es nicht mehr weit, Alexander einen Antichristen zu nennen, der mit dem Teufel verbündet war. Julius' Urteil war unverschämt und indiskutabel, auf jeden Fall war es unchristlich, das Andenken seines Vorgängers derart in den Schmutz zu ziehen. Ein Papst macht den anderen schlecht, das kann ja wohl nicht päpstlicher Stil sein.

Auch der Geschichtsschreiber Francesco Guicciardini schrieb in seiner »Storia d'Italia« (1537–40) betont abfällig über Alexander und stellt den Pontifex als einen skrupellosen, des Inzests und der Simonie überführten Renaissancefürsten dar. Dieses Urteil bestimmte das Bild des Borgiapapstes über viele Jahrhunderte und wurde ständig wiederholt, erst in jüngster Zeit sieht die historische Forschung hinter all den romanhaften Verurteilungen die positiven Seiten des Borgia-Papstes.

Alexander war ein frommer Mann, darüber herrscht heute kein Zweifel, fromm in einer sehr katholischen Form, er hat fleißig gebeichtet und an die Sündenvergebung geglaubt. Die eindrucksvolle und würdige Gestaltung der päpstlichen Gottesdienste war ihm ein ernstes Anliegen. Er förderte die Marienverehrung und erfüllte persönlich seine religiösen Pflichten, peinlich genau beobachtete er die Fastenzeit. Er fühlte sich durchaus als rechtgläubiger und frommer Christ und als solcher ist er auch gestorben. Viele Renaissancepäpste lebten ähnlich wie er, und nicht wenige Kardinäle waren mehr oder weniger stolze Väter von Kindern, die sie anerkannten. Alexander hatte sich schon als Vizekanzler der Kirche als überaus tüchtig erwiesen und hat als Pontifex dem Heiligen Stuhl wieder Respekt verschafft. Im Heiligen Jahr 1500 strömten wie noch nie Scharen von Pilgern nach Rom, und den päpstlichen Ostersegen auf dem Petersplatz erwarteten zahlreiche Gläubige, zur großen Freude Alexanders. Dass er dabei sicher auch an die Einnahmen für die päpstliche Schatulle dachte, dürfen wir als sicher annehmen. Zur Heiligsprechung Alexanders VI. besteht gewiss kein Grund, seine Fehler und Sünden waren zu deutlich sichtbar.

Werfen wir noch einen Blick in das *Appartamento Borgia*, wo in der »Sala dei Misteri« der berühmte Bernardino Pinturicchio einen auferstandenen Christus malte, schwebend über einem quergestellten Sarkophag. Zur Rechten Christi kniet Alexander VI., seine Tiara hat er vor das Grab ins Gras gestellt. Täglich also sah der Papst einen Sarkophag, täglich aber auch seine Hoffnung auf Auferstehung. Welcher Papst möchte ihm, seinem Vorgänger die Auferstehung absprechen? Übrigens ist ein ähnliches Bild in ganz Rom sonst nicht zu finden.

Das Zeugnis der Auferstehung sind viele Päpste schuldig geblieben. Häufig war ihre Amtszeit derart mit irdischen Händeln, mit Politik und Familienversorgung ausgefüllt, dass sie kaum Höheres im Sinn hatten. Im allgemeinen haben sie Predigten gehört, aber selber sehr selten gepredigt, so wenigstens in der Renaissance.

### Julius vor der Himmelstür

Papstkritik wurde zu allen Zeiten geäußert, ein Beispiel sei hier genannt, weil es sprachmächtig schildert, wie es einem Papst nach dem Tod ergehen kann. Der berühmteste Gelehrte seiner Zeit, Erasmus von Rotterdam (1469–1536), hat sich äußerst polemisch mit Papst Julius II. beschäftigt und lässt ihn vergebens an die Himmelspforte klopfen. Erasmus war Julius II. persönlich begegnet: Der Humanist hatte im November 1506 zu Bologna den triumphalen Einzug des Papstes, der wie ein siegreicher Feldherr auftrat, miterlebt. Über das hochmütige Gebaren des Pontifex platzte Erasmus der Kragen, und er hielt dem Papst in einer beißenden Satire den Spiegel vor; sehr mutig war er allerdings dabei nicht, denn er verfasste seinen Dialog »Julius exclusus de coelis« (Der vom Himmel ausgeschlossene Julius) anonym, aber die Historiker sind sich heute einig, dass der Text von Erasmus stammt. Die Satire war ab dem Todesjahr des Papstes, 1513, handschriftlich in Umlauf und wurde 1518 gedruckt.

Ein kurzer Ausschnitt:

*Personen: Papst Julius, sein Genius (Schutzengel), Petrus*

*Julius:* Was ist hier los? Geht denn die Tür nicht auf? Jemand muss sich an dem Schloss zu schaffen gemacht haben!

*Genius:* Vielleicht hast du den falschen Schlüssel. Was du da hast, ist der Schlüssel zur Macht.

*Julius:* Das ist der einzige, den ich je hatte. Ich werde jetzt an die Tür hämmern. Hallo, Türhüter! Ich glaube, der schläft oder er ist betrunken.

*Petrus:* Unsterblicher Gott, was für ein Gestank! Ich will zu diesem Gitterfenster hinausspähen, bis ich weiß, was da los ist.

*Julius:* Erkennst du diesen Schlüssel nicht, die dreifache Krone und das juwelenfunkelnde Pallium?

*Petrus:* Der sieht nicht aus wie der Schlüssel, den Christus mir gab. Woher sollte ich diese Krone kennen, die kein barbarischer Tyrann je zu tragen wagte?

*Julius:* Jetzt hör mal zu: Ich bin Julius, der Ligurer, und du wirst doch wohl diese beiden Buchstaben P. M. kennen, wenn du überhaupt lesen kannst (deutet auf seine Brust).

*Petrus:* Pestis Maxima.

*Julius:* Pontifex Maximus!

*Petrus:* Mir wäre es gleich, wenn du Hermes Trismegistus wärest, solange du nur fromm gelebt hast.

*Julius:* Fromm! Du bist seit Jahrhunderten nur ein Heiliger. Ich aber bin sehr heilig, der Allerheiligste. Es gibt 6 000 Bullen, die das beweisen.

*Petrus:* Du wirst der Allerheiligste genannt, aber bist du denn heilig? Du siehst nicht so aus. Über dem Priestergewand trägst du die Rüstung, deine Augen sind finster, dein Mund frech, deine Stirn drohend, deine Augenbrauen anmaßend, dein Körper von Ausschweifungen zerfressen, du riechst nach Alkohol und bist eine Ruine von einem Menschen.

*Julius:* Jetzt hör aber auf; wenn du nicht öffnest, werde ich den Blitz der Exkommunikation auf dich schleudern! (Bainton, Erasmus, S. 105)

Am Ende bleibt Petrus unnachgiebig, und der Papst bleibt ausgeschlossen. Die Zeitgenossen haben das amüsiert gelesen, aber es kam natürlich einem Verdammungsurteil gleich, das heute niemand über einen Papst sprechen würde. Päpste mussten sich damals Kritik gefallen lassen.

## Die Päpste und das Jüngste Gericht

Michelangelos »Jüngstes Gericht« – ein Bild, wie es eines bis dahin nicht gab, der Tag des Zornes, das Weltgericht zum Anschauen, ein Gericht auch über die Päpste. Wir haben keine Nachricht, dass sich ein Papst zum Sterben in die Sixtinische Kapelle bringen ließ, um im Angesicht des Weltgerichtes sein Leben zu beschließen.

Am Vorabend des Allerheiligenfestes 1541 zur Vesper wurde das monumentale Fresko an der Stirnwand der Kapelle der Öffentlichkeit präsentiert und fand ein sehr gemischtes Echo. Der Auftraggeber Papst Paul III., mehr Humanist als Theologe, war begeistert. Andere störten sich an dem jugendlichen Weltenrichter in antiker Pose und der Überfülle an nackten Gestalten, die in einer dramatischen Bewegung, in Verzweiflung, verzerrt und fratzenhaft, in den Abgrund stürzen. Die heutige Zeit wird über die untere Bildhälfte locker hinwegsehen und unbekümmert bei den Seligen verweilen, die damalige Zeit glaubte ganz entschieden an Tod und Teufel, Verdammnis und Hölle. Michelangelo hat das Glaubensbild seiner Zeit gemalt, drastisch, einprägsam, unvergesslich, von Heilsangst geprägt, keiner der Seligen trägt eine Tiara, eine Mahnung auch an die Päpste.

Seit Jahrhunderten wird fast jeder Papst im Angesicht des Jüngsten Gerichts gewählt, vor dem Kolossalgemälde Michelangelos übernimmt er sein Amt. Wenn der Erwählte auf die Frage des Kardinaldekans mit Ja antwortet, in diesem Augenblick ist er Papst und wenn er zum Altar schaut, sieht er das Gericht, das Ende der Welt. Dabei geht es hier nicht um einen Einzelnen, auch nicht um ein individuelles Sterben, das Bild zeigt ein globales Ereignis, das dramatische Ende des Ganzen. Und bis dorthin ist der als Petrusnachfolger Gewählte eine wichtige Gestalt, er versteht sich als der Hirte, der mit dem Volk Gottes die Ankunft seines Herrn erwartet und Ausschau hält nach dem Wiederkommenden. Er geht seinem Herrn entgegen, nicht auf Augenhöhe, nicht als Stellvertreter, sondern als Knecht. Das ist ein zentrales Thema der Bibel, aber im Lauf der Zeit haben sich die Christen mit ihren Kirchenführern so sehr in dieser Welt eingerichtet, dass sie die Eschatologie vergessen haben. Aber vor Michelangelos Bild muss sich jeder Neugewählte fragen: Bin ich schon der letzte Papst? Und er muss sich an das Wort im Markusevangelium erinnern: »Seht euch also vor und bleibt wach! Denn ihr wisst nicht, wann die Zeit da ist.« Mk. 13.33

Im Blick auf die Wiederkunft des Herrn erscheint die berühmte Papstweissagung des Malachias als bedeutungslos, zumal sie auch eine klare Fälschung darstellt. Aber immer wieder, zumal bei Gelegenheit eines Pontifikatswechsels, werden die dem heiligen Malachias zugeschriebenen Aussagen befragt und zur Charakterisierung der Päpste herangezogen. Und in der Tat, es lässt sich nicht bestreiten: die vor mehr als vier Jahrhunderten entstandene Prophetie, die in orakelhaften Sinnsprüchen die Päpste der Zukunft ankündigte, überrascht den aufmerksamen Leser immer wieder durch den erstaunlichen Bezug ihrer Bildersprache zum tatsächlichen Verlauf der Papstgeschichte.

»Pastor et nauta – Hirt und Seefahrer«, heißt es für Johannes XXIII., der zuvor Patriarch der Seestadt Venedig war. »Flos florum – Blume der Blumen« wurde auf Paul VI. bezogen, wegen der drei Lilien in seinem

Wappen. »De medietate lunae – die Hälfte des Mondes, Halbmond« hätte für Johannes Paul I. gegolten, dessen Nachfolger Johannes Paul II. wäre »De laboris solis -Von der Drangsal der Sonne« zugedacht. Für Benedikt XVI. gilt der Spruch »De gloria olivae – Vom Ruhm des Olivenbaums«. Mit dem letzten Papst *Petrus Romanus* endet die Papstliste.

Eine Bildergalerie mit den Porträts aller bisherigen Päpste ist zu bestaunen in S. Paolo fuori le Mura, insofern sind die Päpste auch in dieser Basilika präsent, die fast keine Papstgräber enthält.

Beherrschend hier ist natürlich das Paulusgrab, das im vorweihnachtlichen Rom des Jahres 2006 für beträchtliche Aufregung sorgte. »Paulusgrab gefunden«, diese sensationelle Meldung machte die Runde und Auslöser war eine vatikanische Pressekonferenz, auf der über die Grabungsarbeiten in der Basilika des Völkerapostels berichtet wurde. Das zugebaute Paulusgrab wurde wieder freigelegt, seit dem Jahr 390 befindet es sich an seinem heutigen Platz unter dem Hauptaltar. Auf der Deckplatte des römischen Steinsarkophags sind die Worte eingemeißelt »PAVLO APOSTOLO MART« und die Experten zweifeln nicht daran, dass es sich hier tatsächlich um das Paulusgrab handelt, das noch nie geöffnet wurde. Und warum sollte der Forschergeist vor einer Grabplatte Halt machen. Liegt der Apostel wirklich im Grab oder ist es leer? Meldungen kursierten, der Vatikan erwäge die Öffnung des Grabes, um eine DNA-Analyse durchzuführen. Der Völkerapostel im Gen-Test, wen würde das nicht interessieren? Dazu aber müsste Benedikt XVI. höchstpersönlich die Erlaubnis geben. Und man könnte das weiter ausdehnen, nicht wenige geheimnisvolle Papstgräber wären höchst interessante Forschungsobjekte oder sollte man nicht doch noch ein paar Geheimnisse übrig lassen und die päpstliche Ahnenreihe nicht ganz entzaubern?

# Nachwort

Die Päpste als Führer der Christenheit, später als Führer der westlichen Christen und wieder später als die Oberhirten der katholischen Kirche hatten ohne Zweifel über viele Jahrhunderte eine herausragende und sehr einflussreiche Stellung, die häufig unterschätzt wird. Trotzdem erstaunt, dass sie als einzelne Persönlichkeiten mit wenigen Ausnahmen nur geringe Beachtung gefunden haben. Es wurden selten Monografien über Päpste publiziert, während allgemeine Papstbücher und oberflächliche Bildbände über das Papsttum Legion sind. An Grabmälern ist kein Mangel in der Peterskirche, die Petrusnachfolger kamen ohne Zweifel zu Ehren, aber wirklich geehrt wurden und werde andere, z. B. berühmte Heilige. Mitten im 16. Jahrhundert stirbt ein Papst und ein Ordensgründer; der Papst, es ist Julius III., ist längst vergessen, Ignatius von Loyola bis heute weithin bekannt; die Kirche S. Ignazio in Rom trägt seinen Namen und in Il Gesù ist ein prächtiger Ignatius-Altar zu bewundern. Seine Schriften werden heute noch gelesen, seine Exerzitien kommen wieder in Mode, geistliche Schriften von Päpsten seiner Zeit sind nicht bekannt.

*Der Apostel Petrus*

Die Päpste konnten sich in das Gedächtnis der Geschichte eingravieren, in die Herzen der Menschen und der Nachwelt sind sie häufig nicht gelangt, daran ändern auch ihre prächtigen Grabmäler nichts. So stehen sie in der Nachwelt oftmals in der zweiten Reihe, vor ihnen stehen leuchtende Gestalten wie ein Franz von Assisi oder eine Teresa von Avila.

Unter den Päpsten finden sich faszinierende Gestalten, die temperamentvoll, energisch, zielstrebig waren und Grandioses als Kunstmäzene geleistet haben. Rombesucher sehen es mit fassungslosem Staunen. Viel Schönes ist mit bloßem Auge zu erkennen, ihre sonstige Leistung – und das ist in ihrem Fall die eigentlich wichtige – ist schwer zu ergründen, Fehler fallen einem leichter ins Auge.

Der päpstliche Stuhl hat die berühmtesten Künstler seiner Zeit wie Michelangelo, Raffael, Bernini mit Aufträgen versorgt, und sie alle sind berühmt geblieben bis heute. Ihr Stern leuchtet heller denn je. Die Päpste als die Initiatoren und Geldgeber bleiben im Schatten. Während viele Touristen im Pantheon voll Ehrfurcht vor Raffaels Grab stehen, findet das hoch ragende Monument seines Förderers Leo X. kaum Beachtung. Ruhm lässt sich nicht erzwingen, das Amt allein schafft keine Sympathien. Kaum eine Würde vergeht schneller als das Papstamt. Der Papst ist tot und sinkt, von Ausnahmen der jüngsten Zeit abgesehen, in die allgemeine Vergessenheit.

Galileo Galilei ist berühmter geworden als Urban VIII., der ihn abschwören ließ, und Giordano Bruno auf dem Campo de' Fiori ist in Rom sichtbarer präsent als Clemens VIII., der ihn verbrennen ließ. Bei dem Namen Benedikt dachte man bisher an die große Gründergestalt des abendländischen Mönchtums und sicherlich nicht an einen Papst, aber das hat sich seit einem guten Jahr geändert. Nicht wenige Päpste – und das zeigen ihre Grabmonumente – wollten bei der Nachwelt bekannt bleiben, sie wollten sich im Irdischen verewigen, während ihr Amt von der wahren Ewigkeit künden sollte. Aber Ruhm oder nicht, eines ist klar, die Päpste hatten gemeinhin mehr Einfluss als man ihnen im nachhinein zugestehen mag. Dass das Papsttum in seiner langen Ahnengalerie, die auch manche seltsamen und problematischen Gestalten aufweist, überlebt hat, mag den jetzigen Amtsinhaber freuen, der ein Amt übernehmen konnte, das bei aller Kritik viel allgemeine Zustimmung und Sympathie findet. Noch in seinem Tod hat Johannes Paul II. dem Papsttum einen kräftigen Schub nach oben und einen deutlichen Gewinn an Ansehen und weltweiter Anerkennung verschafft.

# Ausgewählte Literatur

Allegri, Renzo: Johannes XXIII. – ein Lebensbild, München 1995

Ariès, Philippe: Geschichte des Todes, München 11. Auflage 2005

Bainton, Roland Herbert: Erasmus – Reformer zwischen den Fronten – Göttingen 1972

Baldassari, Pietro: Geschichte der Wegführung und Gefangenschaft Pius VI., Tübingen 1844

Barber, Malcolm: Die Templer. Geschichte und Mythos, Düsseldorf 2. Auflage 2006

Barth, Reinhard/ Bedürftig, Friedemann: Taschenlexikon Päpste, München 2000

Blumenthal, Uta-Renate: Gregor VII. – Papst zwischen Canossa und Kirchenreform, Darmstadt 2001

Brandmüller, Walter: Johannes XXIII. im Urteil der Geschichte – oder die Macht des Klischees in Annuarium Historiae Conciliorum, 32. Jahrgang (2000), Heft 1

Burchard, Johannes: Tagebuch: Ausgabe von Luca Bianchi: Alla corte di cinque Papi, Milano 1988

Capovilla, Loris: Johannes XXIII., Nürnberg 1963

Dante Alighieri: Die göttliche Komödie, deutsch von Karl Voss, München 1962

Dante Alighieri: Die göttliche Komödie, Italienisch und Deutsch, übersetzt von Hermann Gmelin, 1. Teil, Stuttgart 1949

De Grassi, Paride: Il diario di Leone X., a cura di Armellini, Roma 1884

Dizionario biografico degli Italiani, Rom 1960 ff.

Elze, Reinhard: Sic transit gloria mundi – Zum Tode des Papstes im Mittelalter, Deutsches Archiv für die Erforschung des Mittelalters, 34 (1978), 1–18

Enciclopedia dei Papi, Roma 2000, 3 Bände

Feldmann, Christian: Johannes XXIII.: Seine Liebe – sein Leben, Freiburg 2000

Frenz, Thomas (Hg.): Papst Innozenz III. – Weichensteller der Geschichte Europas, Stuttgart 2000

Fuhrmann, Horst: Die Päpste: von Petrus bis Johannes Paul II., München1998

Fuhrmann, Horst: Über die Heiligkeit des Papstes, Jahrbuch der Akademie der Wissenschaften in Göttingen, 1981, 28–43

Golinelli, Paolo: Il Papa Contadino – Celestino V e il suo tempo, Firenze 1996

Gregorovius, Ferdinand: Geschichte der Stadt Rom, 3 Bände, München 1988

Hales, Edward Elton Y., Papst Pius IX. : Politik und Religion, Graz 1957

Hehl, Ernst-Dieter (Hg.): Das Papsttum in der Welt des 12. Jahrhunderts, Stuttgart 2002

Herde, Peter: Cölestin V. der Engelpapst, Stuttgart 1981

Imhof, Arthur, Ars moriendi – Die Kunst des Sterbens einst und heute – Köln 1991

Infessura, Stephano: Römisches Tagebuch, übersetzt u. eingeleitet von Hermann Hefele, Düsseldorf / Köln 1913, Nachdruck 1979

Johannes XXIII.: Geistliches Tagebuch, Freiburg 1964

Kolmer, Lothar (Hrsg.): Der Tod des Mächtigen: Kult und Kultur des Todes spätmittelalterlicher Herrscher, Paderborn 1997

Lehnert, Pascalina Sr.M.: Ich durfte ihm dienen: Erinnerungen an Papst Pius XII., Würzburg, 9. Auflage 1990

Lexikon der Päpste und des Papsttums, Freiburg 2001

Lexikon des Mittelalters, München 1977–1999, mit zahlreichen Beiträgen wie Ars moriendi, Begräbnis, Kurie, Papst, Tod, Zeremoniell u. v. a.

Maxwell-Stuart, P.G.: Chronik der Päpste, Vom hl. Petrus bis Benedikt XVI., Leipzig 2006

Menghini, Alessandro u. Menghini Di Biagio, Felicita: Paolo III: Pillole e Profezie, Astrologia e medicina alla Corte Papale del Cinquecento, Perugia 2004

Meyer Rudolf J.: Königs- und Kaiserbegräbnisse im Spätmittelalter, Köln, Weimar, Wien 2000

Mindermann, Arend: Der berühmteste Arzt der Welt, Bielefeld 2001

Mittermaier Karl: Die deutschen Päpste. Gregor V. Clemens II. Damasus II. Leo IX. Viktor II. Stephan X. Hadrian VI., Graz/Wien/Köln 1991

Müller, Martin (Hg.): Kirchenfürsten und Intriganten, Ungewöhnliche Hofnachrichten aus dem Tagebuch des Johannes Burcardus, Zürich 1985

Ohler, Norbert, Sterben und Tod im Mittelalter, München 1990

Paravicini Bagliani, Agostino: Der Leib des Papstes – eine Theologie der Hinfälligkeit, München 1997

Pastor, Ludwig von: Geschichte der Päpste seit dem Ausgang des Mittelalters, 16 Bände, Freiburg 1886–1933

Poeschel, Sabine: Alexander Maximus: das Bildprogramm des Appartamento Borgia im Vatikan, Weimar 1999

Rahner, Karl: Zur Theologie des Todes, Freiburg 1958

Ranke, Leopold von: Die römischen Päpste in den letzten vier Jahrhunderten, Essen 1996

Re, Del (Hg): Vatikanlexikon, Augsburg 1998

Ruggeri, Alvaro: Alessandro VI. Borgia, Roma 2003

Schimmelpfennig, Bernhard: Die Zeremonienbücher der römischen Kurie im Mittelalter, Tübingen 1973

Schipperges, Heinrich: Arzt im Purpur – Gründzüge einer Krankheitslehre bei Petrus Hispanus, Berlin, Heidelberg 1994

Schwaiger, Georg: Papsttum und Päpste im 20. Jahrhundert: von Leo XIII. zu Johannes Paul II., München 1999

Seppelt, F. X.: Geschichte der Päpste von den Anfängen bis zur Mitte des 20. Jahrhunderts, 5 Bände, Bd. 4 und 5 neu bearbeitet von G. Schwaiger, München 1954–59

Treue, Wilhelm: Mit den Augen ihrer Leibärzte: Von bedeutenden Medizinern und ihren großen Patienten, Düsseldorf 1955

Vandenberg, Philipp: Die heimlichen Herrscher: Die Mächtigen und ihre Ärzte, München 1991

Willi, Victor J.: Im Namen des Teufels, 4. Auflage 1993, Stein am Rhein

Winkle, Stefan: Geißeln der Menschheit – Kulturgeschichte der Seuchen, 4. Auflage, Düsseldorf 2005

Yallop, David A.: Im Namen Gottes, München 1984

Zapperi, Roberto: Die vier Frauen des Papstes: Das Leben Pauls III. zwischen Legende und Zensur, München 1997

Zimmermann, Harald: Das dunkle Jahrhundert, Graz 1971

Zum Sterben schön! Alter, Totentanz und Sterbekunst von 1500 bis heute. Katalog einer Ausstellung im Kölner Schnütgen-Museum, Regensburg 2006

## Literatur zum Thema Grabmäler

Borgolte, Michael: Petrusnachfolge und Kaiserimitation, Die Grablegen der Päpste, ihre Genese und Traditionsbildung, Göttingen 1989

Bredekamp, Horst/Reinhardt, Volker (Hg.): Totenkult und Wille zur Macht: Die unruhigen Ruhestätten der Päpste in St. Peter, Darmstadt 2004

Bredekamp, Horst: St. Peter in Rom und das Prinzip der produktiven Zerstörung, Berlin 2000

Busch, Ralf: Ein Papst in Hamburg – ein historisches Essay über Benedikt V., Hamburg 1999

Gregorovius, Ferdinand: Die Grabmäler der Päpste, Leipzig 1881

Karsten, Arne u. Zitzlsberger, Philipp (Hg.): Tod und Verklärung – Grabmalskultur in der Frühen Neuzeit, Köln/Weimar/Wien 2004

Maier, Wilhelm/Schmid, Wolfgang/Schwarz, Michael Viktor (Hg.): Grabmäler – Tendenzen der Forschung an Beispielen aus Mittelalter und früher Neuzeit, Berlin 2000

Montanari, Silvia: Papstkirchen in Rom: auf den Spuren päpstlicher Grabstätten, Paderborn 1994

Montini, U. R.: Le tombe dei papi, Roma 1957

Poeschke, Joachim/Kusch-Arnold, Britta/Weigel, Thomas (Hg.): Praemium Virtutis II – Grabmäler und Begräbniszeremoniell in der italienischen Hoch- und Spätrenaissance, Münster 2005

Rader, Olaf B.: Grab und Herrschaft, Politischer Totenkult von Alexander dem Großen bis Lenin, München 2003

Reardon, Wendy J.: The Deaths of the Popes, Jefferson 2004

# Bildnachweis